und Kommandozeichen.

Breitwimpel S. M. des Kaisers.

Standarten

des Kaisers

der Kaiserin

des Kronprinzen

General-Insp. der Marine

Staatssecretär d. R. M. A.

Admiral

Vice-Admiral

Konter-Admiral

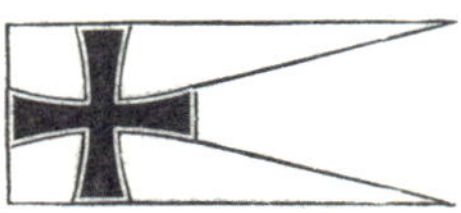

Commodore

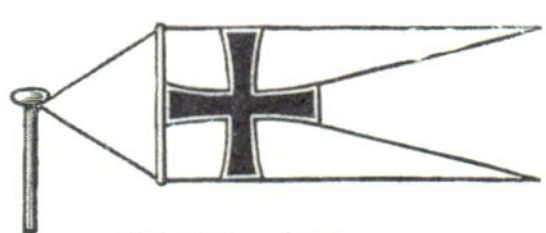

Flottillen-Chef

Divisions-Chef

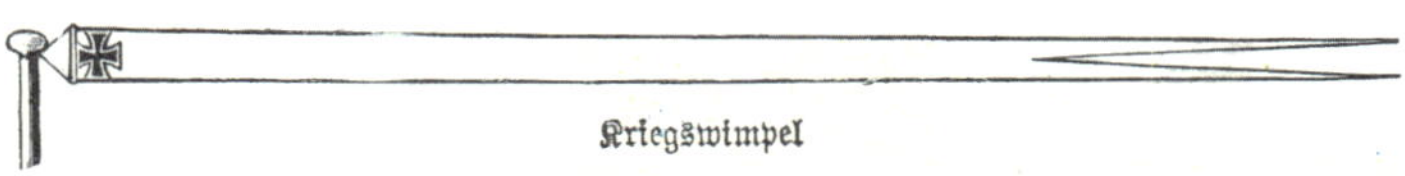

Kriegswimpel

Wachtwimpel

Gösch

Kirchenwimpel

Kriegsflagge

Lotsenflagge

Marine-Reichsdienstflagge

Kaiser Wilhelm II. in Admirals-Uniform.

Originalphotographie der kgl. Hofphotographen Reichhardt u. Lindner, Berlin.

Illustrierter Deutscher Flotten-Kalender

für 1902.

2. Jahrgang.

Herausgegeben

von

M. Plüddemann,
Kontre-Admiral z. D.

Die Deutsche Bibliothek — CIP-Einheitsaufnahme

Illustrierter Deutscher Flotten-Kalender für . . ./ begr. von M. Plüddemann. – Reprint der Erstausg. –Herford: Koehler.
Jg. 1. 1901 u. d. T.: Deutscher Flottenverein: Kalender des Deutschen Flottenvereins für . . .
NE: Plüddemann, Max [Begr.]
Jg. 2. 1902. – Nachdruck der Ausg. Minden i. W., Leipzig, Köhler, 1902. – 1991

ISBN 3-7822-0536-7

ISBN 3 7822 0536 7; Warengruppe-Nr. 21
Nachdruck
Illustrierter Deutscher Flotten-Kalender für 1902

4900 Herford
Steintorwall 17 · Telefon 0 52 21 / 59 91-0

Gesamtherstellung:
Hans Kock Buch- und Offsetdruck GmbH · Bielefeld
Printed in Germany

Vorwort.

Schriftleitung und Verlag des Kalenders des Deutschen Flotten=Vereins einerseits und des Kanzleramts des Flotten=Vereins anderseits haben es für besser gefunden, ihre Verbindung aufzuheben. Gewisse Beziehungen zwischen beiden Teilen bleiben bestehen, jedoch sind diese Beziehungen nicht so enge, daß der Kalender sich fernerhin durch seinen Namen als ein Organ des Flottenvereins hinstellen könnte. Sein Name ist dafür in „Illustrierter Deutscher Flotten=Kalender" umgeändert worden.

Das ist aber auch alles, was am Kalender geändert worden ist. Sein Inhalt und Zweck bleibt derselbe:

„Er soll den Laien in leicht verständlicher Weise nicht nur mit dem Material unserer Marine, sondern auch mit denjenigen Einrichtungen und Hilfsmittteln bekannt machen, durch welche Industrie, Handel und Verkehr mit der Marine eng verbunden sind; er soll durch Beschreibungen und Stimmungsbilder sowie durch Novellen und Erzählungen in seemännisch richtiger Sprache dem Leser das Leben und Treiben an Bord, die Zustände an den Küsten und jenseits der Meere vor Augen führen, Episoden aus der Seekriegsgeschichte und der Entwickelungsgeschichte des Seewesens zur Darstellung bringen und dadurch sowie durch statistische Angaben über allgemeine wissenswerte Zweige des Seewesens sein Scherflein dazu beitragen, daß auch in solchen Kreisen, welchen die Form eines Kalenders eine liebgewohnte ist oder welche sich nicht den Luxus teurer Marinezeitschriften gestatten wollen, ein allmähliches Bekanntwerden mit seemännischen Dingen ermöglicht werde."

Der Kalender wird daher auch ferner die Bestrebungen des Flottenvereins unterstützen und, wenn auch in ungebundener Marschroute, nach demselben Ziele streben.

Inhalts-Uebersicht.

Seite

Chronologische Charakteristik des Jahres 1902.

Im neuen (gregorianischen) Kalender.		Im alten (julianischen) Kalender.
3	Die güldene Zahl	3
XXI	Die Epakte	III
7	Der Sonnenzirkel	7
E	Der Sonntagsbuchstabe	F
6 Wochen 4 Tage	{ von Weihnachten bis Fastnachtssonntag }	8 Wochen 5 Tage
28 Wochen	zwischen Pfingsten und Advent	26 Wochen
26	Sonntag nach Trinitatis	24

Das gegenwärtige 1902te Jahr der christlichen Zeitrechnung wird von Christi Geburt an gerechnet. Es ist ein Gemeinjahr von 365 Tagen oder 52 Wochen und 1 Tag und beginnt am Mittwoch dem 1. Januar neuen Stils, welcher Tag dem 19. Dezember 1901 im alten Kalender entspricht.

Im alten Kalender beginnt das Jahr mit Dienstag dem 1. Januar, entsprechend dem 14. Januar im neuen Kalender. Der 31. Dezember 1902 alten Stils entspricht dann dem 13. Januar 1903 neuen Stils.

Die griechische Kirche zählt ihre Jahre seit Erschaffung der Welt, nach der sogenannten byzantinischen Aera. Sie setzt die Epoche der Weltschöpfung auf den 1. September des Jahres 5509 vor Christi Geburt und beginnt ihr 7410tes Jahr mit dem 1. September alten oder 14. September neuen Stils unseres 1901sten Jahres. Die Russen zählten ihre Jahre nach dieser Aera bis zu Peter dem Großen. Seit dem Anfange des vorigen Jahrhunderts bedienen sie sich unserer Jahreszahl, rechnen aber sonst noch nach dem alten (julianischen) Kalender.

Die Juden zählen ihre Jahre seit Erschaffung der Welt. Sie beginnen ihr 5662tes Jahr mit dem 14. September 1901. Es ist ein abgekürztes Schaltjahr von 383 Tagen. Am 2. Oktober 1902 beginnt ihr 5663stes Jahr.

Die Araber, Perser, Türken und die anderen Bekenner des mohammedanischen Glaubens zählen ihre Jahre seit Mohammeds Auswanderung von Mekka nach Medina, welche von ihnen Hidschred genannt wird. Sie beginnen am 20. April 1901 ihr 1319tes und am 10. April 1902 ihr 1320stes Jahr.

Zusammenstellung der seit einigen der wichtigsten Epochen innerhalb der christlichen Zeitrechnung verflossenen Jahre.

Das Jahr 1902 ist

seit	Christi Tode	das	1869 ste
„	der Zerstörung Jerusalems	„	1832 ste
„	Einführung des julianischen Kalenders	„	1947 ste
„	Einführung des gregorianischen Kalenders	„	320 ste
„	Einführung des verbesserten Kalenders	„	202 te
„	Erfindung des Geschützes und Pulvers	„	522 ste
seit	Erfind. d. Buchdruckerkunst	das	462 ste
„	Entdeckung Amerika's . .	„	410 te
„	Erfindung der Fernrohre .	„	293 ste
„	Erfindung der Pendeluhren	„	245 ste
„	Erfind. der Dampfmaschinen	„	201 te
„	Erhebung Preußens zum Königreich	„	201 ste
„	Wilhelms II., Königs von Preußen, Geburt . . .	„	43 ste
„	Neuerrichtung d. Deutschen Reiches	„	31 ste

Von den Finsternissen des Jahres 1902.

Im Jahre 1902 werden drei Sonnenfinsternisse und zwei Mondfinsternisse stattfinden, von denen in unseren Gegenden die dritte Sonnenfinsternis und die beiden Mondfinsternisse sichtbar sein werden.

Die erste Sonnenfinsternis ist eine partielle und ereignet sich in den Nachmittagsstunden des 8. April.

Die erste Mondfinsternis findet in den Abendstunden des 22. April statt. Sie beginnt um 6 Uhr 0 Minuten und endet um 9 Uhr 45 Minuten M. E. Z.

Die zweite Sonnenfinsternis ereignet sich in der Nacht vom 7. zum 8. Mai.

Die zweite Mondfinsternis ist ebenfalls eine totale und findet in den Vormittagsstunden des 17. Oktober statt. Sie dauert von 5 Uhr 17 Minuten morgens bis 8 Uhr 50 Minuten vormittags.

Die dritte Sonnenfinsternis ist eine partielle und findet in den Vormittagsstunden des 31. Oktober statt.

Anfang der Jahreszeiten.

Frühling den 21. März, Tag u. Nacht gleich.
Sommer den 22. Juni, längster Tag.
Herbst den 24. Sept., Tag u. Nacht gleich.
Winter den 22. Dezember, kürzester Zeit.

Januar 1902.

Datum und Wochentag		Verbesserter evangelischer Kalender	Katholischer Kalender	Sonne Aufg. u. M.	Sonne Unterg. u. M.	Mond Aufg. u. M.	Mond Unterg. u. M.
1. Woche. Von der Beschneidung Christi. Luk. 2, Ep. Gal. 3. Letzt. Viertel 1. Jan., 5 U. nachm.							
1	Mittwoch	**Neujahr**	**Neujahr**	8.14	3.53	Morg.	11.11
2	Donnerstag	Abel, Seth	Macarius	8.13	3.55	12.49	11.33
3	Freitag	Enoch, Daniel	Genovefa	8.13	3.56	1.54	11.57
4	Sonnabend	Methusalem	Titus	8.13	3.57	2.58	12.24
2. Woche. Ev. Christi Flucht nach Ägypten. Matth. 2, Ep. 1. Petri 4. Kath. Christi Taufe im Jordan. Matth. 3. Neumond 9. Jan., 10 U. abends.							
5	Sonntag	**n. Neuj.** Sim.	**n. Neuj.** Telesph.	8.13	3.58	4. 0	12.56
6	Montag	**Heil. 3 Könige**	**Heil. 3 Könige**	8.13	3.59	4.58	1.34
7	Dienstag	Melchior	Lucian	8.12	4. 1	5.52	2.19
8	Mittwoch	Balthasar	Severinus	8.12	4. 2	6.40	3.11
9	Donnerstag	Kaspar	Julian	8.11	4. 3	7.22	4.10
10	Freitag	Paulus Einf.	Agathon	8.11	4. 5	7.58	5.15
11	Sonnabend	Erhard	Hygin	8.10	4. 6	8.29	6.23
3. Woche. Jesus lehrt 12 Jahre alt im Tempel. Luk. 2, Ep. Röm. 12. Erst. Viertel 17. Jan., 8 Uhr vorm.							
12	Sonntag	**1. n. Ep.** Reinh.	**1. n. Ep.** Arcad.	8. 9	4. 8	8.56	7.34
13	Montag	Hilarius	Gottfried	8. 9	4. 9	9.20	8.46
14	Dienstag	Felix	Felix	8. 8	4.11	9.43	9.59
15	Mittwoch	Habakuk	Maurus	8. 7	4.12	10. 6	11.14
16	Donnerstag	Marcellus	Marcellus	8. 6	4.14	10.31	Morg.
17	Freitag	Antonius	Antonius	8. 5	4.15	10.58	12.30
18	Sonnabend	Prisca	Petri Stuhlf.	8. 4	4.17	11.31	1.47
4. Woche. Von der Hochzeit zu Kana. Joh. 2, Ep. Röm. 12. Vollmond 24. Jan., 1 U. morg.							
19	Sonntag	**2. n. Ep.** Ferd.	**2. n. Ep.** Kanut	8. 3	4.19	12.11	3. 2
20	Montag	Fabian, Sebast.	Fabian, Seb.	8. 2	4.20	1. 0	4.14
21	Dienstag	Agnes	Agnes	8. 1	4.22	2. 0	5.19
22	Mittwoch	Vincentius	Vincentius	8. 0	4.24	3. 8	6.13
23	Donnerstag	Emerentiana	Emerentiana	7.58	4.26	4.23	6.58
24	Freitag	Timotheus	Timotheus	7.57	4.28	5.40	7.34
25	Sonnabend	**Pauli Bekehrung**	**Pauli Bekehrung**	7.56	4.29	6.56	8. 4
5. Woche. Von den Arbeitern im Weinberge. Matth. 20, Ep. 1. Kor. 9. Letzt. Viert. 31. Jan., 2 U. nachm.							
26	Sonntag	**Septuag.** Polyk.	**Septuag.** Polyk.	7.55	4.31	8.10	8.30
27	Montag	Joh. Chrysost.	Joh. Chrysost.	7.53	4.33	9.22	8.53
		Kaisers und Königs Geburtstag					
28	Dienstag	Karl	Karl	7.52	4.35	10.31	9.15
29	Mittwoch	Samuel	Franz v. Sales	7.50	4.37	11.38	9.37
30	Donnerstag	Adelgunde	Martina	7.49	4.39	Morg.	10. 1
31	Freitag	Valerius	Petr. Nolaskus	7.47	4.41	12.44	10.27

Buß- und Bettage: 10. in Württemberg.

Fürstliche Geburtstage: 16. 1831. Fürst Karl Alexander von Lippe-Detmold. — 20. 1865. Fürst Friedrich von Waldeck. — 27. 1859. Wilhelm II. Deutscher Kaiser.

Prof. Falb's kritische Tage: 9. kritischer Tag 2. Ordnung. — 24. kritischer Tag 1. Ordnung.

Jan.	Tageslänge St. M.	Nachtlänge St. M.
1	7 40	16 20
6	7 48	16 12
11	7 57	16 3
16	8 9	15 51
21	8 23	15 37
26	8 38	15 22

Kieler Schloß.

Februar 1902.

Datum und Wochentag		Verbesserter evangelischer Kalender	Katholischer Kalender	Sonne Aufg. u. M.	Sonne Unterg. u. M.	Mond Aufg. u. M.	Mond Unterg. u. M.
1	Sonnabend	Brigitte	Ignatius	7.46	4.42	1.47	10.57
6. Woche. Von vielerlei Acker. Luk. 8, Ep. 2. Kor. 11.				Neumond 3. Febr., 2 U. nachm.			
2	Sonntag	**Sexag. Mar. R.**	**Sex. Mar. R. L.**	7.44	4.44	2.46	11.32
3	Montag	Blasius	Blasius	7.42	4.46	3.42	12.13
4	Dienstag	Veronica	Andreas Cors.	7.41	4.48	4.33	1. 2
5	Mittwoch	Agatha	Agatha	7.39	4.50	5.17	1.58
6	Donnerstag	Dorothea	Dorothea	7.37	4.52	5.56	3. 1
7	Freitag	Richard	Romuald	7.36	4.54	6.29	4. 8
8	Sonnabend	Salomon	Joh. v. Matha	7.34	4.56	6.58	5.19
7. Woche. Jesus verkündigt sein Leiden. Luk. 18, Ep. 1. Kor. 13.				Erst. Viert. 15. Febr., 4 U. nachm.			
9	Sonntag	**Estomihi** Apoll.	**Estomihi**	7.32	4.58	7.24	6.32
10	Montag	Renata	Scholastica	7.30	5. 0	7.48	7.47
11	Dienstag	**Fastn.** Euphros.	**Fastnacht**	7.28	5. 1	8.12	9. 3
12	Mittwoch	**Ascherm.** Sev.	**Aschermittwoch**	7.26	5. 3	8.37	10.20
13	Donnerstag	Benignus	Benignus	7.24	5. 5	9. 4	11.36
14	Freitag	Valentinus	Valentinus	7.22	5. 7	9.35	Morg.
15	Sonnabend	Formosus	Faustinus	7.20	5. 9	10.12	12.51
8. Woche. Christi Versuchung. Matth. 4, Ep. 2. Kor. 6.				Vollmond 22. Febr., 2 U nachm.			
16	Sonntag	**1. Invoc.** Jul.	**1. Invocavit**	7.18	5.11	10.57	2. 3
17	Montag	Constantia	Donatus	7.16	5.13	11.51	3. 8
18	Dienstag	Concordia	Simeon	7.14	5.15	12.54	4. 5
19	Mittwoch	**Quat.** Susanna	**Quatember**	7.12	5.17	2. 4	4.52
20	Donnerstag	Eucherius	Eleutherius	7.10	5.19	3.18	5.31
21	Freitag	Eleonora	Eleonora	7. 8	5.21	4.33	6. 3
22	Sonnabend	Petri Stuhlf.	Petri Stuhlf.	7. 6	5.22	5.47	6.30
9. Woche. Ev. Vom kananäischen Weibe. Matth. 15, Ep. 1. Thessal. 4. Kath. Von der Verklärung Christi. Matth. 17.							
23	Sonntag	**2. Rem.** Reinh.	**2. Reminiscere**	7. 4	5.24	7. 0	6.55
24	Montag	**Matthias Ap.**	**Matthias Ap.**	7. 2	5.26	8.11	7.18
25	Dienstag	Victorinus	Walpurga	7. 0	5.28	9.20	7.40
26	Mittwoch	Nestor	Alexander	6.57	5.30	10.27	8. 3
27	Donnerstag	Hektor	Leander	6.55	5.32	11.32	8.29
28	Freitag	Justus	Romanus	6.53	5.33	Morg.	8.58

Buß- und Bettage: 12. Februar bis 29. März (mit Ausnahme der Sonntage) im Großherzogtum Luxemburg, 16. in Bayern und Württemberg, 21. in Mecklenburg-Schwerin und Mecklenburg-Strelitz, 26. im Königreich Sachsen.

Fürstliche Geburtstage: 25. 1848. König Wilhelm II. von Württemberg.

Prof. Falb's kritische Tage: 8. kritischer Tag 2. Ordnung. — 22. kritischer Tag 1. Ordnung.

Februar	Tageslänge St. M.	Nachtlänge St. M.
1	8 58	15 2
6	9 17	14 43
11	9 35	14 25
16	9 55	14 5
21	10 14	13 46
26	10 35	13 25

Geburts- u. Gedenktage

Eingang zum Kieler-Hafen.

März 1902.

Datum	und Wochentag.	Verbesserter evangelischer Kalender.	Katholischer Kalender.	Sonne Aufg. U. M.	Sonne Unterg. U. M.	Mond Aufg. U. M.	Mond Unterg. U. M.
1	Sonnabend	Albinus	Albinus	6.51	5.35	12.33	9.31
10. Woche. Jesus treibt einen Teufel aus. Luk. 11, Ep. Eph. 5.				Letzt. Viertel 2. März, 12 U. mittags.			
2	Sonntag	**3. Oculi** Luise	**3. Oculi**	6.49	5.37	1.30	10.10
3	Montag	Kunigunde	Kunigunde	6.46	5.39	2.23	10.55
4	Dienstag	Adrianus	Casimir	6.44	5.41	3.10	11.47
5	Mittwoch	**Mittfast.** Friedr.	**Mittfasten**	6.42	5.43	3.51	12.46
6	Donnerstag	Eberhardine	Victor	6.40	5.45	4.26	1.51
7	Freitag	Felicitas	Felicitas	6.37	5.47	4.57	3. 0
8	Sonnabend	Philemon	Johann de Dec.	6.35	5.48	5.25	4.12
11. Woche. Jesus speist 5000 Mann. Joh. 6, Ep. Gal 4.				Neumond 10. März, 4 U. morg.			
9	Sonntag	**4. Lätare** Prud.	**4. Lätare**	6.33	5.50	5.50	5.27
10	Montag	Henriette	40 Märtyrer	6.30	5.52	6.15	6.44
11	Dienstag	Rosina	Eugolius	6.28	5.54	6.40	8. 2
12	Mittwoch	Gregor P.	Gregor P.	6.26	5.56	7. 7	9.21
13	Donnerstag	Ernst	Euphrasia	6.23	5.57	7.38	10.39
14	Freitag	Zacharias	Mathilde	6.21	5.59	8.14	11.53
15	Sonnabend	Isabella	Longinus	6.19	6. 1	8.57	Morg.
12. Woche. Christi Steinigung. Joh. 8, Ep. Hebr. 9.				Erst. Viertel 16. März, 11 U. abends.			
16	Sonntag	**5. Judica** Chr.	**5. Judica**	6.17	6. 3	9.48	1. 1
17	Montag	Gertrud	Gertrud	6.14	6. 5	10.48	2. 0
18	Dienstag	Alexander	Cyrilus	6.12	6. 6	11.55	2.50
19	Mittwoch	Joseph	Joseph	6.10	6. 8	1. 6	3.31
20	Donnerstag	Hubert	Joachim	6. 7	6.10	2.18	4. 4
21	Freitag	Benedictus	Benedictus	6. 5	6.12	3.31	4.32
22	Sonnabend	**Kaiser Wilhelmstag**		6. 2	6.13	4.43	4.57
13. Woche. Christi Einzug in Jerusalem. Matth. 21, Ep. Phil. 2.				Vollmond 24. März, 4 U. morg.			
23	Sonntag	**6. Palm.** Eberh.	**6. Palmarum**	6. 0	6.15	5.54	5.20
24	Montag	Gabriel	Gabriel	5.58	6.17	7. 3	5.43
25	Dienstag	**Mariä Verk.**	**Mariä Verk.**	5.55	6.18	8.11	6. 6
26	Mittwoch	Emanuel	Ludgerus	5.53	6.20	9.17	6.31
27	Donnerstag	**Gr. Donnerstag**	Gr. Donnerstag	5.50	6.22	10.20	6.59
28	Freitag	**Charfreitag**	**Charfreitag**	5.48	6.24	11.19	7.30
29	Sonnabend	Eustasius	Eustasius	5.46	6.25	Morg.	8. 6
14. Woche. Christi Auferstehung. Mark. 16, Ep. 1. Kor. 5.							
30	Sonntag	**Heil. Osterfest**	**Heil. Osterfest**	5.43	6.27	12.13	8.49
31	Montag	Ostermontag	Ostermontag	5.41	6.29	1. 2	9.38

Buß- und Bettage: 7. in Württemberg, Waldeck und Pyrmont, 23. in Hessen, 28. in Mecklenburg-Schwerin, Mecklenburg-Strelitz, Reuß ä. L., Sachsen-Altenburg und Lippe.

Fürstliche Geburtstage: 12. 1822. Prinzregent Luitpold v. Bayern. 28. 1846. Fürst Heinrich XXII. von Reuß ä. L. Greiz.

Prof. Falb's kritische Tage: 10. kritischer Tag 1. Ordnung. — 24. kritischer Tag 2. Ordnung.

März	Tageslänge St. M.	Nachtlänge St. M.
1	10 46	13 14
6	11 8	12 52
11	11 28	12 32
16	11 49	12 11
21	12 8	11 52
26	12 29	11 31

Heißen der Flagge.

April 1902.

Datum und Wochentag.		Verbesserter evangelischer Kalender.	Katholischer Kalender.	Sonne Aufg. U. M.	Sonne Unterg. U. M.	Mond Aufg. U. M.	Mond Unterg. U. M.
				Letzt. Viertel 1. April, 7 U. vorm.			
1	Dienstag	Theodora	Hugo	5.39	6.31	1.45	10.33
2	Mittwoch	Theodosia	Franz v. P.	5.36	6.32	2.22	11.34
3	Donnerstag	Christian	Christian	5.34	6.34	2.55	12.40
4	Freitag	Ambrosius	Isidorus	5.32	6.36	3.23	1.50
5	Sonnabend	Maximus	Vincent. Ferrer	5.29	6.38	3.49	3. 2
15. Woche. Vom ungläubigen Thomas. Joh. 20, Ep. 1. Joh. 5.				Neumond 8. April, 3 U. nachm.			
6	Sonntag	**1. Quasim.** Sixt.	**1. Quasimodo**	5.27	6.39	4.14	4.18
7	Montag	Cölestin	Hermann	5.25	6.41	4.40	5.36
8	Dienstag	Heilmann	Albert	5.22	6.43	5. 6	6.56
9	Mittwoch	Bogislaus	Maria Eleonora	5.20	6.44	5.36	8.17
10	Donnerstag	Ezechiel	Ezechiel	5.18	6.46	6.11	9.35
11	Freitag	Hermann	Leo d. Große	5.16	6.48	6.52	10.48
12	Sonnabend	Julius	Julius	5.13	6.50	7.42	11.53
16. Woche. Vom guten Hirten. Joh. 10, Ep. 1. Petri 2.				Erst. Viertel 15. April, 6 U. vorm.			
13	Sonntag	**2. Mis. D.** Just.	**2. Miser.** Dom.	5.11	6.51	8.41	Morg.
14	Montag	Tiburtius	Tiburtius	5. 9	6.53	9.47	12.47
15	Dienstag	Obadias	Anastasia	5. 7	6.55	10.57	1.31
16	Mittwoch	Carisius	Drogo	5. 4	6.57	12. 9	2. 6
17	Donnerstag	Rudolf	Anicetus	5. 2	6.58	1.22	2.36
18	Freitag	Florentin	Eleutherius	5. 0	7. 0	2.33	3. 2
19	Sonnabend	Werner	Werner	4.58	7. 2	3.43	3.25
17. Woche. Ueber ein Kleines erfolgende Leiden. Joh. 16, Ep. 1. Petri 2.				Vollmond 22. April, 8 Uhr abends.			
20	Sonntag	**3. Jub.** Sulp.	**3. Jubilate**	4.56	7. 4	4.51	3.47
21	Montag	Adolf	Anselm	4.53	7. 5	5.59	4.10
22	Dienstag	Lothar	Soter u. Caj.	4.51	7. 7	7. 5	4.34
23	Mittwoch	Georg	Georg	4.49	7. 9	8. 9	5. 0
24	Donnerstag	Albert	Adalbert	4.47	7.11	9.10	5.30
25	Freitag	**Markus Ev.**	**Markus Ev.**	4.45	7.12	10. 6	6. 5
26	Sonnabend	Raimarus	Cletus	4.43	7.14	10.57	6.45
18. Woche. Von Christi Hingange zum Vater. Joh. 16, Ep. Jak. 1.				Letzt. Viertel 30. April, 12 Uhr Mitternacht.			
27	Sonntag	**4. Cant.** Anast.	**4. Cantate**	4.41	7.16	11.42	7.31
28	Montag	Therese	Vitalis	4.39	7.18	Morg.	8.24
29	Dienstag	Sibylla	Petrus M.	4.37	7.19	12.21	9.22
30	Mittwoch	Josua	Kathar. v. M.	4.35	7.21	12.55	10.25

Buß- und Bettage: 4. in Württemberg.

Fürstliche Geburtstage: 2. 1826. Herzog Georg II. von Sachsen-Meiningen. — 9. 1882. Großherzog Friedrich Franz Michael von Mecklenburg-Schwerin. — 23. 1828. König Albert von Sachsen. — 27. 1848. König Otto I. v. Bayern. — 29. 1831. Herzog Friedrich von Anhalt.

Jüdische Feiertage: 22. Passah-Anfang. — 23. Zweites Fest. — 28. Siebentes Fest. — 29. Passah-Ende.

Prof. Falb's kritische Tage: 8. kritischer Tag 1. Ordnung. — 22. kritischer Tag 2. Ordnung.

April	Tageslänge St. M.	Nachtlänge St. M.
1	12 53	11 7
6	13 10	10 45
11	13 34	10 26
16	13 50	10 5
21	14 13	9 47
26	15 33	8 27

Torpedoboote.

Mai 1902.

Datum und Wochentag		Verbesserter evangelischer Kalender.	Katholischer Kalender.	Sonne Aufg. U. M.	Sonne Unterg. U. M.	Mond Aufg. U. M.	Mond Unterg. U. M.
1	Donnerstag	**Philipp., Jakob.**	**Philipp., Jakob.**	4.33	7.23	1.24	11.31
2	Freitag	Sigismund	Athanasius	4.31	7.24	1.50	12.40
3	Sonnabend	**Kreuz. Erfind.**	**Kreuz. Erfind.**	4.29	7.26	2.15	1.53

19. Woche. Von der rechten Betkunst. Joh, 16, Ep. Jak. 1. Neumond 7. Mai, 12 U. Mittern.

4	Sonntag	**5. Rog.** Florian	**5. Rogate**	4.27	7.28	2.39	3. 9
5	Montag	Gotthard	Pius V	4.25	7.29	3. 4	4.27
6	Dienstag	Dietrich	Joh. v. d. Pf.	4.23	7.31	3.32	5.47
7	Mittwoch	Gottfried	Stanislaus	4.21	7.33	4. 4	7. 8
8	Donnerstag	**Himmelf. Christi**	**Himmelf. Christi**	4.19	7.34	4.42	8.26
9	Freitag	Hiob	Gregor Naz.	4.18	7.36	5.29	9.37
10	Sonnabend	Gordian	Antonius	4.16	7.38	6.26	10.38

20. Woche. Von der Verheißung des heil. Geistes. Joh. 15/16, Ep. 1. Petri 4. Erst. Viert. 14. Mai, 3 U. nachm.

11	Sonntag	**6. Exaudi** Mam.	**6. Exaudi**	4.14	7.39	7.32	11.27
12	Montag	Pankratius	Pankratius	4.12	7.41	8.44	Morg.
13	Dienstag	Servatius	Servatius	4.11	7.42	9.58	12. 7
14	Mittwoch	Christian	Bonifacius	4. 9	7.44	11.12	12.39
15	Donnerstag	Sophia	Sophia	4. 8	7.46	12.24	1. 7
16	Freitag	Honoratus	Joh. v. Nepom.	4. 6	7.47	1.34	1.31
17	Sonnabend	Jobst	Ubaldus	4. 5	7.49	2.43	1.54

21. Woche. Von der Sendung des heil. Geistes. Joh. 14, Ep. Ap.-Gesch. 2. Vollmond 22. Mai, 12 U. mittags.

18	Sonntag	**H. Pfingstfest**	**H. Pfingstfest**	4. 3	7.50	3.50	2.16
19	Montag	**Pfingstmontag**	**Pfingstmontag**	4. 2	7.52	4.56	2.39
20	Dienstag	Franziska	Bernardin	4. 0	7.53	6. 0	3. 4
21	Mittwoch	**Quatemb.** Prud.	**Quatember**	3.59	7.55	7. 2	3.32
22	Donnerstag	Helena	Julia	3.57	7.56	8. 0	4. 5
23	Freitag	Desiderius	Desiderius	3.56	7.58	8.53	4.43
24	Sonnabend	Esther	Johanna	3.55	7.59	9.40	5.27

22. Woche. Ev. Christi Gespräch mit Nikodemus. Joh. 3, Ep. Röm. 11. Kath. Mir ist gegeben alle Gewalt. Matth. 28. Letzt. Viertel 30. Mai, 1 U. nachm.

25	Sonntag	**Trinit.** Urban	**Trinitatis**	3.54	8. 0	10.21	6.18
26	Montag	Eduard	Philipp Neri	3.52	8. 2	10.56	7.14
27	Dienstag	Beda	Beda	3.51	8. 3	11.26	8.15
28	Mittwoch	Wilhelm	Wilhelm	3.50	8. 4	11.53	9.19
29	Donnerstag	**Fronl.** Maxim.	**Fronleichnam**	3.49	8. 6	Morg.	10.26
30	Freitag	Wigand	Felix	3.48	8. 7	12.18	11.35
31	Sonnabend	Petronilla	Petronella	3.47	8. 8	12.41	12.47

Buß- und Bettage: 17., 21., 23., 24. in Luxemburg. 2. und 30. in Württemberg.

Fürstliche Geburtstage: 8. 1837. Prinzregent Albrecht von Braunschweig. — 28. 1832. Fürst Heinrich XIV. von Reuß j. L. (Gera).

Prof. Falb's kritische Tage: 7. kritischer Tag 1. Ordnung. — 22. kritischer Tag 3. Ordnung.

Mai	Tageslänge St. M.	Nachtlänge St. M.
1	14 51	9 9
6	15 8	8 52
11	15 26	8 34
16	15 43	8 17
21	15 57	8 3
26	16 12	7 48

Zeit der Schießübungen. Schnellladekanone.

Juni 1902.

Datum und Wochentag		Verbesserter evangelischer Kalender.	Katholischer Kalender.	Sonne Aufg. U. M.	Sonne Unterg. U. M.	Mond Aufg. U. M.	Mond Unterg. U. M.
23. Woche.	Ev. Vom reichen Manne. Luk. 16, Ep. 1. Joh. 4. Kath. Vom großen Abendmahl. Luk. 14.					Neumond 6. Juni, 7 U. vorm.	
1	Sonntag	**1. n. Tr.** Nikom.	**1. n. Trinitatis**	3.46	8. 9	1. 5	2. 2
2	Montag	Marquard	Erasmus	3.45	8.10	1.31	3.19
3	Dienstag	Erasmus	Klotildis	3.45	8.12	1.59	4.38
4	Mittwoch	Ulrike	Quirnus	3.44	8.13	2.33	5.57
5	Donnerstag	Bonifacius	Bonifacius	3.43	8.14	3.15	7.13
6	Freitag	Benignus	Norbert	3.42	8.15	4. 7	8.21
7	Sonnabend	Lucretia	Robert	3.42	8.15	5. 9	9.17
24. Woche.	Ev. Vom großen Abendmahl. Luk. 14, Ep. 1. Joh. 3. Kath. Vom verlorenen Schaf und Groschen. Luk. 15.					Erst. Viert. 13. Juni, 1 U. morgens.	
8	Sonntag	**2. n. Tr.** Med.	**2. n. Trinitatis**	3.41	8.16	6.20	10. 3
9	Montag	Barnim	Felicianus	3.41	8.17	7.36	10.40
10	Dienstag	Onuphrius	Margarethe	3.40	8.18	8.53	11.10
11	Mittwoch	Barnabas	Barnabas	3.40	8.19	10. 9	11.36
12	Donnerstag	Claudina	Basiledas	3.39	8.20	11.22	11.59
13	Freitag	Tobias	Ant. v. Pad.	3.39	8.20	12.33	Morg.
14	Sonnabend	Modestus	Basilius	3.39	8.21	1.41	12.22
25. Woche.	Ev. Vom verlorenen Schaf. Luk. 15, Ep. 1. Petri 5. Kath. Von Petri reichem Fischzuge. Luk. 5.					Vollmond 21. Juni, 3 U. morgens.	
15	Sonntag	**3. n. Tr.** Vitus	**3. n. Trinitatis**	3.39	8.21	2.47	12.45
16	Montag	Justina	Benno	3.39	8.22	3.52	1. 9
17	Dienstag	Volkmar	Adolf	3.39	8.22	4.55	1.36
18	Mittwoch	Paulina	Markus	3.39	8.23	5.54	2. 7
19	Donnerstag	Gerv. u. Prot.	Gerv. u. Prot.	3.39	8.23	6.49	2.42
20	Freitag	Raphael	Silverius	3.39	8.24	7.39	3.24
21	Sonnabend	Jakobina	Aloysius	3.39	8.24	8.22	4.13
26. Woche.	Ev. Vom Splitter im Auge. Luk. 6, Ep. Röm. 8. Kath. Von der Pharisäer Gerechtigkeit. Matth. 5.					Letzt. Viertel 28. Juni, 11 U. abends.	
22	Sonntag	**4. n. Tr.** Achat.	**4. n. Trinitatis**	3.39	8.24	8.59	5. 8
23	Montag	Basilius	Edeltraud	3.39	8.24	9.31	6. 7
24	Dienstag	**Johannes d. T.**	**Johannes d. T.**	3.39	8.24	9.59	7.10
25	Mittwoch	Elogius	Prosper	3.40	8.24	10.24	8.16
26	Donnerstag	Jeremias	Joh. u. Paul	3.40	8.24	10.47	9.24
27	Freitag	Sieb. Schläfer	Ladislaus	3.40	8.24	11.10	10.34
28	Sonnabend	Leo Papst	Leo II	3.41	8.24	11.34	11.45
27. Woche.	Ev. Von Petri reichem Fischzuge. Luk. 5, Ep. 1. Petri 3. Kath. Jesus speist 4000 Mann. Mark. 8.						
29	Sonntag	**5. n. Tr. P. u. P.**	**5. n. Tr. P. u. P.**	3.41	8.24	12. 0	12.59
30	Montag	Pauli Gedächtn.	Pauli Ged.	3.42	8.24	Morg.	2.15

Buß- und Bettage: 27. in Württemberg, 28. in Luxemburg, 29. in Mecklenburg-Schwerin.

Fürstliche Geburtstage: 10. 1876. Großherzog Wilhelm Ernst Karl Alexander von Sachsen-Weimar-Eisenach.

Jüdische Feiertage: Die Juden feiern ihr Wochenfest am 11. und 12. Juni.

Prof. Falb's kritische Tage: 6. kritischer Tag 1. Odnung. — 21. kritischer Tag 3. Ordnung.

Juni	Tageslänge St. M.	Nachtlänge St. M.
1	16 25	7 35
6	16 33	7 27
11	16 39	7 21
16	16 43	7 17
21	16 45	7 15
26	16 44	7 16

Regatten. Rund um die Glockenboje.

Juli 1902.

Datum	Wochentag	Verbesserter evangelischer Kalender	Katholischer Kalender	Sonne Aufg. U. M.	Sonne Unterg. U. M.	Mond Aufg. U. M.	Mond Unterg. U. M.
				Neumond 5. Juli, 2 U. nachm.			
1	Dienstag	Theobald	Theobald	3.43	8.24	12.30	3.32
2	Mittwoch	Mariä Heims.	Mariä Heims.	3.43	8.23	1. 7	4.47
3	Donnerstag	Cornelius	Hyacinth	3.44	8.23	1.52	5.59
4	Freitag	Ulrich	Ulrich	3.45	8.23	2.48	7. 1
5	Sonnabend	Anselmus	Numerianus	3.46	8.22	3.54	7.53
28. Woche.	Ev. Von der Pharisäer Gerechtigkeit. Matth. 5, Ep. Röm. 6. Kath. Von den falschen Propheten. Matth. 7.			Erst. Viertel 12. Juli, 2 U. nachm.			
6	Sonntag	**6. n. Tr. Jesaias**	**6. n. Trinitatis**	3.46	8.22	5. 9	8.35
7	Montag	Demetrius	Willibald	3.47	8.21	6.27	9. 9
8	Dienstag	Kilian	Kilian	3.48	8.21	7.45	9.38
9	Mittwoch	Cyrillus	Cyrillus	3.49	8.20	9. 2	10. 3
10	Donnerstag	Sieben Brüder	7 Brüder	3.50	8.19	10.16	10.27
11	Freitag	Pius	Pius	3.51	8.18	11.27	10.50
12	Sonnabend	Heinrich	Joh. Gualbert	3.52	8.17	12.35	11.14
29. Woche.	Ev. Jesus speist 4000 Mann. Mark. 8, Ep. Röm. 6. Kath. Vom ungerechten Haushalter. Luk. 16.						
13	Sonntag	**7. n. T. Marg.**	**7. n. Trinitatis**	3.53	8.17	1.41	11.40
14	Montag	Bonaventura	Bonaventura	3.55	8.16	2.45	Morg.
15	Dienstag	Apostel Teil.	Apostel Teil.	3.56	8.15	3.46	12. 9
16	Mittwoch	Walther	Maria v. Berge	3.57	8.14	4.42	12.43
17	Donnerstag	Alexius	Alexius	3.58	8.13	5.34	1.23
18	Freitag	Karolina	Friedericus	4. 0	8.11	6.20	2. 9
19	Sonnabend	Ruth	Mamertus	4. 1	8.10	7. 0	3. 1
30. Woche.	Ev. Von den falschen Propheten. Matth. 7, Ep. Röm. 8. Kath. Von der Zerstörung Jerusalems. Luk. 19.			Vollmond 20. Juli, 6 U. nachm.			
20	Sonntag	**8. n. Tr. Elias**	**8. n. Trinitatis**	4. 2	8. 9	7.34	3.59
21	Montag	Daniel	Praxedes	4. 4	8. 8	8. 4	5. 1
22	Dienstag	Maria Magdal.	Maria Magd.	4. 5	8. 6	8.30	6. 7
23	Mittwoch	Albertine	Appollinaris	4. 6	8. 5	8.54	7.15
24	Donnerstag	Christine	Christine	4. 8	8. 4	9.17	8.25
25	Freitag	Jakobus	**Jakobus**	4. 9	8. 2	9.41	9.36
26	Sonnabend	Anna	Anna	4.11	8. 1	10. 6	10.48
31. Woche.	Ev. Vom ungerechten Haushalter. Luk. 16, Ep. 1. Kor. 10. Kath. Vom Pharisäer und Zöllner. Luk. 18.			Letzt. Viertel 28. Juli, 6 U. vorm.			
27	Sonntag	**9. n. Tr. Berth.**	**9. n. Trinitatis**	4.12	7.59	10.33	12. 1
28	Montag	Innocenz	Innocenz	4.14	7.58	11. 6	1.16
29	Dienstag	Martha	Martha	4.15	7.56	11.46	2.30
30	Mittwoch	Beatrix	Abdon	4.17	7.55	Morg.	3.40
31	Donnerstag	Germanus	Ignaz Loyola	4.18	7.53	12.35	4.45

Buß- und Bettage: 20. in Mecklenburg-Strelitz, 25. in Württemberg.

Fürstliche Geburtstage: 19. 1884. Herzog Karl Eduard von Sachsen-Koburg und Gotha.

Prof. Falb's kritische Tage: 5. kritischer Tag **1.** Ordnung. — **20.** kritischer Tag 3. Ordnung.

Juli	Tageslänge St. M.	Nachtlänge St. M.
1	16 41	7 19
6	16 34	7 26
11	16 26	7 34
16	16 15	7 45
21	16 2	7 58
26	16 48	8 12

Manöverzeit.

August 1902.

Datum	und Wochentag.	Verbesserter evangelischer Kalender.	Katholischer Kalender.	Sonne Aufg. U. M.	Sonne Unterg. U. M.	Mond Aufg. U. M.	Mond Unterg. U. M.
1	Freitag	Petri Kettenfest	Petri Kettenfest	4.20	7.51	1.35	5.41
2	Sonnabend	Portiuncula	Portiuncula	4.21	7.50	2.44	6.27
32. Woche.	Ev. Von der Zerstörung Jerusalems. Luk. 19, Ep. 1. Kor. 12. Kath. Der Taubstumme. Mark. 7.					Neumond 3. Aug., 9 U. abends.	
3	Sonntag	**10. n. Tr.** Aug.	**10. n. Trinitatis**	4.23	7.48	3.59	7. 5
4	Montag	Perpetua	Dominicus	4.24	7.46	5.17	7.37
5	Dienstag	Dominicus	Maria Schnee	4.26	7.45	6.36	8. 5
6	Mittwoch	Verkl. Christi	Verkl. Christi	4.28	7.43	7.53	8.30
7	Donnerstag	Donatus	Cajetan	4.29	7.41	9. 6	8.54
8	Freitag	Ladislaus	Cyriacus	4.31	7.39	10.17	9.18
9	Sonnabend	Romanus	Romanus	4.32	7.37	11.26	9.44
33. Woche.	Ev. Der Pharisäer und der Zöllner. Luk. 18, Ep. 1. Kor. 15. Kath. Vom Samariter und Leviten. Luk. 10.					Erst. Viertel 11. Aug., 5 U. morgens.	
10	Sonntag	**11. n. Tr.** Laur.	**11. n. Trinitatis**	4.34	7.35	12.32	10.12
11	Montag	Titus	Tiburtius	4.36	7.33	1.35	10.44
12	Dienstag	Klara	Klara	4.37	7.31	2.33	11.22
13	Mittwoch	Hildebrandt	Hippolitus	4.39	7.29	3.27	Morg.
14	Donnerstag	Eusebius	Eusebius	4.41	7.27	4.15	12. 5
15	Freitag	Mar. Himmelf.	**Mariä Himmelf.**	4.42	7.25	4.57	12.54
16	Sonnabend	Isaak	Rochus	4.44	7.23	5.34	1.50
34. Woche.	Ev. Der Taubstumme. Mark. 7, Ep. 2. Kor. 3. Kath. Von den zehn Aussätzigen. Luk. 17.					Vollmond 19. Aug., 7 U. vorm.	
17	Sonntag	**12. n. Tr.** Bertr.	**12. n. Trinitatis**	4.46	7.21	6. 6	2.51
18	Montag	Emilia	Helena	4.47	7.19	6.34	3.56
19	Dienstag	Sebald	Sebald	4.49	7.17	6.59	5. 4
20	Mittwoch	Bernhard	Bernhard	4.51	7.15	7.23	6.14
21	Donnerstag	Anastasius	Benno	4.52	7.13	7.47	7.25
22	Freitag	Oswald	Thimotheus	4.54	7.11	8.12	8.37
23	Sonnabend	Zachäus	Philipp Benit.	4.56	7. 9	8.39	9.51
35. Woche.	Ev. Vom Samariter und Leviten. Luk. 10, Ep. Gal. 3. Kath. Vom Mammonsdienst. Matth. 6.					Letzt. Viert. 26. Aug., 12 U. mittags.	
24	Sonntag	**13. n. Tr.** Barth.	**13. n. Trinitatis**	4.57	7. 6	9.10	11. 5
25	Montag	Ludwig	Ludwig	4.59	7. 4	9.47	12.18
26	Dienstag	Irenäus	Zephyrinus	5. 1	7. 2	10.32	1.29
27	Mittwoch	Gebhard	Rufus	5. 2	7. 0	11.26	2.34
28	Donnerstag	Augustinus	Augustinus	5. 4	6.58	Morg.	3.32
29	Freitag	Joh. Enthaupt.	**Joh. Enthaupt.**	5. 6	6.55	12.29	4.21
30	Sonnabend	Benjamin	Rosa	5. 7	6.53	1.40	5. 1
36. Woche.	Ev. Von den zehn Aussätzigen. Luk. 17, Ep. Gal. 5. Kath. Der Jüngling zu Nain. Luk. 7.						
31	Sonntag	**14. n. Tr.** Reb.	**14. n. Trinitatis**	5. 9	6.51	2.55	5.35

Buß- u. Bettage: 14. in Luxembg., 22. in Württembg.
Fürstliche Geburtstage: 7. 1830. Fürst Karl Günther v. Schwarzbg.-Sondersh. — 21. 1853. Fürst Günther von Schwarzburg-Rudolstadt.
Jüdische Feiertage: Am 12. August Fasten der Juden wegen Zerstörung des Tempels.
Prof. Falb's kritische Tage: 3. kritischer Tag 1. Ordnung. — 19. kritischer Tag 2. Ordnung.

August	Tageslänge St. M.	Nachtlänge St. M.	August	Tageslänge St. M.	Nachtlänge St. M.
1	15 31	8 29	16	14 37	9 23
6	15 14	8 46	21	14 19	9 41
11	14 56	9 4	26	14 0	10 0

Geburts- u. Gedenktage

S. M. S. Hohenzollern auf der Nordlandsreise.

September 1902.

Datum und Wochentag.		Verbesserter evangelischer Kalender.	Katholischer Kalender.	Sonne Aufg. u. M.	Sonne Unterg. u. M.	Mond Aufg. u. M.	Mond Unterg. u. M.
				Neumond 2. Sept., 6 U. vorm.			
1	Montag	Aegidius	Aegidius	5.11	6.49	4.12	6. 4
2	Dienstag	Rahel, Lea	Stephan	5.12	6.46	5.28	6.30
3	Mittwoch	Mansuetus	Mansuetus	5.14	6.44	6.43	6.55
4	Donnerstag	Moses	Rosalia	5.16	6.42	7.56	7.20
5	Freitag	Nathanael	Marcellinus	5.17	6.39	9. 7	7.45
6	Sonnabend	Magnus	Magnus	5.19	6.37	10.15	8.13
37. Woche.	Ev. Kath.	Vom Mammonsdienst. Matth. 6, Ep. Gal. 5. Der Wassersüchtige. Luk. 14.		Erst. Viertel 9. Sept., 11 U. abends.			
7	Sonntag	**15. n. Tr. Reg.**	**15. n. Trinitatis**	5.21	6.35	11.20	8.44
8	Montag	**Mariä Geburt**	**Mariä Geburt**	5.22	6.32	12.21	9.19
9	Dienstag	Bruno	Georginius	5.24	6.30	1.17	10. 0
10	Mittwoch	Sosthenes	Nicolaus v. T.	5.26	6.28	2. 7	10.47
11	Donnerstag	Gerhard	Protus	5.27	6.25	2.52	11.40
12	Freitag	Ottilie	Guido	5.29	6.23	3.31	Morg.
13	Sonnabend	Christlieb	Maternus	5.31	6.21	4. 5	12.39
38. Woche.	Ev. Kath.	Der Jüngling zu Nain. Luk. 7, Ep. Eph 3. Das vornehmste Gebot. Matth. 22.		Vollmond 17. Sept., 7 U. abends.			
14	Sonntag	**16. n. Tr. Kr. E.**	**16. n. Tr. Kr. E.**	5.32	6.18	4.34	1.42
15	Montag	Constantia	Nicodemus	5.34	6.16	5. 1	2.48
16	Dienstag	Euphemia	Cornel. u. Cypr.	5.36	6.13	5.26	3.57
17	Mittwoch	**Quatemb.** Lamb.	**Quatember**	5.37	6.11	5.50	5. 8
18	Donnerstag	Siegfried	Thom. v. Vill.	5.39	6. 9	6.15	6.22
19	Freitag	Januarius	Januarius	5.41	6. 6	6.43	7.37
20	Sonnabend	Friederike	Eustachius	5.42	6. 4	7.13	8.52
39. Woche.	Ev. Kath.	Der Wassersüchtige. Luk. 14, Ep. Eph. 4. Der Gichtbrüchige. Matth. 9.		Letzt. Viertel 24. Sept., 5 U. nachm.			
21	Sonntag	**17. n. Tr. Matth.**	**17. n. Trinitatis**	5.44	6. 1	7.48	10. 7
22	Montag	Moritz	Moritz	5.46	5.59	8.31	11.20
23	Dienstag	Joel	Thekla	5.47	5.57	9.22	12.27
24	Mittwoch	Johann. Empf.	Johann. Empf.	5.49	5.54	10.22	1.27
25	Donnerstag	Kleophas	Kleophas	5.51	5.52	11.29	2.18
26	Freitag	Cyprianus	Cyprianus	5.53	5.50	Morg.	3. 0
27	Sonnabend	Kosmas u. Dam.	Kosmas, Dam.	5.54	5.47	12.41	3.35
40. Woche.	Ev. Kath.	Das vornehmste Gebot. Matth. 22, Ep. 1. Kor. 1. Vom hochzeitlichen Kleide. Matth. 22.					
28	Sonntag	**18. n. Tr. Wenz.**	**18. n. Trinitatis**	5.56	5.45	1.55	4. 5
29	Montag	**Michaelis**	Michaelis	5.58	5.43	3.10	4.32
30	Dienstag	Hieronymus	Hieronymus	5.59	5.40	4.24	4.57

Buß- und Bettage: 17., 19. u. 20. in Luxemburg. 19. in Württemberg.

Fürstliche Geburtstage: 9. 1826. Großherzog Friedrich von Baden. 16. 1826. Herzog Ernst von Sachsen-Altenburg.

Prof. Falb's kritische Tage: 2. kritischer Tag 1. Ordnung.

Sept.	Tageslänge St. M.	Nachtlänge St. M.
1	13 35	10 25
6	13 15	10 45
11	12 55	11 5
16	12 35	11 25
21	12 15	11 45
26	11 54	12 6

Manöverzeit.

Oktober 1902.

Datum und Wochentag		Verbesserter evangelischer Kalender	Katholischer Kalender	Sonne Aufg. U. M.	Sonne Unterg. U. M.	Mond Aufg. U. M.	Mond Unterg. U. M.
				Neumond 1. Okt., 6 U. abends.			
1	Mittwoch	Remigius	Remigius	6. 1	5.38	5.37	5.21
2	Donnerstag	Vollrad	Leodegar	6. 3	5.36	6.48	5.46
3	Freitag	Ewald	Candidus	6. 4	5.33	7.57	6.13
4	Sonnabend	Franz	Franz	6. 6	5.31	9. 4	6.43
41. Woche.		Ev. Der Gichtbrüchige. Matth. 9, Ep. Eph. 4. Kath. Von des Königschen Sohn. Joh. 4.		Erst. Viert. 9 Okt., 6 U. abends.			
5	Sonntag	**19. n. Tr. Fides Erntedankfest**	**19. n. Trinitatis**	6. 8	5.29	10. 7	7.17
6	Montag	Charitas	Bruno	6. 9	5.26	11. 6	7.56
7	Dienstag	Spes	Markus	6.11	5.24	11.59	8.41
8	Mittwoch	Ephraim	Brigitte	6.13	5.22	12.46	9.31
9	Donnerstag	Dionysius	Dionysius	6.15	5.19	1.27	10.26
10	Freitag	Amalia	Franz Borgia	6.16	5.17	2. 2	11.26
11	Sonnabend	Burchard	Maximilian	6.18	5.15	2.33	Morg.
42. Woche.		Ev. Vom hochzeitlichen Kleide. Matth. 22, Ep. Eph. 5. Kath. Vom Schalksknecht. Matth. 18.		Vollmond 17. Okt., 7 U. vorm.			
12	Sonntag	**20. n. Tr.** Ehr.	**20. n. Trinitatis**	6.20	5.12	3. 1	12.30
13	Montag	Kolomann	Eduard	6.22	5.10	3.26	1.37
14	Dienstag	Wilhelmine	Calixtus	6.24	5. 8	3.51	2.47
15	Mittwoch	Hedwig	Theresa	6.25	5. 6	4.16	3.59
16	Donnerstag	Gallus	Gallus	6.27	5. 3	4.42	5.14
17	Freitag	Florentin	Hedwig	6.29	5. 1	5.12	6.31
18	Sonnabend	**Lukas Ev.**	Lukas Ev.	6.31	4.59	5.46	7.49
43. Woche.		Ev. Von des Königschen Sohn. Joh. 4, Ep. Eph. 6. Kath. Vom Zinsgroschen. Matth. 22.		Letzt. Viertel 23. Okt., 12 U. Mittern.			
19	Sonntag	**21. n. Tr.** Ptol.	**21. n. Trinitatis**	6.33	4.57	6.27	9. 5
20	Montag	Wendelin	Wendelin	6.34	4.55	7.17	10.17
21	Dienstag	Ursula	Ursula	6.36	4.53	8.15	11.21
22	Mittwoch	Cordula	Cordula	6.38	4.51	9.21	12.15
23	Donnerstag	Severinus	Joh. v. Capistr.	6.40	4.48	10.32	1. 0
24	Freitag	Salome	Raphael	6.42	4.46	11.45	1.37
25	Sonnabend	Adelheid	Crispin	6.43	4.44	Morg.	2. 8
44. Woche.		Ev. Vom Schalksknecht. Matth. 18, Ep. Phil. 1. Kath. Jairi Töchterlein. Matth. 9.		Neumond 31. Okt., 9 U. vorm.			
26	Sonntag	**22. n. Tr.** Am.	**22. n. Trinitatis**	6.45	4.42	12.59	2.36
27	Montag	Sabina	Sabina	6.47	4.40	2.12	3. 1
28	Dienstag	**Simon, Juda**	Simon, Juda	6.49	4.38	3.24	3.25
29	Mittwoch	Engelhard	Narcissus	6.51	4.36	4.34	3.49
30	Donnerstag	Hartmann	Serapion	6.53	4.34	5.43	4.15
31	Freitag	Wolfgang	Wolfgang	6.55	4.32	6.50	4.43

Buß- und Bettage: 17. in Württemberg. 31. in Luxemburg.
Fürstliche Geburtstage: 10. 1846. Fürst Georg von Schaumburg-Lippe. 17. 1819. Großherzog Friedrich Wilhelm von Mecklenb.-Strelitz. 22. 1858. Auguste Viktoria, deutsche Kaiserin.
Jüdische Feiertage: 2. Neujahrsfest, 3. zweites Fest, 5. Fasten-Gedaljah, 11. Versöhnungsfest, 16. Laubhüttenfest, 17. zweites Fest, 22. Palmenfest, 23. Laubhüttenende, 24. Gesetzesfreude.
Prof. Falb's kritische Tage: 1. kritischer Tag 1. Ordnung. — 17. kritischer Tag 1. Ord. — 31. kritischer Tag 2. Ord.

Okt.	Tageslänge St. M.	Nachtlänge St. M.
1	11 34	12 26
6	11 14	12 46
11	10 53	13 7
16	10 33	13 27
21	10 13	13 47
26	9 54	14 6

Entlassung der Reservisten. Heimats-Wimpel.

November 1902.

Datum und Wochentag		Verbesserter evangelischer Kalender.	Katholischer Kalender.	Sonne Aufg. U. M.	Sonne Unterg. U. M.	Mond Aufg. U. M.	Mond Unterg. U. M.
1	Sonnabend	**Allerheiligen**	**Aller Heiligen**	6.56	4.30	7.55	5.15
45. Woche.	Ev. Vom Zinsgroschen. Matth. 22, Ep. Phil. 3. Kath. Von dem Aussätzigen und Gichtbrüchigen. Matth. 8.					Erst. Viertel 8. Nov., 2 U. nachm.	
2	Sonntag	**23. n. Tr. R.-Fest**	**23. n. Tr.** All. S.	6.58	4.28	8.56	5.52
3	Montag	Gottlieb	Hubertus	7. 0	4.26	9.51	6.34
4	Dienstag	Charlotte	Karl Borrom.	7. 2	4.25	10.40	7.22
5	Mittwoch	Erich	Emmerich	7. 4	4.23	11.23	8.16
6	Donnerstag	Leonhard	Leonhard	7. 6	4.21	12. 1	9.14
7	Freitag	Erdmann	Engelbert	7. 8	4.19	12.33	10.15
8	Sonnabend	Claudius	4 gekr. Märt.	7.10	4.17	1. 1	11.20
46. Woche.	Ev. Jairi Töchterlein. Matth. 9, Ep. Kol. 1. Kath. Christus stillt Wind und Meer. Matth. 8.					Vollmond 15. Nov., 6 U. abends.	
9	Sonntag	**24. n. Tr.** Theod.	**24. n. Trinitatis**	7.11	4.16	1.27	Morg.
10	Montag	Martin L.	Andr. Avellin.	7.13	4.14	1.51	12.27
11	Dienstag	Martin Bischof	Martin Bischof	7.15	4.12	2.15	1.36
12	Mittwoch	Kunibert	Martin Papst	7.17	4.11	2.40	2.48
13	Donnerstag	Eugen	Stanislaus	7.19	4. 9	3. 8	4. 3
14	Freitag	Levinus	Jucundus	7.20	4. 8	3.40	5.21
15	Sonnabend	Leopold	Leopold	7.22	4. 6	4.18	6.39
47. Woche.	Ev. Vom Gräuel der Verwüstung. Matth. 24, Ep. 1. Thessal. 4. Kath. Vom Unkraut unter dem Weizen. Matth. 13.					Letzt. Viert. 22. Nov., 9 U. vorm.	
16	Sonntag	**25. n. Tr.** Ottom.	**25. n. Trinitatis**	7.24	4. 5	5. 4	7.55
17	Montag	Hugo	Gregor Th.	7.26	4. 3	6. 1	9. 6
18	Dienstag	Gottschalk	Otto, Eugen	7.28	4. 2	7. 7	10. 7
19	Mittwoch	**Buß- und Bettag**	**Buß- und Bettag**	7.29	4. 1	8.19	10.57
20	Donnerstag	Edmund	Felix v. Valois	7.31	3.59	9.34	11.38
21	Freitag	Mariä Opfer	Mariä Opfer	7.33	3.58	10.49	12.12
22	Sonnabend	Ernestine	Eugen	7.35	3.57	Morg.	12.41
48. Woche.	Ev. Vom jüngsten Gericht. Matth. 25, Ep. 2. Petri 3. Kath. Vom Gräuel der Verwüstung. Matth. 24.						
23	Sonntag	**26. n. Tr.** Klem. **Feier z. Gedächtnis d. Gestorbenen**	**26. n. Trinitatis**	7.36	3.56	12. 3	1. 6
24	Montag	Lebrecht	Chrysogenes	7.38	3.55	1.15	1.30
25	Dienstag	Katharina	Katharina	7.40	3.54	2.25	1.54
26	Mittwoch	Konrad	Konrad	7.42	3.53	3.33	2.19
27	Donnerstag	Lot	Virgilius	7.43	3.52	4.40	2.46
28	Freitag	Günther	Sosthenes	7.45	3.51	5.45	3.16
29	Sonnabend	Noah	Saturninus	7.46	3.50	6.47	3.50
49. Woche.	Ev. Christi Einzug in Jerusalem. Matth. 21, Ep. Röm. 13. Kath. Von den Zeichen des jüngsten Tages. Luk. 21.					Neumond 30. Nov., 3 U. morgens.	
30	Sonntag	**1. Adv.** Andreas	**1. Advent**	7.48	3.49	7.44	4.30

Buß- und Bettage: 14. in Württemberg, 19. in Anhalt, Braunschweig, Bremen, Hamburg, Lübeck, Lippe, Oldenburg, Reuß ä. L., Reuß j. L., Sachsen, Sachsen-Altenburg, Sachsen-Koburg-Gotha, Sachsen-Meiningen, Sachsen-Weimar-Eisenach, Schaumburg-Lippe, Schwarzbg.-Rudolstadt, Schwarzburg-Sondershausen, Waldeck und Pyrmont, 23. in Baden (Prot.), 28. in Mecklenb.-Schwerin u. Mecklenb.-Strelitz.
Fürstliche Geburtstage: 25. 1868. Großherzog Ernst Ludwig v. Hessen. 16. 1852. Großherzog Friedrich August von Oldenburg.
Prof. Falb's kritische Tage: 15. kritischer Tag 1. Ordnung. — 30. kritischer Tag 3. Ordnung.

Nov.	Tageslänge St. M.	Nachtlänge St. M.
1	9 31	14 29
6	9 13	14 47
11	8 55	15 5
16	8 39	15 21
21	8 23	15 37
26	8 9	15 51

Kreuzer im Sturm.

Dezember 1902.

Datum	Wochentag	Verbesserter evangelischer Kalender.	Katholischer Kalender.	Sonne Aufg. U. M.	Sonne Unterg. U. M.	Mond Aufg. U. M.	Mond Unterg. U. M.
1	Montag	Arnold	Eligius	7.49	3.48	8.36	5.16
2	Dienstag	Candidus	Bibianus	7.51	3.48	9.22	6. 8
3	Mittwoch	Cassian	Franz Xaver	7.52	3.47	10. 1	7. 4
4	Donnerstag	Barbara	Barbara	7.53	3.46	10.35	8. 4
5	Freitag	Abigail	Sabbas	7.55	3.46	11. 5	9. 7
6	Sonnabend	Nikolaus	Nikolaus	7.56	3.45	11.31	10.12
50. Woche.		Ev. Von den Zeichen des jüngsten Tages. Luk. 21, Ep. Röm. 15. Kath. Johannes im Gefängnis. Matth. 11.				Erst. Viert. 8. Dez., 7 U. vorm.	
7	Sonntag	**2. Adv.** Antonia	**2. Advent**	7.57	3.45	11.55	11.18
8	Montag	**Mariä Empf.**	**Mariä Empf.**	7.59	3.44	12.18	Morg.
9	Dienstag	Joachim	Leocadia	8. 0	3.44	12.42	12.27
10	Mittwoch	Judith	Melchiades	8. 1	3.44	1. 7	1.38
11	Donnerstag	Waldemar	Damasus	8. 2	3.44	1.35	2.52
12	Freitag	Epimachus	Epimachus	8. 3	3.44	2. 9	4. 9
13	Sonnabend	Lucia	Lucia	8. 4	3.44	2.50	5.26
51. Woche.		Ev. Johannis Botschaft an Christum. Matth. 11, Ep. 1. Kor. 4. Kath. Johannis Zeugnis. Joh. 1.				Vollmond 15. Dez., 5 U. morgens.	
14	Sonntag	**3. Adv.** Israel	**3. Advent**	8. 5	3.44	3.41	6.40
15	Montag	Johanna	Maximus	8. 6	3.44	4.43	7.48
16	Dienstag	Ananias	Adelheid	8. 7	3.44	5.54	8.46
17	Mittwoch	**Quat.** Lazarus	**Quatember**	8. 8	3.44	7.11	9.33
18	Donnerstag	Christoph	Maria Erw.	8. 9	3.44	8.30	10.12
19	Freitag	Manasse	Remisius	8. 9	3.44	9.47	10.44
20	Sonnabend	Abraham	Ammon	8.10	3.45	11. 2	11.11
52. Woche.		Ev. Johannis Zeugnis. Joh. 1, Ep. Phil. 4. Kath. Im 15. Jahre der Regierung Tiberii. Luk. 3.				Letzt. Viertel 21. Dez., 9 U. abends.	
21	Sonntag	**4. Adv. Thom.**	**4. Advent**	8.11	3.45	Morg.	11.36
22	Montag	Beata	Flavian	8.11	3.45	12.14	12. 0
23	Dienstag	Ignatius	Viktoria	8.12	3.46	1.24	12.28
24	Mittwoch	Adam, Eva	Adam, Eva	8.12	3.47	2.32	12.51
25	Donnerstag	**Heil. Christfest**	**Heil. Christfest**	8.12	3.47	3.37	1.19
26	Freitag	**Stephanus**	**Stephanus**	8.13	3.48	4.40	1.52
27	Sonnabend	**Johannes Ev.**	**Johannes Ev.**	8.13	3.49	5.39	2.30
53. Woche.		Vom Simeon und Hanna. Luk. 2, Ep. Gal. 4.				Neumond 29. Dez., 10 U. abends.	
28	Sonntag	**n. Weihn. U. K.**	**n. Weihnachten**	8.13	3.49	6.32	3.13
29	Montag	Jonathan	Thomas B.	8.13	3.50	7.20	4. 2
30	Dienstag	David	David	8.14	3.51	8. 2	4.57
31	Mittwoch	Sylvester	Sylvester	8.14	3.52	8.38	5.56

Buß- und Bettage: 12. in Württemberg, 17., 19., 20. und 24. in Luxemburg.

Prof. Falb's kritische Tage: 15. kritischer Tag 1. Ordnung. — 29. kritischer Tag 3. Ordnung.

Tag	Tageslänge St. M.	Nachtlänge St. M.
1	7 58	16 2
6	7 48	16 12
11	7 41	16 19
16	7 36	16 24
21	7 34	16 26
26	7 36	16 24

Weihnachten. Schmücken des Baumes.

Genealogie der deutschen Regentenhäuser.

Preußen. **Wilhelm** II. Deutscher Kaiser und König von Preußen, geb. am 27. Januar 1859, folgt seinem Vater Friedrich III. in der Regierung am 15. Juni 1888, vermählt am 27. Februar 1881 mit **Auguste Victoria** Friederike Luise Feodora Jenny, geb. 22. Okt. 1858, Chef des Füsilier-Regiments Königin (Schleswig-Holsteinisches) Nr. 86, Schwester des Herzogs **Ernst Günther** zu Schleswig-Holstein.

Kinder des Königs:

1) **Friedrich Wilhelm** Viktor August Ernst, Kronprinz des deutschen Reichs und von Preußen, geb. 6. Mai 1882, Oberleutnant im 1. Garde-Regiment zu Fuß, a la suite des Grenadier-Regts. Kronprinz (1. Ostpreuß.) Nr. 1 und des 2. Garde-Landw.-Reg., sowie des Kgl. bayer. 1. Ulan.-Reg. Kaiser Wilhelm II., König von Preußen, des Kgl. sächs. 2. Gren.-Reg. Nr. 101, Kaiser Wilhem II., König von Preußen und des Kgl. württ. Infanterie-Regts. Kaiser Wilhelm, König von Preußen Nr. 120.
2) **Wilhelm Eitel-Friedrich** Christian Karl, geb. 7. Juli 1883, Leutnant im 1. Garde-Regiment zu Fuß und a la suite des 1. Garde-Landwehr-Regiments.
3) **Adalbert** Ferdinand Berengar Viktor, geb. 14. Juli 1884, Leutnant im 1. Garde-Regiment zu Fuß und Leutnant zur See, a la suite des 1. Garde-Gren.-Landw.-Reg.
4) **August Wilhelm** Heinrich Günther Viktor, geb. 29. Januar 1887, Leutnant im 1. Garde-Regiment zu Fuß und a la suite des 2. Garde-Grenadier-Landw.-Regts.
5) **Oskar Karl** Gustav Adolf, geb. 27. Juli 1888, Leutnant im 1. Garde-Regiment zu Fuß und a la suite des 3. Garde-Gren.-Landw.-Regts.
6) **Joachim** Franz Humbert, geb. 17. Dez. 1890, Leutnant im 1. Garde-Regiment zu Fuß und a la suite des 4. Garde-Gren.-Landw.-Regts.
7) **Viktoria Luise** Adelheid Mathilde Charlotte, geb. 13. September 1892.

Mutter des Königs: (Kaiserin und Königin Friedrich.) **Viktoria** Adelheid Marie Luise, Prinzeß Royal von Großbritannien und Irland, Herzogin zu Sachsen, geb. 21. November 1840, Chef des Füsilier-Regiments v. Gersdorff (Hess.) Nr. 80 und des 2. Leib-Husaren-Regiments Kaiserin Nr. 2, Witwe seit 15. Juni 1888.

Geschwister des Königs:

1) Viktoria Elisabeth Auguste **Charlotte,** Gemahlin des Erbprinzen Bernhard von Sachsen-Meiningen, geb. 24. Juli 1860.
2) Albert Wilhelm **Heinrich,** geb. 14. Aug. 1862, Vice-Admiral, Chef des 1. Geschwaders, Generalleutnant, Chef des Füs.-Regts. Prinz Heinrich von Preußen (Brandenburgisches) Nr. 35, a la suite des 1. Garde-Regts. zu Fuß, des Garde-Füs.-Landw.-Regts. und des 1. Großherzogl. Hess. Feld-Artillerie-Regts. Nr. 25 (Großherzogl. Art.-Korps), Ehren-Dr. ing., vermählt am 24. Mai 1888 mit **Irene** Luise Maria Anna, geb. 11. Juli 1866, Schwester des Großherzogs Ernst Ludwig von Hessen-Darmstadt. — Söhne: 1) **Waldemar** Wilhelm Ludwig Friedrich Viktor Heinrich, geb. 20. März 1889, Leutnant im 1. Garde-Regiment zu Fuß und Leutnant zur See a la suite der Marine. 2) Wilhelm Viktor Karl August Heinrich **Sigismund,** geb. 27. November 1896. 3) **Heinrich** Viktor Ludwig Friedrich, geb. 9. Januar 1900.
3) Friederike Amalie Wilhelmine **Viktoria,** geb. 12. April 1866, Gemahlin des Prinzen Adolf zu Schaumburg-Lippe.
4) **Sophie Dorothea** Ulrike Alice, geb. 14. Juni 1870, Gemahlin des Kronprinzen Konstantin von Griechenland.
5) **Margarethe** Beatrice Feodora, geb. 22. April 1872, Gemahlin des Prinzen **Friedrich Karl** Ludwig Konstantin von Hessen.

Tante des Königs: Die Gemahlin des Großherzogs **Friedrich** von Baden.

Des am 21. Januar 1883 verst. Prinzen Karl, Groß-Oheims des Königs und seiner am 18. Januar 1877 verst. Gemahlin Marie Luise Alexandrine, Schwester des verstorbenen Großherzogs Karl Alexander von Sachsen, Kinder:

1) Des am 15. Juni 1885 verst. Prinzen **Friedrich Karl** Nikolaus Witwe: **Maria** Anna, geb. 14. September 1837, Schwester des Herzogs Leopold **Friedrich** von Anhalt, Kinder: 1) **Luise Margarethe** Alexandra Viktoria Agnes, Gemahlin

des Prinzen **Arthur** Patrik Wilhelm Albert, Herzogs von Connaught, geb. 25. Juli 1860. 2) Joachim Karl Wilhelm **Friedrich Leopold**, geb. 14. Nov. 1865, Generalleutnant und Inspekteur der 4. Kavallerie-Inspektion, a la suite des 1. Garde-Regts. zu Fuß und des 1. Leib-Huſ.-Regts. Nr. 1, vermählt am 24. Juni 1889 mit **Luiſe**, Schweſter des Herzogs **Ernſt Günther** von Schleswig-Holſtein. Kinder: 1) **Viktoria Margarethe** Eliſabeth Marie Adelheid Ulrike, geb. 17. April 1890. 2) Joachim Viktor Wilhelm Leopold **Friedrich Sigismund**, geb. 17. Dez. 1891. 3) Taſſilo Wilhelm Humbert Leopold **Friedrich Karl**, geb. 6. April 1893. 4) **Friedrich Leopold**, geb. 27. Auguſt 1895.

2) Marie **Luiſe** Anna, geb. 1. März 1829.

3) **Anna** Friederike, Witwe des am 14. Okt. 1884 verſt. Landgrafen Friedrich Wilhelm von Heſſen.

Des am 14. Oktober 1872 verſtorbenen Prinzen Albrecht, Groß-Oheims des Königs, und ſeiner am 28. März 1849 von ihm geſchiedenen, am 29. Mai 1883 verſt. Gemahlin Marianne, Tochter des verſt. Königs Wilhelms I. der Niederlande, Kinder:

1) Friedrich Wilhelm Nikolaus **Albrecht**, geb. 8. Mai 1837, Regent des Herzogtums Braunſchweig, General-Feldmarſchall u. General-Inſpekteur der 1. Armee-Inſpektion, Chef des Füſ.-Regts. General-Feldmarſchall Prinz Albrecht von Preußen (Hann.) Nr. 73, des 1. Brandenb. Drag.-Regts. Nr. 2 und des Drag.-Regts. Prinz Albrecht von Preußen (Littauiſches) Nr. 1 u. des 2. kgl. ſächſ. Ulanen-Regts., zweiter Chef des 3. Garde-Landw.-Reg., a la suite des 1. Garde-Drag.-Regts. Königin von Großbritannien u. Irland; Rektor magnificentissimus der Univerſität Göttingen, Witwer ſeit 8. Oktober 1898 von **Marie** Friederike, Tochter des reg. Herzogs Ernſt von Sachſen-Altenburg. Söhne: 1) Wilhelm Ernſt Alexander **Friedrich Heinrich** Albrecht, geb. 15. Juli 1874, Major a la suite des 1. Garde-Drag.-Regts. Königin Viktoria von Großbritannien und Irland, kommandiert zur Dienſtleiſtung beim Großen Generalſtabe. 2) Wilhelm Friedrich Karl Ernſt **Joachim Albrecht**, geb. 27. Sept. 1876, Hauptmann und Kompagniechef im Königin Auguſta-Garde-Grenadier-Regt. Nr. 4. 3) **Friedrich Wilhelm** Viktor Karl Ernſt Alexander Heinrich, geb. 12. Juli 1880, Oberleutnant im 1. Garde-Regiment zu Fuß.

2) Friederike Wilhelmine Luiſe Eliſabeth **Alexandrine**, Witwe des Herzogs Friedrich **Wilhelm** Nikolaus von Mecklenburg-Schwerin, geb. 1. Febr. 1842.

Des am 27. Juli 1863 verſt. Prinzen Friedrich Wilhelm Ludwig, Urgroßvaters Bruderſohnes des Königs und ſeiner am 9. Dezember 1882 verſt. Gemahlin Wilhelmine Luiſe, Tochter des verſtorb. Herzogs Alexius Friedrich Chriſtian zu Anhalt-Bernburg, Sohn:

Friedrich Wilhelm **Georg** Ernſt, geb. 12. Febr. 1826, General der Kavallerie, Chef des Ulanen-Regts. von Schmidt, (1. Pomm.) Nr. 4 und zweiter Chef des 4. Garde-Landwehr-Regiments.

Hohenzollern, Fürſtl. Haus. (Römiſch-Kath. Konf.) Reſ.: Sigmaringen. **Leopold** Stephan Karl Anton Guſtav Eduard Thaſſilo, Fürſt von Hohenzollern, Königl. Hoheit, geb. 22. Sept. 1835, folgt ſeinem Vater, dem Fürſten **Karl Anton** am 2. Juni 1885, Königlich preußiſcher General der Infanterie und Chef des Füſ.-Regts. Fürſt Karl Anton von Hohenzollern (Hohenzollernſches) Nr. 40, a la suite des 1. Garde-Regts. zu Fuß, verm. am 12. Sept. 1861 mit Donna **Antonia** Maria Ferdinanda, Infantin von Portugal, Herzogin zu Sachſen, geb. 17. Febr. 1845, Tochter des verſt. Königs **Ferdinand II.** und der verſt. Königin Donna **Maria II.** da Gloria von Portugal und Algarbien. Erbprinz: **Wilhelm** Auguſt Karl Joſeph Peter Fernando Benedikt, geb. 7. März 1864, Königl. preuß. Major im Stabe des 1. Garde-Regt. zu Fuß, vermählt am 27. Juni 1889 mit **Maria Thereſia** Magdalena, geb. 15. Jan. 1867, Tochter des verſt. Prinzen Karl Ludwig Maria von Bourbon, Grafen von Trani.

Anhalt. (Evang. Konf.) Reſ.: Deſſau. Herzog Leopold **Friedrich** Franz Nikolaus, geb. 29. April 1831, regiert ſeit 22. Mai 1871, Königl. preuß. General der Infanterie und Chef des Anh. Infanterie-Regts. Nr. 93, a la suite des 1. Garde-Regts. zu Fuß, vermählt am 22. April 1854 mit Antoinette, geb. 17. April 1838, Tochter des verſtorb. Prinzen Eduard von Sachſen-Altenburg. Erbprinz: Leopold **Friedrich** Eduard Karl Alexander, geb. 19. Auguſt 1856, kgl. preuß. Oberſtleutnant a la suite der Armee und a la suite des Anh. Infanterie-Regiments Nr. 93.

Baden. (Evang. Konf.) Reſidenz: Karlsruhe. Großherzog **Friedrich Wilhelm** Ludwig, geb. 9. Sept. 1826, regiert ſeit 24. April 1852, königl. preuß. General-Oberſt der Kavallerie (mit dem Range eines General-Feldmarſchalls), General-Inſpekteur d. V. Armee-Inſpektion

und Chef des 1. Badischen Leib-Grenadier-Regiments Nr. 109, des 1. Bad. Leib-Drag.-Regiments Nr. 20, des königl. preuß. Ulanen-Regiments Großherzog Friedrich von Baden (Rhein.) Nr. 7 und des 1. Bad. Feld-Artillerie-Regiments Nr. 14 und des 8. Württ. Infanterie-Regts. Nr. 126 Großherzog Friedrich von Baden, a la suite der Marine-Infanterie, vermählt am 20. Sept. 1856 mit **Luise** Marie Elisabeth, geb. 3. Dez. 1838, Vatersschwester des deutschen Kaisers Wilhelm II., Chef des Königin Augusta Garde-Gren.-Reg. Nr. 4. Erbgroßherzog **Friedrich** Wilhelm Ludwig Leopold August, geb. 9. Juli 1857, kgl. preuß. General der Infanterie und kommand. General des 8. Armeekorps, Chef des 5. Bad. Infanterie-Regts. Nr. 113, a la suite des königl. preuß. 1. Garde-Regiments zu Fuß, des 1. Bad. Leib-Grenadier-Regiments Nr. 109 und des königl. preuß. 1. Garde-Ulanen-Regiments.

Bayern. (Röm.-kath. Konf.) Residenz: München. König **Otto I.** Wilhelm Luitpold Adalbert Waldemar, geb. 27. April 1848, folgte seinem Bruder **Ludwig II.** am 13. Juni 1886 unter der Regentschaft seines Oheims Luitpold. Prinzregent **Luitpold** Karl Wilhelm Josef Ludwig, geb. 12. März 1821, des Königreichs Bayern Verweser seit 10. Juni 1886, königl. bayer. General-Feldzeugmeister, Chef des königl. preuß. Feld-Art.-Regts. Prinzregent Luitpold von Bayern (Magdeb.) Nr. 4. Witwer seit 26. April 1864 von **Augusta** Ferdinande Luise Marie Johanna Josepha, Tochter des verst. Großherzogs Leopold II. von Toskana. Aeltester Prinz: **Ludwig** Leopold Josef Maria Aloys Alfred, geb. 7. Januar 1845, königl. bayer. General der Infanterie, Chef des königl. preuß. 2. Niederschles. Infanterie-Regts. Nr. 47.

Braunschweig-Lüneburg-Oels. Res.: Braunschweig. Prinzregent Friedr. Wilhelm Nikolaus **Albrecht,** Prinz von Preußen, Regent, geb. 8. Mai 1837, am 21. Okt. 1885 von der Landesversammlung zum Regenten erwählt, tritt die Regentschaft am 2. Nov. 1885 an.

Hessen-Darmstadt. (Luth. Konf.) Res: Darmstadt. Großherzog **Ernst Ludwig** Karl Albert Wilhelm, geb. 25. Nov. 1868, reg. seit 13. März 1892, kgl. preuß. Generalleut. a la suite des 1. Garde-Reg. zu Fuß u. Inh. des 1. Großh. Hess. Inf.- (Leibgarde) Regts. Nr. 115, des 1. Großh. Hess. Drag.-Regts. (Garde-Drag.-Regts.) Nr. 23 und des Großh. Hess. Feld-Art.-Reg. Nr. 25 (Großh. Art.-Korps).

Lippe-Detmold. (Ref. Konf.) Res.: Detmold. Fürst Karl **Alexander,** geb. 16. Jan. 1831, folgt seinem Bruder Günther Friedrich **Woldemar** am 20. März 1895 unter der Regentschaft des Grafen **Ernst** zu Lippe-Biesterfeld, geb. 9. Juni 1842.

Schaumburg-Lippe. (Reform. Konf.) Residenz: Bückeburg. Fürst Stephan Albrecht **Georg,** geb. 10. Oktober 1846, regiert seit 8. Mai 1893, königlich preußischer General der Kavallerie, a la suite der Armee (mit der Uniform des Leib-Garde-Husaren-Regiments) und Chef des Königlich preußischen Westfälischen Jäger-Bataillons Nr. 7. Erbprinz: **Adolf** Bernhard Moritz Ernst Woldemar, geb. 23. Februar 1883.

Mecklenburg-Schwerin. (Luth. Konf.) Residenz: Schwerin. Großherzog **Friedrich Franz IV.** Michael, geb. 9. April 1882, folgt seinem Vater **Friedrich Franz III.** am 10. April 1897, übernimmt die Regierung am 9. April 1901, Oberst a la suite des Garde-Kürassier-Regiments und Chef des I. und III. Bataillons Großh. Mecklenb.-Gren.-Regiments Nr. 89.

Mecklenburg-Strelitz. (Luth. Konf.) Res.: Neu-Strelitz. Großherzog **Friedrich Wilhelm Karl** Georg Ernst Adolf Gustav, geb. 17. Okt. 1819, regiert seit 6. Sept. 1860, königl. preuß. General der Kavallerie, Chef des 2. Bat. d. Großh. Mecklenb. Gren.-Reg. Nr. 89 und des kgl. preuß. 2. Pomm. Ulan.-Reg. Nr. 9. Erbgroßherzog: **Adolf Friedrich** August Viktor Ernst Adalbert Gustav Wilhelm Wellington, geb. 22. Juli 1848, General der Kavallerie a la suite des 2. Pommerschen Ulanen-Regiments Nr. 9.

Oldenburg. (Luth. Konf.) Res.: Oldenburg. Großherzog Friedrich **August**, geb. 16. Nov. 1852, königl. preuß. General der Kavallerie, Chef des Oldenb. Inf.-Regts. Nr. 91, a la suite des königl. preuß. 1. Garde-Drag.-Regts. Königin von Großbritannien und Irland, des Oldenb. Drag.-Regts. Nr. 19 und a la suite des 2. Seebataillons in Wilhelmshaven, vermählt am 24. Okt. 1896 mit Elisabeth Alexandrine Mathilde Auguste, Tochter des verstorbenen Großherzogs Friedrich Franz II. von Mecklenburg-Schwerin. Erbgroßherzog: **Nikolaus** Friedrich Wilhelm, geb. 10. August 1897.

Reuß-Greiz. (Luth. Konf.) Residenz: Greiz. Fürst **Heinrich XXII.**, geb. 28. März 1846, regiert seit 8. Nov. 1859, königl. preuß. General der Infanterie und Chef des 2. Bataillons 7. Thür. Inf.-Regts. Nr. 96. Erbprinz: **Heinrich XXIV.**, geb. 20. März 1878.

Reuß-Schleiz. (Luth. Konf.) Residenz: Gera. Fürst **Heinrich XIV.**, geb. 28. Mai 1832, regiert seit 11. Juli 1867, königl. preußischer General der Infanterie, Chef des 2. Bat. 7. Thür. Infanterie-Regiments Nr. 96 und des Magdeb. Jäger-Bataillons Nr. 4. Erbprinz: **Heinrich XXVII.**, geb. 10. November 1858, königl. preußischer Oberst a la suite des 7. Thüring. Infanterie-Regiments Nr. 96 und des Leib-Garde-Husaren-Regiments.

Sachsen. Albertinische (jüng.) Linie. (Röm.-kath. Konf.) Residenz: Dresden. König Friedrich August **Albert**, geb. 23. April 1828, regiert seit 29. Okt. 1873, königl. preuß. General-Feldmarschall, Chef des königl. preußischen 2. Garde-Ulanen-Regiments und des Dragoner-Regiments König Albert von Sachsen (Ostpreuß.) Nr. 10 und des kgl. württemb. Inf.-Regts. Alt-Württemberg (3. Württ.) Nr. 121. Thronfolger: (Bruder) Friedrich August **Georg**, geb. 8. Aug. 1832, königl. preuß. General-Feldmarschall, General-Inspekteur der 2. Armee-Inspektion, kgl. sächs. General-Feldmarschall und kommand. General des kgl. sächs. [XII.] Armeekorps, Chef des kgl. preuß. Ulanen-Regts. Hennigs von Treffenfeld (altmärk.) Nr. 16, des kgl. sächs. Garde-Reiter-Regts. und des 1. königl. sächsischen Feld-Artillerie-Regiments Nr. 12.

Sachsen-Weimar-Eisenach. Ernestinische (ält.) Linie. (Luth. Konf.) Residenz: Weimar. Großherzog **Wilhelm** Ernst Karl Alexander Friedrich Heinrich Bernhard Albert Georg Hermann, geb. 10. Juni 1876, folgt seinem Großvater **Karl Alexander**, am 5. Januar 1901, königlich preuß. Oberst und Chef des 5. Thüringischen Infanterie-Regiments Nr. 94 (Großherzog von Sachsen), a la suite des 1. Garde-Regiments zu Fuß.

Sachsen-Meiningen. Res.: Meiningen. Herzog **Georg II.**, geb. 2. April 1826, regiert seit 20. Sept. 1866, königlich preußischer General der Infanterie, Chef des königlich preußischen 2. Thüringischen Infanterie-Regiments Nr. 32 und des 6. Thüringischen Infanterie-Regiments Nr. 95. Erbprinz: **Bernhard** Friedrich Wilhelm Albrecht Georg, geb. 1. April 1851, königlich preußischer General der Infanterie und kommandierender General des 6. Armee-Korps, a la suite des Kaiser Franz Garde-Grenadier-Regiments Nr. 2 und des 6. Thüringischen Infanterie-Regiments Nr. 95.

Sachsen-Altenburg. Residenz: Altenburg. Herzog **Ernst** Friedrich Paul Georg Nikolaus, geb. 16. September 1826, regiert seit 3. August 1853, königlich preußischer General der Infanterie, Chef des 8. Thüringischen Infanterie-Regiments Nr. 153, des 2. Schlesischen Jäger-Bataillons Nr. 6, a la suite des 1. Garde-Regiments zu Fuß und des Thüring. Husaren-Regiments Nr. 12. Thronfolger: (Bruder) **Moritz** Franz Friedrich Konstantin Heinrich August Alexander Karl Albrecht, geb. 24. Oktober 1829, königlich preußischer General der Kavallerie a la suite des Leib-Garde-Husaren-Regiments und des 8. Thüringischen Infanterie-Regiments Nr. 153.

Sachsen-Coburg-Gotha. Residenzen: Coburg und Gotha. Herzog **Karl Eduard**, geb. 19. Juli 1884, folgt seinem am 30. Juli 1900 verstorbenen Oheim Herzog **Alfred** unter der Regentschaft des Erbprinzen Ernst zu Hohenlohe-Langenburg, königlich preußischer Leutnant a la suite des 2. Rheinischen Husaren-Regiments Nr. 9, Chef des 6. Thüringischen Infanterie-Regiments Nr. 95.

Schwarzburg-Rudolstadt. Residenz: Rudolstadt. Fürst **Günther** Viktor, geb. 21. August 1852, folgt seinem Vetter, dem am 19. Jan. 1890 verstorbenen Fürsten **Georg**

Albert, königlich preußischer Generalleutnant, Chef des 3. Bataillons 7. Thüringischen Infanterie-Regiments Nr. 96, a la suite des Garde-Kürassier-Regiments.

Schwarzburg-Sondershausen. Res.: Sondershausen. Fürst Karl **Günther**, geb. 7. August 1830, regiert seit 17. Juli 1880, königl. preuß. General der Infanterie, Chef des königl. preuß. 3. Thüring. Infanterie-Regts. Nr. 71.

Waldeck. (Luth. Konf.) Residenz: Arolsen. Fürst **Friedrich** Adolf Hermann, geb. 20. Jan. 1865, regiert seit 12. Mai 1893, königl. preuß. Oberst a la suite des königlich preußischen 3. Garde=Ulanen=Regts. und Chef des 3. Bataillons Infanterie=Regiments von Wittich (3. Hess.) Nr. 83. Erbprinz: **Josias** Georg Wilhelm Adolf, geb. 13. Mai 1896.

Württemberg. Königliche Linie. (Luth. Konf.) Res.: Stuttgart. König **Wilhelm II.** Karl Paul Heinrich Friedrich, geb. 25. Februar 1848, regiert seit 6. Oktober 1891, geführt beim königlich preußischen Leib=Garde=Husaren=Regiment, Chef des königl. preußischen Kürassier=Regiments Herzog Friedrich Eugen von Württemberg (Westpreuß. Nr. 5).

Subvention von Schifffahrtslinien.

Die Schifffahrtspolitik der Welthandelsstaaten hat zu einer fortwährenden Steigerung der Subventionierung gewisser Schiffsahrtslinien gedrängt, um den Außenhandel zu fördern. Deutschland hat erst am 1. Oktober 1899 die Subventionssumme für die ostasiatische Linie (nach China und Japan mit einer Zweiglinie von Singapore nach dem Bismarck=Archipel und demnächst einer solchen von Hongkong nach Sydney) erhöht; nach dem Inkrafttreten des neuen mit der „Deutschen Ostafrika=Linie" geschlossenen Vertrages ist am 1. April 1901 der Zuschuß von 900,000 auf 1,350,000 Mark gestiegen. Trotzdem rangiert Deutschland erst an fünfter Stelle, was die Höhe der Subvention anlangt, Frankreich marschiert mit 20,566,500 Mark an erster, England (einschließlich der Kolonien) mit 16,582,840 Mark an zweiter, Spanien mit 7,372,068 Mark an dritter und Oesterreich=Ungarn mit 6,960,000 Mark an vierter Stelle. Deutschland hat vom April 1902 6,490,000 Mark zu entrichten, Italien subventioniert mit 5,308,871 Mark, Rußland mit 5,354,952 Mark, die Vereinigten Staaten von Amerika mit 4,629,223 Mark und Holland mit 1,278,000 Mark. Einige Staaten zahlen allerdings außerdem noch ihren Rhedereien Schiffbau= und Schiffsprämien, die zwischen 3 (Italien) und 9 Millionen Mark (Frankreich) schwanken. Rußland wendet dafür 6 Millionen Mark auf. Es kann wohl kein Zweifel darüber bestehen, daß diese Subventionssummen belebend und fördernd auf den Außenhandel gewirkt haben; von der deutschen läßt sich beweisen, daß sie einen beträchtlichen Aufschwung des Handels mit Ostasien, Australien und Südafrika veranlaßt haben.

Gedenktage im Seewesen.

Januar.

1. 1683. Die Brandenburgische Flagge wird an der Goldküste gehißt. Beginn des Baues der Feste **Groß-Friedrichsburg.**

3. 1853. Versteigerung von 26 Kanonenbooten der deutschen Bundes-Flotte durch Hannibal Fischer.

1901. Dampfer **München** des Nordd. Lloyd strandet bei der Einfahrt nach Yap (Carolinen).

4. 1871. S. M. S. **Augusta** nimmt 3 französische Handelsschiffe in der Garonne-Mündung.

1900. Vice-Admiral Prinz **Heinrich** legt das Kommando über das Kreuzergeschwader nieder.

9. 1860. Tod des ersten deutschen Admirals **Bromme.**

10. 1900. Dampfer **Kaiser Wilhelm der Große** des Nordd. Lloyd schlägt den Record auf der Reise von Cherburg nach New York mit 22.63 Seemeilen Durchschnittsfahrt.

12. 1900. Gründung des deutschen **Schulschiffvereins.**

16. 1900. Strandung und Totalverlust des englischen Kreuzers **Sybille** bei der Saldanhabay in Südafrika.

19. 1883. Untergang des Dampfers **Cimbria** der Hamburg-Amerika-Linie infolge Zusammenstoßes mit dem Bremer Dampfer Sultan bei Borkum.

30. 1895. Untergang des Dampfers **Elbe** des Nordd. Lloyd infolge Zusammenstoßes mit dem englischen Dampfer **Crathie.**

31. 1891. Dampfer **Eider** des Nordd. Lloyd strandet auf der Insel Wight.

Februar.

1. 1851. Der Brandtaucher von **Bauer** verunglückt beim ersten Versuch unter Wasser im Kieler Hafen.

2. 1885. S. M. S. **Olga** bestraft die Rädelsführer der Unruhen im Deutschen Schutzgebiet in Togo.

12. 1895. Die japanische Flotte zwingt den Rest der chinesischen Flotte und den Kriegshafen **Wei-hei-wei** zur Kapitulation.

14. 1797. Seeschlacht bei **St. Vincent.** 15 englische (Lord Jervis) besiegen 27 spanische Linienschiffe.

15. 1898. Explosion des Amerikanischen Panzerschiffes **Maine** im Hafen von Habana.

16. 1894. Dampfrohrexplosion auf S. M. S. **Brandenburg.** 41 Menschen verlieren das Leben.

17. 1900. Vice-Admiral **Bendemann** übernimmt das Kommando des Kreuzergeschwaders.

20. 1857. Begründung des **Norddeutschen Lloyd** unter Leitung von **H. H. Meyer.**

21\. 1897. Die vereinigten Flotten eröffnen das Bombardement auf **Kreta.**
22\. 1744. Die englische Flotte wird vor **Toulon** von den verbündeten Franzosen und Spaniern geschlagen.
28\. 1653. Beginn der dreitägigen Seeschlacht bei **Portland.** Der englische Admiral **Blake** schlägt die holländische Flotte unter **Tromp.**

März.

1\. 1840. Prinz **Adalbert** erhält den Oberbefehl über die preußischen Seestreitkräfte.
1900. In Apia auf **Samoa** wird die deutsche Flagge gehißt.
6\. 1898. Abschluß des Vertrages wegen Pachtung des **Kiautschou**-Gebietes.
7\. 1873. Vorlegung eines **Flottengründungshaus-Planes** für 1873—82 im Reichstage durch Stosch.
8\. 1881. S. M. S. **Viktoria** züchtigt den Ort **Nana Kru** für die Plünderung des gestrandeten Dampfers Carlos.
9\. 1862. Im amerikanischen Bürgerkriege Seegefecht zwischen **Monitor** und **Merrimac** bei Hamptou roads.
13\. 1849. Korvette **Acadia,** für die deutsche Flotte in England gekauft, strandet bei Terschelling.
15\. 1493. Columbus trifft auf der Rückkehr von der Entdeckung Amerikas in Palos ein.
16\. 1889. Untergang S. M. S. **Adler** und **Eber** im Orkan im Hafen von Apia.
17\. 1864. Seeschlacht zwischen preußischen Schiffen und dem dänischen Geschwader bei **Jasmund.**
20\. 1854. Prinz **Adalbert** von Preußen zum Admiral ernannt.
21\. 1889. Auflösung der Admiralität und Schaffung eines **Oberkommandos** der Marine und eines **Reichsmarineamts.**
22\. 1900. Stapellauf S. M. großen Kreuzers **Prinz Heinrich.**
24\. 1878. Die englische Korvette **Eurydice** kentert in einer Schneebö bei der Insel White.
27\. 1889. Landungsmannschaften S. M. S. Leipzig, Carola und Schwalbe nehmen **Kondutschi** (Ostafrika.)
31\. 1853. Versteigerung der deutschen Bundesflotte durch **Hannibal Fischer.**
1878. Ein deutsches Geschwader unter Kapitän z. S. v. Wickede erzwingt Genugthuung in **Nicaragua.**

April.

1\. 1901. Stapellauf S. M. Kanonenboot **Panther** auf der Kaiserl. Werft Danzig.
5\. 1849. Seegefecht bei **Eckernförde.**
7\. 1520. **Magalhaes** auf der Insel Malau erschlagen.
10\. 1898. Erlaß des **1. Flottengesetzes.**
14\. 1864. Rekognoscierungsgefecht zwischen S. M. S. **Grille** und dänischen Schiffen in der Nähe von Jasmund.
18\. 1901. Einstellung des Prinzen **Adalbert** in die Marine.
19\. 1900. Das Kadettenschulschiff des Nordd. Lloyd **Herzogin Sophie Charlotte** tritt von Bremerhaven aus seine erste Reise an.
20\. 1864. Rekognoscierungsgefecht S. M. S. **Grille** bei Dornbusch.

27. 1900. Stapellauf S. M. Linienschiff **Kaiser Barbarossa** auf der Werft von Schichau bei Danzig.
30. 1864. Ferngefecht zwischen S. M. S. **Vineta** und dem dänischen Linienschiff **Skjold** bei Hela.

Mai.

1. 1898. Vernichtung des spanischen Geschwaders durch die Amerikaner bei **Cavite** (Philippinen.)
3. 1900. Eine den Rhein aufwärts entsendete **Torpedobootsdivision** trifft in Köln ein.
4. 1890. Beschießung und Einnahme von **Kilwa Kiwinje** durch S. M. S. Carola und Schwalbe sowie Schutztruppe (Ostafrika).
8. 1889. Landungsmannschaften S. M. S. Leipzig, Carola und Schwalbe erstürmen im Verein mit der Schutztruppe das Lager von **Buschiri** bei Bagamoyo (Ostafrika.)
9. 1864. Seegefecht bei **Helgoland.**
10. 1890. Einnahme von **Lindi** (Ostafrika) durch S. M. S. Carola, Schwalbe und die Schutztruppe.
21. 1506. **Columbus** Tod.
29. 1692. Seesieg der Engländer über die Franzosen bei **La Hogue.**
31. 1878. Untergang S. M. S. **Großer Kurfürst** bei Folkestone.

Juni.

2. 1885. Untergang S. M. S. **Augusta** im Golf von Aden.
3. 1887. Grundsteinlegung zum **Nordostseekanal.**
5. 1864. **Erste Inspizierung** der preußischen Seestreitkräfte in der Ostsee durch S. M. den Kaiser Wilhelm I.
6. 1873. Tod des Prinzen **Adalbert.**
1889. Beschießung und Einnahme von **Saadani** durch S. M. S. Leipzig, Schwalbe, Möwe, Pfeil und die Schutztruppe.
10. 1900. Der englische Admiral **Seymour** verläßt mit den internationalen Truppen Tientsin, um nach Peking zu marschieren.
11. 1666. Beginn der **„Viertageschlacht"** im Kanal zwischen Engländern und Holländern. Letztere siegen.
13. 1665. Seeschlacht bei **Lowestoft** zwischen Engländern und Holländern. Erstere siegen.
1872. S. M. S. **Vineta** und **Gazelle** nehmen in Repressalie die haytischen Schiffe **Union** und **Mont organise** im Hafen von Port au prince.
14. 1667. Eine holländische Flotte unter **de Ruyter** läuft in die **Themse**, beschießt und besetzt Sheerners.
1900. Erlaß des **2. Flottengesetzes.**
16. 1866. S. M. S. Loreley und Cyclop erzwingen gemeinsam mit Armeetruppenteilen die Kapitulation von **Stade.**
1900. Eröffnung des **Elbe-Trave-Kanals.**
17. 1869. Einweihung von **Wilhelmshaven.**
1900. Einnahme der **Taku-Forts** durch die Kanonenboote und Landungskorps der internationalen Flotte.
18. 1895. Eröffnung des **Kaiser-Wilhelm-Kanals.**
20. 1900. Mobilmachung der deutschen **Marine-Infanterie** angeordnet.
23. 1900. **Tientsin** durch die Verbündeten entsetzt.

25\. 1900. Die Truppe des Admirals **Seymour** in Sigu bei Tientsin entsetzt.
27\. 1849. Gefecht zwischen S. M. S. **Preußischer Adler** und der dänischen Brigg **St. Croix** bei Wittow.
30\. 1900. Großer Brand der Quaianlagen, Magazine und mehrerer Dampfer des Norddeutschen Lloyd in **Hoboken.**

Juli.

1898\. Vernichtung des spanischen Geschwaders durch die Amerikaner vor **Santiago de Cuba.**
1900\. Die mobilisierten beiden **Seebataillone** verlassen Wilhelmshaven auf der Reise nach China.
Stapellauf S. M. S. **Wittelsbach** in Wilhelmshaven und **Thetis** in Danzig.
8\. 1889. S. M. S. Leipzig, Carola, Schwalbe und Pfeil sowie die Schutztruppe beschießen und erobern **Pangani.**
9\. 1900. Die I. Division des **Panzergeschwaders** geht von Kiel nach China in See.
10\. 1690. Seeschlacht bei **Beachyhead.** Die Franzosen unter Tourville schlagen die verbündeten Engländer und Holländer.
1889\. Einnahme von **Tanger** durch Landungsmannschaften S. M. S. Leipzig, Carola, Pfeil und Schwalbe.
19\. 1864. S. M. Kanonenboot Blitz nimmt den dänischen Kapitän **Hammer** und seine Streitkräfte gefangen.
20\. 1853. Der **Jadebusen** geht vertragsmäßig von Oldenburg in den Besitz Preußens über.
1866\. Seeschlacht bei **Lissa.**
23\. 1873. S. M. S. Friedrich Karl nimmt spanischen Insurgenten den Aviso **Vigilante** weg.
1896\. Untergang S. M. Kanonenboot **Iltis** an der Küste von Schantung.
27\. 1900. Die ersten Transportdampfer mit Truppen für China verlassen Bremerhaven.
28\. 1900. Die Torpedoboote **S 90, S 91, S 92** und das Lazarettschiff **Gera** gehen von Wilhelmshaven nach China in See.

August.

1\. 1788. Seeschlacht von **Abukir.**
1873\. S. M. S. **Friedrich Karl** und die englische Panzerfregatte **Swiftsure** nehmen den spanischen Insurgenten die Panzerfregatte **Victoria** und die Korvette **Almansa** ab.
2\. 1801. Vernichtung der dänischen Flotte in **Kopenhagen** durch die Engländer unter Nelson.
1860\. Die **ostasiatische Expedition** tritt durch Anbordnahme der Mitglieder der Gesandtschaft in Singapore in ihre eigentliche Thätigkeit.
3\. 1492. **Columbus** beginnt von Palos aus seine Entdeckungsreise.
7\. 1886. Gefecht S. M. S. Danzig mit dem Prinzen Adalbert gegen die Riffpiraten bei **Tres Forcas.**
8\. 1900. Feldmarschall Graf **v. Waldersee** zum Oberstkommandierenden der Verbündeten in China ernannt.

10\. 1900. Stapellauf S. M. Kleinen Kreuzers **Ariadne** auf der Weserwerft.
13\. 1720. Abtretung von **Groß-Friedrichsburg** an Holland.
14\. 1900. **Peking** durch die Verbündeten genommen.
Dampfer **Deutschland** der Hamburg-Amerika-Linie schlägt den Record auf der Reise von New York nach Plymouth mit 28—33 Seemeilen Durchschnittsfahrt pro Stunde.
15\. 1900. Die Nordpolexpedition von Kapitänleutnant **Bauendal** auf „Matador" verläßt Hamburg.
17\. 1870. Gefecht S. M. S. **Grille** und 3 Kanonenboote gegen französische Schiffe bei Rügen.
20\. 1885. Der Sultan von **Zanzibar** erkennt unter dem Druck eines deutschen Geschwaders unter Admiral Knorr die Schutzherrschaft des deutschen Reiches am Festlande an.
21\. 1870. Gefecht S. M. S. **Nymphe** mit französischen Kriegsschiffen in der Putziger Bucht.
22\. 1876. Ein deutsches Panzergeschwader unter Admiral Batsch erzwingt vor **Salonicki** im Verein mit einem französischen Geschwader Genugthuung für die Ermordung der Konsuln.
28\. 1885. S. M. Kanonenboot **Iltis** hißt die deutsche Flagge in Yap (Karolinen).
29\. 1900. Das deutsch-amerikanische **Kabel** (Deutsche Adlerlinie) wird in Betrieb genommen.

September.

2\. 1860. Untergang des **Frauenlob**.
5\. 1874. S. M. Kanonenboot **Albatros** und **Nautilus** werden bei Guetaria durch spanische Insurgenten (Carlisten) beschossen und nehmen mit Erfolg deren Positionen unter Feuer.
6\. 1522. Die Victoria, das letzte Schiff der **Magalhaes'schen** Expedition trifft im Hafen von San Lucar de Barrameda ein.
1900\. Die Nordpolexpedition des **Herzogs der Abruzzen** auf der **Stella polare** trifft auf der Rückkehr in Tromsö ein.
8\. 1900. Schwerer Orkan bei **Galveston**.
17\. 1894. Die chinesische Flotte wird von der japanischen am **Yalu-Flusse** geschlagen.
20\. 1599. **Magalhaes** tritt die erste Erdumsegelung von San Luvar de Barrameda aus an.
22\. 1897. S. M. Torpedoboot **S 26** kentert in der Elbmündung. Tod seines Kommandanten des Herzogs von **Mecklenburg**.
23\. 1675. **Rügen** vom Großen Kurfürsten genommen.
27\. 1707. Das erste von **Papin** gebaute Dampfschiff fährt von Kassel nach Münden.
29\. 1900. Vice-Admiral **Prinz Heinrich** von Preußen übernimmt an Stelle des Vice-Admirals **Hoffmann** das Kommando des I. Geschwaders.

Oktober.

1\. 1867. Einführung und Hissung der **Flagge des Norddeutschen Bundes**, der späteren Flagge des deutschen Reichs.
6\. 1900. Stapellauf S. M. Kleinen Kreuzers **Amazone** auf der Germania-Werft bei Kiel.

7. 1571. Der Juan d'Austria schlägt in der Seeschlacht bei **Lepanto** die Türken.
1807. **Fulton** fährt mit dem ersten bahnbrechenden Dampfschiffe von New York nach Albany.
12. 1492. Columbus entdeckt **Amerika.**
1899. S. M. Kanonenboot **Jaguar** hißt auf Ponape (Carolinen) die deutsche Flagge.
20. 1827. Vernichtung der türkischen Flotte durch eine englisch-französisch-russische Flotte bei **Navarino.**
21. 1805. Seeschlacht von **Trafalgar.** Tod Nelsons.
23. 1678. **Stralsund** und **Greifswald** werden vom Großen Kurfürsten genommen.

S. M. S. „Gneisenau".

27. 1884. Strandung S. M. Brigg **Undine** in der Jammerbucht.
28. 1492. **Columbus** entdeckt Cuba.
29. 1816. Prinz **Adalbert,** der Schöpfer der preußischen Marine, geboren.

November.

3. 1887. Besitzergreifung der Bucht von **Kiautschou** durch das deutsche Kreuzergeschwader.
9. 1899. Stapellauf des ersten deutschen Kabeldampfers **Podbielsky.**
12. 1870. Seegefecht bei **Habana** zwischen S. M. Kanonenboot **Meteor** und dem französischen Kanonenboot **Bouvet.**
13. 1872. Große **Sturmflut** in der Ostsee.
14. 1861. Untergang S. M. S. **Amazone.**

15. 1899. Brand und Untergang des Dampfers **Patria** der Hamburg-Amerika-Linie.
1900. Der amerikanische Kreuzer **Yosemite** sinkt im Taifun bei Guam.
17. 1869. Eröffnung des **Suezkanals.**
20. 1497. **Vasco de Gama** umschifft das Kap der Guten Hoffnung auf der Entdeckungsreise des Seewegs nach Ostindien.
30. 1853. Seeschlacht bei **Sinope.** Admiral Nachimow zerstört eine türkische Flotte.

S. M. S. „Gneisenau" gestrandet.

Dezember.

3. 1900. Stapellauf des kleinen Kreuzers **Medusa** auf der Weserwerft.
10. 1895. Dampfer **Salier** des Norddeutschen Lloyd kentert in der Bay von Biscaya.
16. 1900. Strandung und Untergang S. M. S. **Gneisenau** bei Malaga.
21. 1884. Ein deutsches Geschwader züchtigt und unterwirft die Eingeborenen von **Kamerun.**
24. 1900. Das italienische Kanonenboot **Cariddi** strandet und geht verloren bei Ras Emberem im Roten Meer.
27. 1867. S. M. S. **Hertha** schleppt den gestrandeten französischen Kriegsdampfer **Roland** in der Chiosstraße ab.
1883. S. M. S. **Carola** und **Hyäne** züchtigen die Eingeborenen der Hermit-Inseln wegen Ermordung von Europäern.

Die deutsche Flottenfrage ruht nicht.

Von M. Plüddemann, Kontre-Admiral z. D.

Wie Seine Majestät der Kaiser Wilhelm I. es als eine Hauptaufgabe seines Herrscheramts angesehen hat, die Armee auf eine Höhe der Vollkommenheit zu bringen, welche es ihm ermöglichte, zur glänzenden Rechtfertigung seiner oft genug geschmähten und erbittert bekämpften Bestrebungen Preußen und

S. M. S. „Freya".

in unmittelbarer Folge Deutschland vor politischem Untergang, vor nationaler Unselbstständigkeit zu bewahren, so hat es sich sein erlauchter Enkel zu einer seiner Lebensaufgaben gemacht, die deutsche Marine auf eine Stufe der Vollkommenheit und Stärke zu bringen, welche sie befähigen wird, Deutschland vor wirtschaftlichem Ruin zu schützen, deutschem Wesen und deutschem Erwerbsleben überall in der Welt die gleiche Berechtigung zu verschaffen, wie den anderen Nationen, und welche es dem deutschen Reiche ermöglichen kann, wie durch die Armee in Europa, so durch die Marine auf dem ganzen Erdenrunde ein Mittel und Hort des Friedens zu werden.

Einen großen Schritt voraus nach dieser Richtung hin bedeutet das Flottengesetz, welches den Sollbestand der Seestreitkräfte in seinen wichtigsten Bestandteilen festsetzte und zugleich diesen Sollbestand nicht unbedeutend gegen den zur Zeit vorhandenen erhöhte, wenn auch für einen noch viele Jahre entfernt liegenden Termin. Wenn zur Zeit also noch keine erhebliche Verstärkung thatsächlich eingetreten ist, so wurde die Marine doch durch das Gesetz von der ihr seit langer Zeit anhaftenden Eigenschaft, als Tausch- und Kompensationsobjekt im Parteigetriebe zu dienen, befreit.

Man betrachtete lange die Marine als eine Spezialwaffe, welche wohl geeignet sei, wie irgend eine andere Spezialwaffe der Armee, z. B. die Pioniere, die allgemeine Wehrkraft zu ergänzen und zu verstärken, welche aber ihrer Kostspieligkeit halber doch möglichst einzuschränken sei; und da ihre absolute Notwendigkeit und besondere Wichtigkeit für den Schutz des ganzen Erwerbslebens nur in sehr dünnen Schichten der Bevölkerung erkannt war, so hatten es die Parteiführer leicht, die Bestrebungen der Fachautoritäten und der Regierung und die dem Reichstage vorgelegten Forderungen zu Tauschartikeln für vermeintlich höhere Zwecke, d. h. zu Gunsten der Parteipolitik auszunutzen. Die Flottenfrage wurde etwa so gehandhabt, als wenn man durch Bewilligungen der Regierung einen Gefallen erwiese, ihr gewissermaßen das Leben leichter mache, indem man eine ihrer Hauptaufgaben, die Verteidigung des Landes, durch — im übrigen vermeintlich nicht durchaus notwendige — Zuwendungen unterstützte.

Wenn auch bei vielen Männern schon lange eine ganz andere Auffassung über die Notwendigkeit und die Zwecke einer starken Marine herrschte, so waren doch noch kurz vor der Zeit der Flottengesetzvorlage die Augen des deutschen Volkes, nicht anders wie fast ausschließlich noch heute bei den Franzosen, wie hypnotisiert auf die Vogesen gerichtet. Für die vermeintliche Tücke des alten Erbfeindes hatte das Volk Sinn, für das, was sich nunmehr in der großen Welt entwickelte, nicht.

Wenn vorher von Parteien gesprochen ist, so sind damit nicht einige besonders oppositionelle gemeint. Ganz abgesehen von der sozialdemokratischen Partei, welche prinzipiell alles, was dem herrschenden Staatssystem zur Stärkung gereicht, verhindern möchte, existiert wohl kaum eine Partei, welcher als solcher der Ausbau der Marine besonders am Herzen gelegen hätte. Natürlich waren die der Regierung näher stehenden

S. M. Küstenpanzer „Hagen“ nach dem Verlängerungsbau.

Parteien derselben eher gefällig wie die übrigen, aber eben aus Parteirücksichten.

Wenn ein Manchestermann sagte: „Eine Flotte bedeutet

nur eine unproduktive Ausgabe für uns. Wir haben unseren Handel und unsere Schifffahrt zum Blühen gebracht, wir haben unsere Industrie erweitert und Absatzgebiete für dieselbe in der ganzen Welt gefunden ohne eine starke Flotte. Nun sollen diese günstigen Verhältnisse mit einem Male in Frage gestellt werden, wenn wir unsere Flotte nicht vergrößern", so ist das ebenso kurzblickend, wie der Ausspruch eines höheren Armeeoffiziers: „Wir sind groß und mächtig geworden durch unsere vortreffliche Armee, ohne Zuthun einer Flotte. Warum sollen wir uns nicht ebenso auf der Höhe halten können. Die Ausgaben für die Flotte können nur das Volk abschrecken, wenn es nötig sein sollte, mehr für die Armeen zu thun."

Beide Meinungsäußerungen sollen sachliche sein, und diejenigen, welche sie thaten, glauben wahrscheinlich selber an die Sachlichkeit ihrer Gründe. In Wirklichkeit aber denken und sprechen sie nach alten eingewurzelten Partei- und Standesanschauungen, welche nicht den im Laufe der Zeit veränderten Verhältnissen Rechnung tragen.

Der Manchestermann lebt mit seinen Anschauungen noch in der alten Zeit, in welcher Handel und Industrie Deutschlands nur gering waren, wo seitens des erwerbsübermächtigen Englands die kaufmännischen Unternehmungen deutscher Firmen mit wohlwollender Geringschätzung behandelt wurden, wo Handel und Seefahrt in ihrer Allgemeinheit durch englische Kriegsschiffe beschützt wurden. Der alte Militär vergißt, daß Deutschland und seine einzelnen Staaten vordem um ihr Leben im kleinen Rahmen der nächsten Umgebung zu kämpfen hatten, daß ein besseres Erwerbsleben aber im ganzen Erdkreise gegen Neider und Feinde verteidigt werden muß, daß aber ein Verzicht auf besseres Erwerbsleben gleichbedeutend mit baldigem Rückfall in die Minderwertigkeit der letzten Jahrhunderte mit ihrem steten Kampfe ums Dasein bedeutet. Selbst Eifersucht spielt eine Rolle: Der alte Soldat ist unwirsch, daß die Marine zu immer größerer Bedeutung neben der Armee aufsteigt und daß die Armee nicht mehr allein das Lieblingskind des Herrschers sowohl wie des Volkes wird.

Nicht ohne Erfolg sind die Bemühungen einer großen Zahl von fachkundigen patriotischen Männern gewesen, dem Volke die Notwendigkeit und praktische Nützlichkeit einer starken Seemacht zu beweisen und, unterstützt durch Vorgänge der verschiedensten Art auf politischen wie gewerblichem Gebiete, welche recht zeigten, daß Deutschland durchaus nicht in der Lage war, seinen berechtigten Ansprüchen Anerkennung zu verschaffen, geschweige denn seine Autorität mit der geringsten Aussicht auf Erfolg für Recht und Gerechtigkeit in die Wage zu werfen, ist das neue Flottengesetz geschaffen und hat sich das Volk immer mehr mit dem Flottengedanken befreundet. Aber die Hände dürfen noch lange nicht in den Schoß gelegt werden; es können Jahre relativer Ruhe kommen, sie dürfen uns aber nicht verleiten, die Flottenfrage zu vernachlässigen. Es ist ja so menschlich, daß die Ausbesserung des Daches unterbleibt, wenn der Regen aufgehört hat. Holland ist von seiner Seemachtstellung gestürzt, weil es fast stets in den Friedensjahren, die zwischen den vielen Seekriegen lagen, geglaubt hatte, seine Flotte vernachlässigen, die Ausgaben dafür einschränken zu können. Noch in der letzten Reichstagstagung stellte ein Mitglied die Anfrage an den Staatssekretär, ob nun, da für Deutschland die Aussichten auf

Depeschenboot „Sleipner"

kriegerische Verwickelungen verschwunden seien (?), nicht die Neubauten eingeschränkt, bezw. hinausgeschoben werden könnten. Im Kriegszustande können wir innerhalb einer Woche sein, ein Panzerschiff zu bauen, dauert 3 Jahre, die Ausbildung des Personals noch viel länger.

Wir können auch die durch das Flottengesetz geschaffene Grundlage nicht als eine dauernde ansehen. Wie sich die Weltlage in den letzten 30 Jahren verändert hat, so kann sie sich wieder verändern. Solche Veränderungen treten aber nicht plötzlich in die Erscheinung. Wir können nicht warten, bis sie da sind, sondern müssen stets auf dem Posten sein. Wo die Technik, die Politik, Industrie, Handel, Verkehr und vielleicht auch Völkerrecht Wandlungen durchmachen, müssen ihnen die Einrichtungen des Seekriegswesens auf dem Fuße folgen. Da darf man sich denn nicht auf den Standpunkt stellen: jetzt haben wir unser Aeußerstes mit dem Flottengesetz gethan, weiter gehen wir nicht. Oft haben sich Flottengegner hören lassen: man darf nicht zu viel bauen, die Technik geht vorwärts, und wenn die jetzt zu bewilligenden Schiffe fertig werden, hat sie doch die Technik überholt. Es ist leider noch immer fast richtig, daß, wenn ein Schiff zum ersten Male in Gebrauch genommen wird, es schon veraltet ist. Das ist aber nicht allein in Deutschland der Fall, sondern überall, auch die französischen und englischen Schiffe sind in diesem Sinne veraltet. Bauen wir aber stets zur rechten Zeit nach den besten Erfahrungen und technischen Vervollkommnungen, so werden wir auch stets das Beste und Neueste haben, was existiert, und in dieser Beziehung den übrigen Seemächten gleichwertig sein. Wer zu lange wartet, hat veraltetes Material im Uebermaß und das den modernen Anforderungen entsprechende wahrscheinlich dann nicht, wenn es notwendig gebraucht wird.

Jeder Flottenfreund, d. h. jeder, welcher glaubt, daß eine starke Flotte für das Wohlergehen des deutschen Volkes notwendig sei, sollte daher nicht müde werden, das Interesse an der Marine im Volke wach zu halten und dessen Bekanntschaft mit den Einrichtungen derselben zu fördern.

Das ehemalige deutsche Turmschiff „Arminius“,

zuletzt nur noch als Hafenschiff in den Listen geführt, ist auf Grund einer Kabinettsordre vom 2. März 1901 aus der Liste der Kriegsschiffe gestrichen worden. S. M. S. „Arminius“ war auf der Werft von Samuda broths. zu Poplar (Middlesex) erbaut und am 20. August 1864 vom Stapel gelaufen. Die Gesamtbaukosten betrugen 628149 Thaler, wovon 458536 Thaler 1 Neugroschen und 8 Pfennige aus den Flottengeldern bestritten wurden, welche die in den 50er und 60er Jahren angestellte freiwillige Sammlung für die vaterländische Flotte ergeben hatte.

Der Sieg bei Eckernförde.

Unter teilweiser Benützung einer Arbeit des verstorbenen Vize-Admirals Batsch veröffentlicht in den „Neuen militärischen Blättern".

Am 5. April 1849 war es, daß Deutsche, in erster Linie Schleswig-Holsteiner, einen ruhmvollen Sieg über die Dänen errangen, die sich ihrer Ueberlegenheit zur See nicht blos Schleswig-Holstein, sondern auch Deutschland gegenüber bewußt waren und der maritimen Ohnmacht ihrer Gegner in übermütiger Weise gespottet hatten.

Kapitän z. S. Truppel,
der neue Gouverneur von Kiautschau.

Es war ein herrlicher Grüner-Donnerstag, als sich ein dänisches Geschwader zwischen 6 und 7 Uhr morgens von der Höhe von Noer aus, wo es die Nacht zu Anker gelegen hatte, gegen Eckernförde zu in Bewegung setzte. Es bestand aus dem Linienschiff Christian VIII., von 84 Kanonen der Fregatte „Gefion" von 48, den beiden Raddampfern „Hekla" und „Geyser" mit je 2 schweren und 6 leichten Geschützen unter dem Kommando des Kapitäns Paludan und 3 Fahrzeugen mit Landungstruppen.

Eckernförde wurde durch 2 kleine Batterien verteidigt. Die eine lag auf einem die kleine Innenbucht deckenden Vorsprung des Nordufers; sie hieß die Nordbatterie. Die andere lag ihr etwa 1000 Schritt gegenüber am südwestlichen Strande und hieß die Südbatterie. Beide waren kleine Redouten von etwa 20 Schritt im Geviert mit einer Umwallung aus losem

Sand von Manneshöhe, umgeben von einem Graben mit Pallisaden. Die Nordbatterie hatte 2—68=Pfünder und 2—24=Pfünder, die Südbatterie 4—18=Pfünder. Außerdem besaßen die Batterien Glühöfen, in denen die Vollkugeln der Geschütze glühend gemacht wurden, um die Holzschiffe leichter in Brand zu setzen.

Die Lage beider Batterien war mit großer Umsicht und Sachkenntnis ausgewählt, und, was wenig bekannt sein dürfte, der Offizier, welcher Anlage, Bau und Ausrüstung entworfen und geleitet hatte, war der damalige Ingenieuroffizier, nachmals zum Weltruf gelangte Elektrotechniker Dr. Werner von Siemens.

Das Verhältnis der beiderseitigen Armierungen erscheint ja recht ungleich, ist es aber nicht in dem Maße, wie es aussieht. Zu jener Zeit galt als Lehrsatz der Seeartillerie, daß eine aus 3 schweren Geschützen bestehende Landbatterie hinter einer guten Brustwehr, von tapferen und geübten Leuten bedient und mit Glühapparat versehen, einem gut bedienten Linienschiffe gleichzurechnen sei. Dazu kam, daß die beiden großen Schiffe vor kaum einem Monat in Dienst gestellt waren und noch keine Schießübung gehabt hatten.

Unter diesen Umständen war es doppelt bedenklich, einen Angriff zu wagen, als ein steifer Nordost gerade in die Bucht hineinblies und ein Abbrechen des Gefechts schwerlich in der Hand der Dänen liegen konnte, da hierzu ein Hinauskreuzen nötig wurde, was bei der Ungeübtheit der Mannschaft und der zweifellos dann schon arg zerschossenen Takelage seine bedenklichen Schwierigkeiten haben mußte. Daran dachten aber die Dänen nicht, sie zweifelten garnicht daran, daß die Batterien von ihrer Breitseite zerschmettert werden würden und bedachten nicht den etwa nötigen Rückzug.

Bei schönstem Wetter segelten die beiden großen Schiffe heran, an der Nordbatterie vorbei, welche sie zunächst durch zwei Breitseiten zum Schweigen brachten, und legten sich dann vor Anker, „Christian VIII.“ vor der Südbatterie, „Gefion“ vor der Nordbatterie, die Dampfer gingen südlicher in die Bucht, die Transportschiffe blieben draußen. Die beiden Schiffe legten sich so, daß jedes beide Batterien beschießen konnte; sie brachten zu dem Zweck Warpanker vom Heck aus, um nicht in der für ihre Zwecke ungünstigen Windrichtung zu liegen. Die Nordbatterie, bei welcher 3 Geschütze zeitweise durch Treffer außer Gefecht gesetzt wurden, antwortete nur mit einzelnen in langen Pausen fallenden Schüssen. Doch erhielt sie Unterstützung durch 2 Geschütze einer Nassauer Feld=Batterie, welche zwischen ihr und der Stadt auffuhr und, wenn sie auch wegen der großen Entfernung und des kleinen Kalibers ihrer Kanonen keinen großen

Schaden anrichten konnte, doch das Feuer der Dänen auf sich zog und somit die Nordbatterie so entlastete, daß sie mit Erfolg an die Wiederherstellung ihrer Geschütze gehen konnte.

Gegen 8 Uhr 30 Minuten vormittags war die „Gefion“ schon in mißlicher Lage. Ihr Warpanker hatte nicht gehalten, und sie hatte sich nun wieder mehr in den Wind gedreht, wodurch sie der Südbatterie gerade ihr Heck zeigte, so daß sie von dieser der Länge nach bestrichen — erfiliert — wurde, selber aber nur die wenigen Heckgeschütze gebrauchen konnte.

Der „Geyser“ ging nun auf Signal an die „Gefion“ heran, um ihr Heck wieder herumzuschleppen, sodaß ein anderer Warpanker fallen gelassen werden konnte, was erst nach längerer Zeit ermöglicht wurde. Inzwischen war aber die Fregatte hart mitgenommen worden; sie hatte eine große Zahl Toter und Verwundeter und manchen Schaden in der Takelage, wogegen allerdings das Linienschiff weniger gelitten hatte, trotzdem die Südbatterie, anders wie die Nordbatterie, fortwährend feuerte.

Etwa um 10 Uhr sah Paludan ein, daß eine Fortsetzung des Kampfes schwerlich irgend einen Erfolg, wahrscheinlich aber das größte Unheil in Aussicht setzte. Er beschloß daher, die Schiffe dem Feuer zu entziehen. „Hekla“ wurde signalisiert, das Linienschiff ins Schlepptau zu nehmen. Dieser erhielt aber einige Schüsse in seine Schaufelräder, welche den Kommandanten bewogen, sich wieder aus der Schußlinie zurückzuziehen, um erst seinen Schaden auszubessern.

Jetzt versuchte der „Christian VIII.“ sich durch Warpen, d. h. Ausfahren eines Warpankers und Vorwärtsholen am Ankertau außerhalb des Feuerbereichs zu legen. Da aber nur ein Warpanker zur Verfügung war, der andere war schon beim Verankern des Schiffs verwendet worden und mußte erst wieder gelichtet werden, so ging das Verholen nur langsam von statten. Zur selben Zeit bat auch die „Gefion“ um Hilfe, um einen Warpanker und einen Arzt. Sie könne wegen der Beschädigungen in der Takelage nicht unter Segel gehen. Einige Mannschaften und der Arzt wurden ihr gesandt. Aber auch hier hatte das Warpen nur wenig Erfolg, dagegen kam das Schiff dadurch noch mehr in die Windrichtung zu liegen und wurde wieder von der Südbatterie erfiliert. Der „Geyser“ wurde zur Hilfe signalisiert; er kam auch heran, brachte ein Schlepptau zur Fregatte hinüber, erhielt aber zu gleicher Zeit einen Schuß in die Maschine, sodaß er wieder loswarf und auf seinen alten Platz zurückging, um die Maschine zu reparieren.

Unter diesen mißlichen Umständen ließ Paludan, nachdem das Gefecht fünf Stunden gedauert hatte, die Parlamentärflagge hissen. Er schickte an den Höchstkommandierenden an Land ein

Schreiben, in welchem er vorschlug, beiderseits das Feuer einzustellen. Gehe man nicht darauf ein, so werde er Granaten in die Stadt werfen.

Beiderseits wurde das Feuern eingestellt. Die Antwort verzögerte sich aber, da der die Schanzen kommandierende Hauptmann Jungmann das dänische Ansinnen abgelehnt wissen wollte, während der Militärkommandant von Eckernförde, Hauptmann Wigand, für Nachgeben war. Die Verhandlungen zogen sich hin, wurden aber schließlich im Jungmann'schen Sinne entschieden, besonders da angesehene Bürger der Stadt sich äußerten, 40 bis 50 in Brand geschossene Häuser kämen nicht in Betracht, wenn man nur die Schiffe bekäme.

So wurde nach 4-stündiger Waffenruhe um 4½ Uhr der Vorschlag des Kapitäns Paludan abgelehnt und der Kampf begann aufs neue. Natürlich war man in der Zwischenzeit auf beiden Seiten nicht müssig gewesen. „Hekla", welcher seinen Schaden ausgebessert, erhielt Befehl, unter Parlamentärflagge heranzugehen, zunächst die „Gefion" herauszuschleppen und dann das Linienschiff zu unterstützen. Bei seiner Annäherung fing aber die Nordbatterie an zu feuern, und da inzwischen die Briese so steif geworden war, daß der Kommandant der „Hekla" glaubte, die Schiffe nicht gegenanschleppen zu können, so gab er seine Absicht auf und dampfte wieder ab. Die Fregatte setzte das Warpen fort, kam aber wegen des zunehmenden Windes und Ermattung der Mannschaft, welche auch teilweise mit durchaus nötigen Ausbesserungen beschäftigt war, nur etwa 300—400 Meter weiter, blieb also im besten Feuerbereich. Ebensowenig Erfolg hatten die Bemühungen des Linienschiffs.

Besser konnte die Waffenruhe an Land ausgenutzt werden. Die Schäden der Brustwehren und an den Laffetten wurden ausgebessert, Munition, die schon knapp zu werden begonnen hatte, wieder herbeigeschafft, und die übrigen 4 Geschütze der nassauischen Feldbatterie, welche bisher südlich in Erwartung etwaiger Landungsversuche postiert gewesen waren, wurden in eine gedeckte Stellung zwischen Stadt und Südfort gebracht.

Nach Wiederbeginn des Kampfes lag die „Gefion" mit ihrem Heck gegen die Südbatterie, wurde von dieser in der ganzen Länge beschossen, verlor viel Mannschaften und der größere Teil der jungen Besatzung wurde so demoralisiert, daß die eigene Gefechtsthätigkeit des Schiffes bald fast ganz aufgehört hatte.

Der „Christian VIII." versuchte nun Anker zu lichten und Segel zu setzen. Das letztere gelang nur zum Teil. Das Schiff bekam zwar etwas Fahrt, als man es aber, um vom Lande frei zu kommen, mehr gegen den Wind drehen wollte,

Vernichtung des dänischen Linienschiffs „Christian VIII." durch schleswig-holsteinische und nassauische Kanonen am 5. April 1849.

gelang das nicht, und gleichzeitig wurde die Takelage durch das Feuer der Batterien derartig mitgenommen, daß fast alles Tauwerk und die Segel zerschossen wurden und die letzteren in Fetzen hingen. So war es ganz natürlich, daß das Schiff bald auf den Grund trieb. Es lag dann mit der Breitseite gegen das Ufer und mit dem Heck gegen die Südbatterie, sodaß nun auch dieses Schiff seiner Länge nach beschossen wurde und bald viele Tote und Verwundete hatte. Zudem hatten die glühenden Kugeln an mehreren Stellen Brände verursacht, welche nur teilweise wieder gelöscht wurden. Um 6 Uhr abends war das Schicksal der Schiffe besiegelt und kurz nacheinander holten sie, als Zeichen der Ergebung, die dänische Flagge, den Dannebrog, nieder. Auf ein Versenken oder Verbrennen der Schiffe mußte man der vielen Verwundeten wegen, welche dann nicht zu retten gewesen wären, verzichten. Die Besatzung des „Christian VIII." versuchte sogar noch nach dem Niederholen der Flagge das Feuer zu löschen. Das gelang aber nicht, und ehe die ganze Besatzung durch die eigenen und wenigen Boote von Land in Sicherheit gebracht war, flog um 8 Uhr das Schiff in die Luft, mit ihm der tapfere Kommandeur der Südbatterie, Oberfeuerwerker Preußer, welcher die Rettung der Verwundeten in die Hand genommen hatte.

44 Offiziere und Beamte und 916 Mann der Dänen gerieten unverwundet in die Gefangenschaft; 60 Verwundete wurden in Eckernförde untergebracht, 50 Leichen gab die See wieder; der Verlust der Schleswig-Holsteiner betrug einschließlich der Zivilbevölkerung 4 Tote und 12 Verwundete.

Die „Gefion" wurde später der damaligen Deutschen Flotte einverleibt und ging mit der Versteigerung derselben in preußischen Besitz über. Dort hat sie noch manches Jahr dazu gedient, einen Stamm jener Seeleute heranzubilden, aus denen das Personal der heutigen deutschen Flotte hervorgegangen ist.

Dampfkraft und Menschenkraft.

Der Schnelldampfer „Deutschland" der Hamburg-Amerika-Linie, der von allen Schiffen in Fahrt die stärksten Maschinen besitzt, entwickelt für je $^2/_3$ Kilogr. verbrauchter Kohlen etwas über eine Pferdekraft auf die Stunde. Das ist die höchste Ausnutzung der Kohle, die bei Schiffsmaschinen vorkommt. Wenn wir nun eine Pferdekraft gleich der Kraft von 14 Menschen rechnen, so ergiebt sich, daß eine Tonne Kohlen ebensoviel Kraft entwickelt, wie ein Mensch in sechsjähriger Arbeit (3000 Arbeitsstunden im Jahr). Die „Deutschland" braucht zur Entfaltung ihrer Schnelligkeit von über 23 Seemeilen eine Maschinenleistung von 35 600 Pferdekräften. Wollte man versuchen, das Schiff einmal mit gleicher Schnelligkeit durch Menschenkraft fortzubewegen, so käme man nach dem gleichen Verhältnis (1 : 14) auf die Zahl von 498 400 Ruderern, die man brauchte, außerdem Ablösungsmannschaften, denn die Maschinen arbeiten Tag und Nacht unaufhörlich.

Prinz Adalbert von Preußen.
Am 18. April 1901 in die Marine eingestellt.
Photogr. von J. C. Schaarwächter.

Parademarsch.

Von Sr. Maj. dem Kaiser der Marine verliehen.

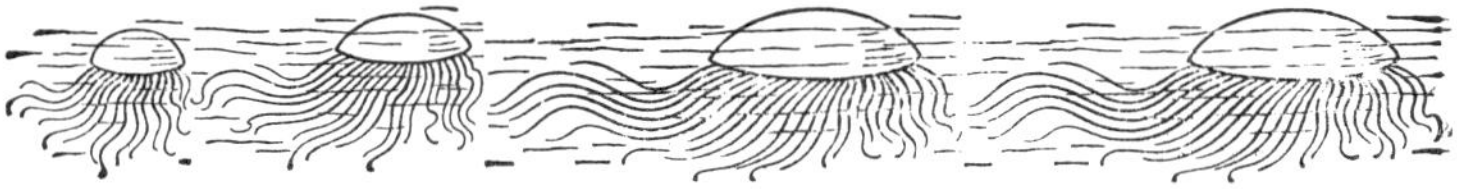

Eine Nordlandfahrt.

Reisebild von Albert Wolf v. Kameke.

Variante:

„Kennst du das Land, wo nie der Tag vergeht,
Wo mitternachts die Sonn' am Himmel steht,
Wo an die Felsenküste braust die See,
Die öden Fjelde deckt der ew'ge Schnee?

Kennst du den Fjord? — Auf steilem Ufer steht
Einsam der Fichtenbaum, vom Wind zerweht,
Und Schären tauchen auf aus klarer Flut,
Ein wolkenschwerer Himmel drüber ruht. —

Kennst du das Meer, das nimmer ruhen kann? —
Das Schiff zieht schwankend seine feuchte Bahn,
An seinem Bug die Woge schäumend bricht —
Von ferner Küste grüßt des Leuchtturms Licht." —

Wir sind an Bord des „Olaf Kyrre". Ein reges Leben herrscht trotz der vorgerückten Nachtstunde auf dem norwegischen Touristendampfer, welcher am Strandquai des Hamburger Hafens liegt. Im Scheine der elektrischen Glühlampen bewegt sich auf Deck eine bunte Menschenmenge.

Die Stunde der Abfahrt ist nicht mehr fern. Unaufhörlich rasseln die Dampfkrähne und befördern Tonne auf Tonne in den Laderaum hinab; ein leises Summen dringt aus dem hellerleuchteten Maschinenraum. Die Kajütsräume strahlen im glänzenden elektrischen Licht.

Ein Steward weist uns die vorherbestellte Kabine an.

„Ist das Schiff voll?" fragen wir ihn. —

„Jaha, ganske fuld," radebrecht er.

Wir sind froh, daß wir unsere Kabine haben. Klein ist sie ja nur, — zwei Betten übereinander, ein winziges Sofa und ein Waschtisch bilden die gesamte Einrichtung, — aber sie ist behaglich und auf zwei Tage unser.

Von Deck hallt laut und eindringlich die Schiffsglocke. Es läutet zum zweiten Male. Rasch eilen wir hinauf. Der Schlepper, der uns herausbugsieren soll, liegt bereits längsseit, am Vordermast wird eben das Toplicht gesetzt. Alle, die nicht mitreisen wollen, gehen von Bord: „die Ratten verlassen das Schiff," meint ein witziger Berliner.

Abermals ertönt die Glocke. Ein norwegisches Kommando, von vorn und hinten wiederholt, und die Taue werden vom Lande losgeworfen. Zwei kurze Töne mit dem Nebelhorn, der Schlepper zieht an, ein leises Regen geht wie erwachendes Leben durch den ganzen Bau des Schiffes und langsam setzt sich der „Olaf Kyrre" in Bewegung. Dumpf und warnend erhebt die Sirene ihre Stimme; weithin hallt der langgezogene Ton über die mondhelle Wasserfläche des Hafens. Der Quai mit der tücherschwenkenden und lebewohlrufenden Menschenmenge tritt immer mehr zurück, kling kling geht der Maschinentelegraph, — unsere Schraube beginnt zu arbeiten. Langsam gleiten wir an schlummernden Schiffskolossen, an Bollwerken und Docks vorüber die Elbe hinab, während hinter uns das Lichtmeer des Hafens mehr und mehr den Blicken entschwindet.

Zwölf Uhr ist längst vorüber, aber von Müdigkeit fühlen wir noch wenig. Wir setzen uns daher zu einer Gruppe von Herren, die im behaglichen Rauchsalon noch beim Glase Bier sitzen. Natürlich dreht sich das Gespräch um die Wetteraussichten für Morgen. Ein kleiner Herr mit funkelnden Brillengläsern, gewaltigem Schnurrbart und ebenso gewaltiger Nase führt das große Wort.

„Keine Rede, meine Herren, keine Rede, wir haben das schönste Wetter von der Welt, spiegelglatt, verlassen Sie sich darauf!" —

„Na, na, Julchen," lachen zwei andere Herren, mit denen er offenbar die Reise zusammenmacht, „wenn Du Dich nur nicht irrst; das Barometer ist stark gefallen." —

„Und wenn auch," antwortete Julchen und streicht sich seinen gewaltigen Schnurrbart, — „mir würde es nichts machen, — hähä, bin seefest, absolut seefest, — mir macht das nichts. Aber die Damen — die vielen Damen — hähä!" —

„Ja, ja die Damen," klagt ein alter Herr, der trotz des warmen, trockenen Wetters in Sommerpaletot und Gummischuhen steckt, „das wird eine schöne Not werden! Meine Frau ist schon jetzt so ängstlich." —

„Ihre Frau?" fragt Julchen erstaunt, „aber Sie sind doch die ganze Zeit allein gewesen!" —

Der andere seufzt:

„Sie ist schon heute Abend in die Kabine gegangen und erklärte, sie würde überhaupt nicht mehr an Deck kommen, solange wir auf dem Wasser sind. So hofft sie am ehesten der Seekrankheit entgehen zu können."

Alles lacht, Julchen am lautesten. Nur der geplagte Ehegatte seufzt schmerzlich.

Ein junger Norweger, der bisher in einer Sofaecke schweigsam aus seiner kurzen englischen Pfeife geraucht hat, mischt sich jetzt ins Gespräch:

„Ich glaube wohl, daß es wird stürmisch werden. Das Wetter ist sehr schlecht in diesem Sommer. Auf der Hinfahrt war es ebenso." — Sein jüngerer Bruder, der neben ihm sitzt, nickt. —

„Na, Herr Oberlehrer, haben Sie da auch Ihr Rad gut verstaut? Sonst wird es Ihnen noch über Bord gespült," wendet sich Julchen an den einen seiner Begleiter.

„Versteht sich!" antwortete dieser. „Ich habe es unten angebunden." —

„Ach, das ist Ihr Rad?“ fragt der ängstliche Herr mit den Gummischuhen. —

„Jawohl, das mit dem Luftsattel,“ antwortete der andere stolz. „Ganz nach eigenen Angaben gebaut! Ich will mit dem Rade durch Norwegen reisen.“ —

Lustyacht „Prinzessin Viktoria Luise“.

„Aber ist das nicht sehr anstrengend?“ —

„Ich mache nur ganz kleine Touren. 30 Kilometer pro Tag. Und wenn's bergauf geht, steige ich ab. Bergab ebenso.“

Der junge Norweger stößt seinen Bruder an. Beide machen ein eigentümliches Gesicht. —

„Aber wenn nun unterwegs Ihre Maschine defekt wird?“ wenden wir uns an den Meisterschaftsfahrer. —

„Ist für alles gesorgt. Ich habe eine Reservekette und einen Reserveluftschlauch bei mir.“

Zwei kurze Glockenschläge hallten über das Deck. Gleichzeitig schlägt die bronzene Stutzuhr im Salon 1 Uhr. Himmel, schon so spät? Alles, was noch wach ist, erhebt sich und geht in die Kabinen. —

Dumpfe Hammerschläge wecken uns am nächsten Morgen. Das Schiff macht heftige Schwankungen. Erstaunt stecke ich den Kopf zur Kabinthüre hinaus, der Oberlehrer geht gerade vorüber.

„Was ist denn los, was bedeuten die Hammerschläge?“ Der andere lächelt vergnüglich.

„Ja, wir bekommen Sturm. Die Luken und Deckfenster werden vernagelt. Habe eben mein Rad gesichert. Das kann nett werden!“ Eine starke Neigung des Dampfers läßt ihn mehrere Schritt vorwärtstaumeln.

Ein Sturm! Das ist ja interessant! Rasch in die Kleider und an Deck! Beim Vorübergehen hören wir eine beruhigende Männerstimme. Dazwischen angstvolles Wimmern. Aha, da haust also die ängstliche Dame!

An Deck bietet sich uns ein großartiges Schauspiel dar. Die Elbmündung liegt bereits hinter uns, wir sind auf der Nordsee. Rings ein wildzerklüftetes Wassergebirge mit schaumgekrönten Gipfeln. Der Sturm heult in der Takelage und fegt wahre Wolken von Gischt über das Schiff.

Eine riesige weiße Ballonmütze, darunter eine gewaltige Nase mit ebenso gewaltigem Schnurrbart, erscheint jetzt vorsichtig in der Thüre des Rauchsalons — Julchen!

„Ah, guten Morgen die Herren, kräht er, als er unser ansichtig wird, — nun wie geht's, meine Herren, noch wohlauf?“ —

Er kräht nicht mehr so laut wie gestern Abend, auch scheint die Nase um eine Nüance blässer zu sein; — ein Zufall jedenfalls, Julchen ist ja seefest, — absolut seefest.

„Sehen sie doch nur die beiden Norweger da vorn,“ beginnt er von neuem, „denen scheint der Sturm“ — Blitzschnell fahren Nase und Schnurrbart in den Rauchsalon zurück, — wir mit tigerähnlichem Satz hinterdrein. Eine gewaltige Sturzsee überflutet das Schiff.

Als wir nach einer Weile den Kopf wieder herausstrecken, eilen zwei triefende Gestalten, so rasch es der Seegang gestattet, dem Deckhause zu. Es sind die beiden Norweger. Sie lachten über das ganze Gesicht, das genossene Sturzbad scheint ihnen einen heillosen Spaß zu machen.

Immer lauter heult der Sturm in der Takelage, immer höhere Wogen wälzen sich gegen den Dampfer heran. Verschwindend klein erscheint er inmitten dieser Wasserriesen. Donnernd schlägt eine Sturzsee nach der anderen an Deck, minutenlang flutet das grüne Meerwasser gurgelnd auf dem Deck hin und her, bis es schließlich durch die Speigaten einen Abfluß gefunden.

So vergeht eine Stunde nach der andern. Julchen, der merkwürdigerweise immer stiller und blässer geworden, hat sich mit seinen beiden Freunden hinten am Heck ein geschütztes Plätzchen ausgesucht, wo sie sich, dicht aneinander gedrängt, auf einer bequemen Bank niedergelassen haben. Die Füße haben sie auf Stühle gelegt, um sie vor dem überschlagenden Meerwasser zu schützen. Auch wir haben uns zurückgezogen und sitzen hart Rücken an Rücken mit den drei Herren. Das gewaltige Naturschauspiel nimmt uns völlig gefangen.

Jetzt bäumt sich der Bug des Dampfers zum Himmel auf. Unwillkürlich klammern wir uns fester an die Banklehne. Da kreischt es hinter uns in höchster Angst: „Wir rutschen!“ — Das war Julchens Stimme! Erschreckt drehen wir uns um; die Bank hinter uns ist leer. Dagegen erblickt man an der tieferliegenden Bordwand ein wirres Durcheinander von Stuhl- und Menschenbeinen, Armen, Mützen und

Siesta.

angstvoll verzerrten Gesichtern. Rasch sind einige Matrosen bei der Hand, um die „übergeschossene Ladung“ zu bergen. Verletzt hat sich keiner, nur Julchen hat durch den Schreck den Rest bekommen. Bleich und zitternd läßt er sich von den beiden anderen in den Rauchsalon führen.

Wir folgen bald nach. Es wird wirklich ungemütlich an Deck, selbst hinten ist man nicht mehr vor Spritzern sicher. Zudem ist allmählich die Mittagszeit herangekommen und Gott sei Dank sind wir noch bei recht regem Appetit. Wir wollen sehen, wie es mit dem Mittagessen aussieht.

An der Thüre des Deckshauses treffen wir den ängstlichen Herrn, in Gummischuhen und Sommerpaletot, den Regenschirm unter dem Arm.

Krampfhaft an den Thürpfosten geklammert, späht er überall mit den Augen umher.

„Suchen Sie vielleicht etwas?“ wenden wir uns an ihn. —

„Ja gewiß,“ kommt es kläglich zurück, „einen Rettungsgürtel.“ — Unwillkürlich lachen wir.

„Einen Rettungsgürtel? Ja aber wozu denn in aller Welt? Soweit sind wir doch noch nicht!“ —

„Ja, meine Frau wünscht aber einen, sie meint, das Schiff kann jeden Augenblick untergehen.“ —

Mit einiger Mühe machen wir dem Mann klar, daß von Gefahr noch kaum die Rede sein könne und daß man sich nicht so ohne weiteres einen Rettungsgürtel aneignen dürfe. Seufzend beginnt er den schwierigen Rückweg zur Kabine. —

Im Speisesaal treffen wir den Kapitän und die wachfreien Offiziere. Der erste zieht eben seinen wassertriefenden Oelrock aus. Außer den beiden Norwegern sind wir die einzigen Passagiere an der Tafel. Von Tischtuch oder Geschirr ist natürlich keine Rede. Das ganze Mittagessen besteht aus einem Püree von Erbsen, Fleisch und Kartoffeln, das jedem in einem kleinen Napfe serviert wird. Der Löffel steckt bereits darin. Ein regelrechtes Kochen war bei dem Seegang unmöglich. Aber es schmeckt uns allen vorzüglich.

Der junge Norweger unterhält sich eifrig mit dem Kapitän. Von einer Reise nach Dänemark her verstehen wir die Sprache etwas, und so erfahren wir mit gemischten Gefühlen, daß der Sturm vor Morgen früh sich kaum legen wird.

„Das sind ja recht nette Aussichten, Herr Kapitän,“ schalten wir ein. Alle Norweger sehen uns erstaunt an.

„De forstaaer norsk?“

„Ja, lidt.“ .

Die Norweger lachen geschmeichelt und sind von nun an noch einmal so höflich wie vorher.

„Aber erzählen Sie die Wetteraussichten nicht weiter,“ lacht der Kapitän, „es könnten uns einige Passagiere allein vor Angst den Verstand verlieren.“

Wir müssen lebhaft an unsere ängstliche Kabinennachbarin denken. Der alte, gemütliche Seebär scheint seine Pappenheimer zu kennen. —

Nachdem wir unser frugales Mittagessen beendet, klimmen wir die Treppe zum Rauchsalon in die Höhe. Auf einem Sofa liegt Julchen, ein Bild des Jammers. Sein Gesicht ist beinahe lederbraun mit einem Stich ins grünliche, der gewaltige Schnurrbart hängt geknickt herunter, die Haare fallen ihm wirr in die Stirn. Die Ballonmütze liegt neben seinem Sofa auf dem Fußboden.

Julchen, Julchen, wenn du das geahnt hättest, als du gestern Abend hier an derselben Stelle von deiner Seefertigkeit krähtest!

„Doktorchen!“ stöhnt er jetzt mit erlöschender Stimme.

Der Angeredete, sein zweiter Reisegefährte, beugt sich über ihn: „Was denn, Julchen?“ —

„Doktorchen, ich sterbe; — ich fühle es.“ —

Der Doktor muß lachen, so schlecht ihm auch selber zu Mute sein mag.

„Aber Julchen, mach' doch keine Geschichten! Es stirbt sich nicht so leicht. Und dann ist es ja auch gleich überstanden. Ich habe den Steuermann gefragt, in einer halben Stunde haben wir spiegelglatte See.“ —

Wir sehen den Sprecher erstaunt an; er blinzelt mit einem Auge, Julchen aber scheint neues Leben zu schöpfen. Er richtet sich halb auf, die Züge beleben sich wieder, ja die Hand macht sogar einen schwachen Versuch, den gewaltigen Schnurrbart in die Höhe zu zwirbeln. „Nur noch eine halbe Stunde,“

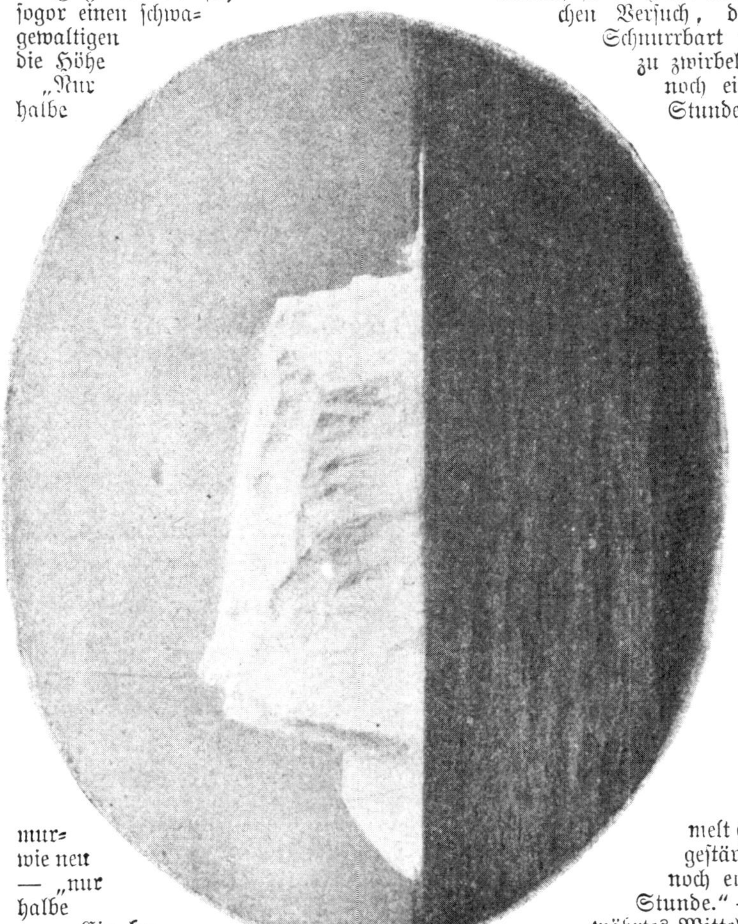

Eisberg.

murmelt er, wie neu gestärkt, — „nur noch eine halbe Stunde.“ — „Ein bewährtes Mittel,“ flüstert uns der Doktor ins Ohr, „für eine Weile hilft es immer.“ —

An einen Aufenthalt an Deck ist garnicht mehr zu denken. Die Sturzseeen sind so gewaltig, daß man Gefahr läuft, über Bord gespült zu werden. Auch ein ruhiges Sitzen oder gar Stehen ist kaum möglich, die einzige auf die Dauer erträgliche Lage ist die liegende.

So machen wir uns auf den Weg nach unserer Kabine. Glücklich gelangen wir auch bis in ihre Nähe, da legt sich der Dampfer plötzlich fast ganz auf die Seite, und ehe wir uns recht besonnen, sind wir durch die angelehnte Thür in eine fremde Kabine geschleudert worden. „Oh, pardon, pardon!" und hinaus sind wir. Irre ich mich nicht, so war es der Oberlehrer, der uns vom Bette her aus verglasten Augen wie zwei Gespenstern entgegenstarrte.

In unserer Kabine führen gerade Handkoffer und Plaidrolle einen wilden Kriegstanz auf. Mit einiger Mühe verstauen wir sie unter das Sofa. Dann „verstauen" wir uns selbst, so gut es geht, in die Betten und versuchen zu schlafen. Ein Kunststück freilich bei dem Höllenlärm! Das Holzwerk knackt und kracht bei jeder Bewegung des Dampfers, als wolle es bersten, die Maschine ächzt und stöhnt, und so oft die Schraube aus dem Wasser schlägt, erschüttert ein dumpfer Donner das ganze Schiff. Brüllend rollen die Wogen gegen die Schiffswand heran, und gurgelnd gluckst das übergeschlagene Wasser auf Deck. Dazu dringt Schluchzen und Stöhnen, mit abgerissenen Gebetworten untermischt, aus der Nebenkabine.

Aber trotzdem kommt der Schlaf, freilich kein wohlthuender und tiefer, sondern ein betäubungsähnlicher Halbschlummer, eine Folge der fortgesetzten körperlichen Erschütterung. Langsam schwinden die Sinne. Der vielstimmige Höllenlärm verschmilzt zu einem dumpfen Rollen und Brausen, kaum merken wir noch die Schwankungen des Schiffes. Die Gedanken verwirren sich. Schließlich konzentrieren sie sich auf den am Lederriemen aufgehängten Krimstecher.

Der pendelt, bald schneller — bald langsamer, — bald vorwärts, — auf und nieder, — hin und her. —

Merkwürdig — warum pendelt er denn eigentlich? —

Erst am Morgen erwachen wir. Der Sturm hat offenbar nachgelassen, die Schwankungen sind bedeutend schwächer geworden und das Getöse ist verstummt. Durch die Schiffsluke fällt sogar ein schwacher Sonnenstrahl.

Eine Minute später sind wir an Deck. Wie anders das Bild als gestern! Hell und freundlich fallen die Sonnenstrahlen durch den leichten, tauigen Morgennebel und spielen glitzernd auf den kristallklaren, meergrünen Wellen. Langsam hebt und senkt sich der Bug des Dampfers, eine frische Brise schwellt die Segel, die er am Vordermast gesetzt hat. Ganz vorn stehen zwei Gestalten, von denen der eine, mit einem riesigen Krimstecher bewaffnet, angelegentlichst einen Wolkenstreifen am Horizonte mustert. Der andere raucht eine kurze englische Pfeife und blickt voll Spannung auf ihn. Natürlich, die beiden Norweger. Was haben sie nur? Bald erfahren wir es.

„Det er Norge!" (das ist Norwegen!) ruft der jüngere seinem Bruder mit freudestrahlendem Gesicht zu, während er den Krimstecher sinken läßt.

Jener entreißt ihm das Glas und späht hindurch.

„Ja, der er det", (ja, dort ist es) bestätigt er freudig.

Wir treten hinzu: „Sehen Sie die Heimat schon, meine Herren?" —

„Jaha, da liegt sie. Wollen Sie selbst sehen? Vär saa god!" (Bitte!) —

Damit bietet er mir das Glas. Dann wendet er sich ab, um seine Pfeife neu anzustecken, — sie ist ihm vor Freude ausgegangen.

Richtig! Was man mit bloßem Auge für einen Wolkenstreif gehalten, erkennt man durch das Glas als die norwegische Steilküste. Sogar einige Bergspitzen kann man schon unterscheiden.

Jetzt naht sich auch der Oberlehrer. Er sieht bleich und übernächtig aus. Auf seinem Gesicht malt sich dumpfe Verzweiflung.

„Denken Sie sich nur, meine Herren," ruft er uns schon von weitem

Mitternachtssonne.

entgegen, „ist es nicht unerhört? Mein schönes Rad, ganz nach eigenen Angaben gebaut, 15 Kilo schwer — ich bin ratlos." —

„Hat es Schaden genommen?" fragt der Norweger. —

„Gewiß," jammert der Unglückliche, und wie! Das Fahrrad völlig verbogen, die reine 8! Ein schwerer Koffer ist dagegengeflogen!" —

„Und ein Reserverad hatten Sie nicht mitgenommen?" —

„Leider nein," antwortet er harmlos, „man kann doch nicht an alles denken!" —

Von hinten ruft die Glocke des Stewards zum Frühstück. Viele sind es nicht, die dem lockenden Rufe Folge leisten, aber wir Wenigen holen das gestern Versäumte an reich gedeckter Tafel doppelt nach.

Als wir wieder das Deck betreten, liegt Norwegen vor uns. Ein niedriges Bergland erhebt sich vor uns aus dem Morgennebel. Sanft gerundete Kuppen, wunderbar regelmäßig, wechseln mit phantastischen Felskegeln ab. Dazwischen erkennt man tiefeinschneidende Thäler. Nach unten zu verschwimmen die Bergketten in Nebel, sodaß sie direkt aus dem Meere aufzusteigen scheinen.

Von der Küste segelt ein größeres Boot auf uns zu. Das Segel trägt einige Buchstaben. Unser Dampfer stoppt, das Boot legt längsseit.

„Der Lods kommt an Bord," erklärt uns der Norweger. Eine Strickleiter wird an der Bordwand herabgelassen, geschickt ergreift sie einer aus der Bootsbesatzung und klimmt daran empor. Eine knorrige Männergestalt in Oelrock und Südwester, das Urbild eines norwegischen Lotsen. Aus dem verwitterten Gesicht spähen ein paar wasserblaue Augen, unter dem Kinn quillt ein rötlich blonder Bart hervor. Ohne uns eines Blickes zu würdigen, spuckt er in weitem Bogen über Deck und begiebt sich auf die Kommandobrücke. —

Die See ist fast ganz ruhig geworden. Hin und wieder treibt eine Kiste oder selbst eine Schiffsplanke vorüber; der Sturm scheint leider einige Opfer gefordert zu haben. Nach und nach finden sich die Passagiere an Deck ein; die meisten von ihnen hat man überhaupt noch nicht zu Gesicht bekommen. Das Publikum ist schon ziemlich international: wenn auch natürlich die Deutschen überwiegen, hört man doch zur Linken die gaumenquetschenden Laute eines Engländers, während zur Rechten mehrere Franzosen mit großer Zungenfertigkeit parlieren.

Wir sitzen mit dem Oberlehrer, dem Doktor und den beiden Norwegern hinten auf dem hohen Promenadendeck. Nur Julchen fehlt uns noch. Seine beiden Freunde haben ihn gegen Morgen in die Kabine geschleift und ihn dort seinem Schicksal überlassen. Die beiden Norweger sind durch die Nähe ihrer Heimat gesprächig geworden und erzählen uns mit einem wahren Feuereifer von der Gefährlichkeit dieses Küstenstriches. Nirgends gäbe es so viel unterseeische Klippen als hier, schon manches schöne Schiff sei hier gestrandet. — Gut nur, daß unsere ängstliche Nachbarin nicht anwesend ist, sie würde sonst wieder nach Rettungsgürteln schreien!

Plötzlich, — wir trauen unseren Augen kaum, taucht über dem Rande der vom Deck heraufführenden Treppe eine weiße Ballonmütze und darunter eine gewaltige Nase mit dem dazugehörigen Schnurrbart auf, und im nächsten Augenblick steht ihr Besitzer vor uns.

„Julchen," rufen seine beiden Freunde wie aus einem Mund, „bist Du's wirklich oder ist es Dein Geist?" —

„Hähä," kräht dieser lauter und schöner denn je: „Morgen, meine Herren, Morgen! Schlimme Fahrt das! Tüchtig seekrank geworden, wie? Hähä, bin ja selber ganz elend gewesen, — das heißt, nicht eigentlich seekrank, — hatte schon vorher Magenverstimmung, bevor ich an Bord kam. Hab' ja sonst schon viel schlimmere Fahrten durchgemacht als diese, viel schlimmere Fahrten." —

Seine beiden Freunde antworten ihm mit lautem Hohngelächter, in das er schließlich selber mit einstimmt. Das Thema mag ihm aber doch auf die Dauer peinlich sein, er lenkt ab:

„Nein, dieses Norwegen! Sehen Sie nur, meine Herren, sehen Sie nur! Prachtvoll, was?“

In der That wird die Küstenszenerie immer großartiger. Ueber den verhältnismäßig niedrigen Vorbergen taucht hier und da ein weißglänzender Schneeberg empor, aus dem Wasser heben sich hier vereinzelt, dort in ganzen Gruppen kleine, glattgewaschene Granitinseln, die Schären, welche die ganze norwegische Küste wie eine Vorpostenkette umgeben. Ihre Zahl mehrt sich, je näher wir der Küste kommen; immer enger schließen sie sich zusammen, sodaß unser Dampfer oft nur eine schmale Durchfahrt hat. Neben kleinen Felsrücken, die kaum aus dem Wasser emporragen, passieren wir größere Inseln, die schroff den Fluten entsteigen und sogar einige Häuser aufweisen. Vom offenen Meer ist fast nichts mehr zu sehen, wir befinden uns bereits mitten im „Skjäregaard“, wie es die Norweger nennen (zu deutsch etwa: „Schärenhof“).

Jetzt macht der Dampfer eine scharfe Wendung und steuert in einen großen Fjord hinein. Im Hintergrunde erblickt man, in einer Dunstwolke verschwimmend, die Türme und Gebäude einer größeren Stadt. Es ist Stavanger, das Ziel unserer Meerreise.

Zur Rechten zieht die freundliche grüne Fjordküste mit vereinzelten rotgedeckten Häusern vorüber, während sich vor uns Stavanger immer deutlicher den Blicken entrollt. Der junge Norweger steht neben uns, die unvermeidliche Pfeife im Munde, und erklärt uns die Türme und hervorragenden Gebäude seiner Vaterstadt.

„Sehen sie, dort ist die Brandwacht;“ er weist auf einen alleinstehenden, hochgelegenen Turm, „von dort aus wird Tag und Nacht nach etwa entstehenden Bränden ausgespäht. Die Feuersgefahr ist eine sehr große, da die Häuser fast alle aus Holz gebaut sind. — Die beiden grüngedeckten Türme dort gehören der Domkirche an, einer der ältesten Kirchen Norwegens.“ —

„Und die vielen Schornsteine?“ wendet der Oberlehrer ein, „es lagert ja eine förmliche Rauchwolke über Stavanger.“ —

„Alles Fischkonservenfabriken. Wir versenden unsere Sardinen und Anchovis bis nach Italien.“ —

Unser Dampfer nähert sich langsam dem Quai, wo sich bereits eine große Menschenmenge angesammelt hat. Jetzt fliegen zwei Wurfleinen von vorn und hinten dem Lande zu; rasch werden sie aufgefangen und mit ihnen die schweren Drahttrossen an Land geholt. Die Dampfwinden beginnen zu rasseln und holen das Schiff völlig an den Quai heran.

Als Erster betritt ein norwegischer Zollbeamter das Schiff. Er trägt eine Uniformmütze und unter dem Arm einen Regenschirm. Nachdem die kurze Revision beendet, verlassen wir den „Olaf Kyrre“ und betreten Norwegens Boden.

„Capio te Norwegia!“ kräht es da hinter uns in höchster Ekstase, — Julchen hat kurz nach uns den Dampfer verlassen und kommt sich nun wie ein Scipio bei seiner Landung in Afrika vor. Hinter ihm steht mit schmerzverzogenem Gesicht der Oberlehrer, sein total verbogenes Rad auf der Schulter. Gleichzeitig sehen wir, wie sich ein trauriger Zug von oben den Landungssteg herabbewegt. Unser Kabinennachbar in Gummischuhen und Paletot, den Regenschirm unter dem Arm und den steifen Hut auf dem Kopfe führt seine Gemahlin, die ängstliche

Auf der Hochzeitsreise

Er: Meine süße Gattin ist eingeschlafen, da kann ich mich ein Weilchen davonstehlen!

Dame, mehr tot als lebendig von Bord. Von der anderen Seite hat sie ein Hoteldiener untergefaßt. Ein Zweiter folgt ihnen mit einer ganzen Wagenladung von Handkoffern, Reisetaschen, Plaidrollen, Schirmpaketen und Hutschachteln. Armer Mann! Wie wirst du durch Norwegen kommen, mit steifem Hut, Sommerpaletot und Gummischuhen, mit dieser Reisebagage und — mit dieser deiner Frau! — Es ist Abend geworden. Wir machen noch einen Spaziergang durch die Stadt. Zehn Uhr und dabei Tageshelle! Wir befinden uns eben im Lande der Mitternachtssonne. Bergauf, bergab geht es die engen Straßen mit den niedrigen Holzhäusern entlang. Scharenweis promenieren die Norweger, besonders die Nor-

Heizer: Ach, wie das wohltut, ein Atemzug frischer Luft!

nach Helgoland.

Sie: Teuerster Arthur, verzeihe, ich glaube, ich habe geschlummert!

wegerinnen, auf und nieder, den schönen Abend genießend. Auf dem Damm schleppen die kleinen norwegischen Pferde zweirädrige Karren, mit Mehlsäcken oder Häringstonnen beladen, die steilen Straßen herauf oder sie laufen in voller Karriere hinunter. Dazu an vielen Stellen ein penetranter Thrangeruch; er kommt von den Konservenfabriken! Als wir um eine Ecke biegen, erhebt sich vor uns der hochgelegene Turm der Brandwacht. Oben von der Gallerie leuchtet eine weiße Ballonmütze herab. Sollte es Julchens sein? Aber nein, Julchens Stimme würde man sicher bis unten hin krähen hören!

Da die Thür zum Turme offen steht, gehen wir hinauf. Die Aussicht von oben scheint lohnend zu sein. Jetzt treten wir auf die Gallerie hinaus. Da lehnt Julchen, still und in sich gekehrt, wie wir ihn noch nie gesehen, am Geländer und blickt unverwandt in den Abend hinaus. Er bemerkt uns nicht. Unweit von ihm stehen der Doktor und der Oberlehrer.

Sie: Quelle horreur, le diable

Letzterer mit verklärtem Gesicht, das verbogene Fahrrad scheint vergessen. Keiner von den dreien spricht ein Wort, — soviel erhabene Naturschönheit bringt selbst einen Julchen zum Schweigen.

Zu unseren Füßen träumt die norwegische Abendlandschaft. Die Berge verschwimmen tiefblau im Dämmerlichte, der weitverzweigte Fjord hält ihnen seine stille, silberne Wasserfläche als Spiegel vor. Auf der anderen Seite ragt die Schärenkette schwarz und drohend in das purpurne Spätrot empor und läßt nur an wenigen Stellen einen freien Durchblick auf die flammengelbe See. Und über allem wölbt sich der klare, grünlichblaue norwegische Nachthimmel, von dem die Sterne hell und trotzdem kaum erkennbar herabfunkeln. Gerade unter uns das rote Dächermeer Stavangers, fast im Halbkreise vom Hafen umgeben. Ein Dampfer gleitet gerade in den Fjord hinaus, — es ist der „Olaf Kyrre,“ welcher seine Reise längs der norwegischen Küste bis Bergen und Throndhjem fortsetzt. Sonst regt sich nichts mehr im Hafen, und auch auf den Straßen hat sich der lebhafte Verkehr gelegt. Der Friede der Nacht senkt sich herab.

So stehen wir fünf Deutsche, einander kaum beachtend, beisammen, auf hohem Turme inmitten einer fremden Stadt, ferne der Heimat, und genießen die erste Nacht in Norwegen. —

Ein Wal als Schiffszerstörer.

Ein höchst merkwürdiger Schiffsunfall ereignete sich in der Einfahrt des Hafens von San Francisko. Dort wurde nämlich der Lotsenkutter „Bonito“ im dichten Nebel von einem großen Grauwal gerammt und zum Sinken gebracht. Zusammenstöße zwischen Walen und Schiffen sind zwar auch schon in anderen Gewässern beobachtet worden — z. B. hat S. M. S. „Habicht“ 1898 auf einer Reise von Kamerun nach Kapstadt einen solchen mit einem Wal gehabt, ohne dabei Schaden zu nehmen — daß aber ein verhältnismäßig großes Fahrzeug wie der betreffende Lotsenkutter von einem Wal zum Sinken gebracht wurde, dürfte ein seltenes Vorkommnis sein. Die „Bonita“ war ein zweimastiger Kutter von 75 Tonnen Raumgehalt und erst 1892 gebaut. Die Besatzung bestand aus 5 Mann; außerdem waren 4 Lotsen an Bord. Der Kutter erhielt einen heftigen Stoß, wie beim Zusammenstoß mit einem Schiff und begann sofort zu sinken. Die Mannschaft sah noch einen mächtigen Grauwal auftauchen und im Nebel verschwinden. Die „Bonita“ blieb noch lange genug über Wasser, bis die Leute sich in ihr Boot gerettet hatten, und sank dann in 6 Faden tiefem Wasser.

Humoristisches.

Die Marine muß vergrößert werden. Erna: „Auf dem Balle an Bord des Kriegsschiffs herrschte bei den beschränkten Räumlichkeiten ein fürchterliches Gedränge.“ — Ella: „Na ja, da sieht man wieder, daß die Marine notwendiger Weise vergrößert werden muß.“

Kursschwankungen. Kapitän: „Aber, Petersen, was steuern Sie da zusammen? Was haben Sie eigentlich für einen Kurs, einmal zu hoch und einmal zu niedrig?!“ — Passagier: „Gott, wie mich das anheimelt, ganz wie bei uns an der Börse.“

Väterliche Ermahnung
Zeichnung von Marinemaler Allers.

Die Seeräuber 1402.

Mitgeteilt von Pastor Lüpkes.

Störtebecher und Gödte Michael,
Die raubten beide zu gleichem Teil
Zu Wasser und nicht zu Lande,
Bis daß es Gott vom Himmel verdroß,
Des mußten sie leiden große Schande.

Sie zogen vor den heidnischen Soldan,
Die Heiden wollten Wirtschaft han;
Seine Tochter wollt er beraten,
Sie rissen und splissen wie zwei wilde Tier,
Hamburger Bier trunken sie gern.

Störtebecher, der sprach allzuhand:
„Die Westsee ist mir wohlbekannt,
Das will ich uns wohl holen;
Die reichen Kaufleut' von Hamburg,
Die sollen das Gelag bezahlen."

Sie liefen ostwärts längst des Lick:
Hamburg, Hamburg thu deinen Fleiß,
An uns kannst du nichts gewinnen,
Was wir auch wollen bei dir thun,
Das wollen wir bald beginnen.

Und das erhört' ein schneller Bot,
Der war von klugem Rat,
Kam in Hamburg gelaufen,
Er fragte nach des ältsten Bürgermeistern Haus,
Den Rat fand er zu Hauffe.

„Ihr lieben Herren all' durch Gott,
Nehmt diese Rede nicht für Spott,
Die ich euch will sagen,
Die Feinde liegen euch nahe bei,
Sie liegen am wilden Have.

Die Feinde liegen euch hart vor der Thür,
Des habt ihr edlen Herrn zweier Kühr (zwischen zwei Dingen die Wahl),
Sie liegen da am Sande,
Laßt ihr sie wieder von hinnen ziehen,
Des habt ihr Hamburger Schande."

Der ältste Bürgermeister sprach allzuhand:
„Gut Gesell, Du bist uns unbekannt,
Worüber solln wir dir glauben?"
„Das sollt ihr edlen Herren thun
Bei meinem treuen Eide.

Ihr sollet mich setzen aufs Vorkastel,
Bis daß ihr eure Feinde seht
Wohl zur derselben Stunde,
Und spürt ihr einigen Wankel an mir,
So senket mich zu Grunde."

Die Herren von Hamburg zogen aus,
Sie gingen zu Segel mit der Flut,
Wohl nach dem neuen Werke,
Vor Nebel konnten sie nicht sehen.
So finster waren die Schwerken.

Die Schwerken brachen durch,
Die Wolken wurden klar,
Sie segelten fort und kamen dar,
Großen Preis wollten sie erwerben,
Stürzebecher und Gödte Michael mußten darinnen sterben.

Sie hatten einen Hölck (Lastschiff) mit Wein genommen,
Darmit waren sie auf die Weser gekommen,
Dem Kaufmann dar zu leide,
Sie wollten darmit in Flandern,
Sie mußten dar noch scheiden.

Hört auf, Gesellen, trinket nun nicht mehr,
Dort laufen drei Schiffe in jener See,
Uns grauet vor den Hamburger Knechten,
Kommen uns die von Hamburg an Bord,
Mit ihnen müssen wir fechten.

Sie brachten die Büchsen an den Bord,
Zu allem Schießen gingen sie fort,

Da hört man die Büchsen klingen;
Da sah man so manchen stolzen Held
Sein Leben zu Ende bringen.

Sie schlugen sich drei Tag
und auch drei Nacht,
Hamburg, dir ist ein Böses gedacht
All zu derselben Stunde,
Das uns ist lang zuvor gesagt,
Das kommen wir hie zu Funde.

Die bunte Kuh aus Flandern kam,
Wie bald sie das Gerücht vernahm,
Mit ihren starken Hörnern,
Sie ging sich brausen durch die See,
Den Hölck wollte sie verstören.

Der Schiffer sprach zu dem
Steuermann:
Treib auf das Ruder zum Steuer-
bord an,
So bleibt der Hölck bei dem Winde,
Wir wollen ihm laufen sein Vorkastel
entzwei.
Das soll er wohl empfinden.

Sie liefen ihm sein Vorkastel
entzwei.
„Traun“, sprach sich Gödte Michael,
„Die Zeit ist nun gekommen,
Daß wir müssen fechten um unser
beider Leib,
Es mag uns schaden oder frommen.“

Stürzebecher sprach sich allzuhand:
„Ihr Herren von Hamburg, thut
uns kein Gewalt,
Wir wollen euch das Gut aufgeben,
Wollt ihr uns stehen für Leib und
Gestalt
Und fristen unser junges Leben?“

„Ja traun, sprach sich Herr Simon
von Utrecht,
Gebet euch gefangen auf ein Recht,
Laßt euch das nicht verdrießen,
Habt ihr dem Kaufmann kein Leid
gethan,
So werdet ihr's wohl genießen.“

Da sie gegen die Richtstatt kamen,
Nicht viel Gutes sie da vernahmen,
Sie sahen die Köpfe stecken.
„Ihr Herren, das sind unsere Mit-
kompans!“
So sprach sich Stürzebecher.

Sie wurden zu Hamburg in die
Haft gebracht,
Sie saßen nicht länger als eine
Nacht
Wohl zu derselben Stunde,
Ihr Tod ward also sehr beklagt
Von Frauen und Jungfrauen.

„Ihr Herren von Hamburg, wir
bitten um eine Bitt,
Die wollt ihr uns versagen nicht,
Und mag euch auch nicht schaden,
Daß wir mögen den Trauerberg
Angehen in unserem besten Ge-
wande.“

Die Herren von Hamburg thäten
die Ehr,
Sie ließen ihn' Pfeifen und Trum-
meln vorgehen,
Sie hätten's wohl lieber entbehret,
Ja wären sie wieder in der Heiden-
schaft gewest,
Sie wären nicht wiederkehret.

Der Scharfrichter hieß sich Rosen-
feld,
Er haute so manchen stolzen Held
Mit einem frischen Mute,
Er stund mit seinen geschnürten
Schuhen
Zu den Enkeln in dem Blute.

Hamburg, Hamburg, des geb ich
dir den Preis,
Die Seeräuber waren nie so weis',
Um deinetwillen mußten sie sterben,
Des magst du von Gold ein Krone
tragen,
Den Preis hast du erworben.

Von dem ursprünglich plattdeutschen Seeräuberliede finden sich nur noch geringe Reste im Volksmunde. In allerlei sagenhaften Ueberlieferungen aber sind die Seeräuber und ihr Treiben dem Volke sehr bekannt geblieben. Gustav Freitag „Vom Bord der Hansen" schildert dieselben folgendermaßen: Seit 1390 war die Genossenschaft der deutschen Vitalien-(Viktualien-)Brüder zuerst Schrecken der Dänen, bald aller Kauffahrer. Den Städten Rostock und Wismar wurde nachgesagt, daß sie durch ihre Kaperbriefe (sog. Steelbreven) das Unwesen groß gezogen hätten. Verwegene Gesellen der deutschen Küste, auch Herren vom Adel, hatten sich zu gleicher Teilung der Beute zusammengeschworen (daher „Likedeeler" genannt). Sie hatten die Insel Gothland erobert, auf der schwedischen und norwegischen Küste Land und Burgen besetzt, sie fanden Unterschlupf bei Landesherren (z. B. dem ostfriesischen Junker Keno ten Broek), ja sie wagten sogar, ihre geraubten Waren in Hansestädten zu verkaufen. Ihre wilde Verwegenheit, einzelne Züge von ritterlichem Stolz und blutige Thaten erhielten durch 50 Jahre die ganze Seeküste von Reval bis zur biskayischen Bucht in Aufregung. Es kostete den Hansen, dem deutschen Ritterorden und den Dänen viele Mühe, diese Freibeuter zu dämpfen, und lange sangen die Leute an der See von Störtebecker und Godecke Michael.

Bilderrätsel.

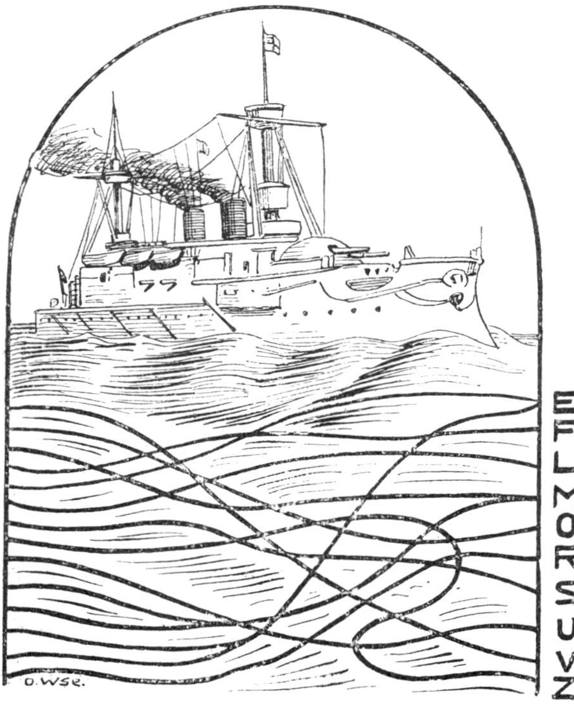

Heitere Erinnerungen aus dem Offiziersleben.

Von Graf Bernstorff, Korv.-Kapitän a. D.

In der Kaserne.

Gegen die Mauern der Hafen-Kaserne in Wilhelmshaven, mit ironischer Poesie das Schloß am Meer genannt, tobte ein scharfer, schneidendkalter Nordoststurm. Er pfiff und heulte um die Ecken, fegte als Wirbelsturm auf dem Kasernenhof den Staub empor, rüttelte und schüttelte an den Fenstern und sang unheimliche Weisen im Schornstein. Draußen auf der Jade trieb er das schmutziggelbe Wasser gegen den Elbstrom zu kurzen schäumenden Seen auf und schleuderte sie klatschend gegen den Deich. Hin und wieder jagte er eine Regenboe vor sich her und prasselte mit den Tropfen gegen die Scheiben.

Es war ein Wetter so recht zum „zu Hause bleiben."

Ich lag in meiner Wohnstube auf dem Sofa, das ich mir möglichst nahe an den Ofen gerückt hatte, und starrte die kahlen, grüngestrichenen Wände an, deren einziger Zierat meine beiden Säbel bildeten. Die Zimmereinrichtung war das von der Garnisonsverwaltung gelieferte Mobiliar. Glanzvoll sah es demnach bei mir nicht gerade aus.

Meine Gedanken wanderten rückwärts. Noch vor drei Monaten saß ich in Kiel in einer behaglich ausgestatteten Wohnung, von einer freundlichen Witwe für bescheidenes Geld ermietet. Sie that's eigentlich aus Gutmütigkeit. War das ein lustiges Leben gewesen! So wie der Schmetterling, der dunklen Hülle entronnen, seine schimmernden Flügel entfaltet und sich fröhlich im Sonnenschein wiegt, unbekümmert um kommenden Frost und trübe Tage, so hatten auch wir, die neu ernannten Unterleutnants uns dem fröhlichen Leben hingegeben, äußerlich strahlend im Glanze der neuen Uniform, innerlich vor Freude über die errungene Würde.

Es war zwar ein bischen kostspielig gewesen und mancher Brandbrief hatte der Eltern Herz erschüttern und ihre Börse öffnen müssen, aber — schön war's doch! Himmlisch schön, wie man in Holstein sagt. Und nun saß ich hier in dem „öden Nest," wie ich es titulierte, und mußte Rekruten drillen. Doch der alte Satz: „solamen miseris" tröstete mich, denn wir hausten zu sieben dort im „Schloß."

Es war am Freitag Nachmittag des März, nach dem fünfzehnten, als ich, wie gesagt, auf meinem Sofa lag und spintisierte. Nachdem die Vergangenheit erledigt war, traten Gegenwart und Zukunft in ihr Recht und wollten betrachtet sein. Doch ein Gegensatz zu dem strahlenden Glanz der ersteren, lagen diese beiden grau und trübe vor mir. Denn — es war nach dem Fünfzehnten!

Ich holte mein Portemonnaie aus der Tasche. Lächerliche Bezeichnung! Porte kein monnaie mußte es heißen. Es war absolut leer. O, wer kennt den Schmerz, wenn alles, alles auf die Neige geht und nur der Graus des Leeren in den Taschen wohnt, wo sonst der Nickel fröhlich mit der Kron' erklang! Huha!

Mechanisch öffnete ich die verschiedenen Klappen und sah zum so und sovielten Mal hinein, obgleich ich genau wußte, daß nichts drin war, auch nichts drin sein konnte, denn es war nach dem fünfzehnten! Seufzend steckte ich das nutzlose Ding wieder ein. Uebermorgen sollte bei gutem Wetter eine Partie nach Varel unternommen werden, und im Hotel Eboli gab es ausgezeichneten Wein sowie vorzügliches Essen, besser noch wie sonntags im Kasino; dies wußte ich. Aber wie sollte ich dorthin gelangen ohne einen Pfennig im Vermögen? Um mich zu zerstreuen und über diese brennende Frage hinwegzukommen, beschloß ich, meinem Freund Roller in der ersten Etage einen Besuch zu machen. Ich selbst wohnte in der zweiten, was den Vorzug hatte, daß ich über den Deich hinwegsehen konnte. Dafür war's aber auch um so kälter. Doch, gedacht, gethan! Ich erhob mich und stieg die Treppe hinab. Auf mein Anklopfen erscholl ein kräftiges „Herein!" und als ich, dem Ruf folgend, eintrat, empfing mich lautes Hallo, da schon fünf der Kameraden sich dort versammelt hatten.

„Hallo, Konde, Sie kommen wie gerufen! Wir überlegen nämlich die Partie nach Varel! Sie machen doch mit?"

„Selbstverständlich! Und wir wollen sogar riesenhaft fidel sein. Fahren wir schon vor dem Essen oder erst nach Tisch?" Ich machte ein Gesicht, als ob ich sie alle frei halten wollte.

Die Frage „vor oder nach" wurde eingehend erörtert und schließlich erhielt „nach" die größere Stimmenzahl. Das war mir äußerst angenehm, denn so bekam ich jedenfalls Mittagessen. Das Weitere würde sich schon von selber finden.

Göttlich-leichter Jugendsinn, wer dich doch bewahren und festhalten könnte fürs ganze Leben!

„Na, Rolli, nun geben sie mir erst mal 'n Tabak und einen Schluck Bier; ich habe riesigen Durst, und mein Bursche ist zur Stadt."

Ich erhielt beides und setzte mich.

„So, Herrschaften, nun wollen wir mal ein Programm machen. Einer von uns muß die Geschichte leiten und Kassierer sein. Dessen Anordnungen haben sich die anderen zu fügen. Sonst giebt's nachher Kuddelmuddel und Streit. Einverstanden?"

„Ja! Ja!" schrie alles.

„Die Einzahlung können wir ja auch gleich festsetzen." —

„Nee, nee, erst wählen. Das kommt nachher!"

Mit Stimmenmehrheit wurde Roller gewählt. Sein Sträuben half ihm nichts.

„Ja, Herrschaften, ich weiß noch garnicht bestimmt, ob ich die Partie mitmache." —

„Ach, Unsinn! giebt's nicht! Nee, nu man nicht abspringen! Sie sind gewählt, also müssen Sie mit!"

Alles Protestieren seinerseits wurde totgeschrien, und er mußte sich fügen.

„Gut, ich nehm's an. Wieviel soll denn jeder einzahlen?"

Darüber erhob sich nun wieder lebhafter Streit, denn die Ansichten gingen gar zu weit auseinander. „Fünf Mark!" rief der Eine. „Mindestens zehn, sonst lohnt's ja garnicht!" „Das ist noch zu wenig, ich schlage zwanzig vor!" „Zwölf!" „Fünfzehn!" rief alles durcheinander. Ich selbst schwieg still und betrachtete die übrigen, besonders den, der zwanzig Mark vorgeschlagen hatte.

„Halt!" dachte ich bei mir, „das ist er! Den pumpst du an!" Dann erhob ich mich und sagte: „Herschaften, ich will Euch mal was sagen. So wird's doch nichts! Ich schlage vor, Rolli bestimmt den Einsatz und wir bezahlen ihn. Bedingung ist dann: freie Reise, Bier unterwegs und bei Eberli ein feines Abendessen mit Wein. Für Zigarren oder Zigarretten sorgt jeder selbst. Na?"

Das Linienschiff „Kaiser Wilhelm der Große" im Dock zu Kiel.

„Famos! famos! Roller kann sich das überlegen und dann sagen, wieviel er braucht! Abgemacht!"

„Na schön!“ nahm nun Roller das Wort, „ich werde einen Ueberschlag machen und Ihr bezahlt.“ —

„Jawohl, aber Sie mit!“ rief ich dazwischen. Alles lachte.

„Donnerwetter, ’s ist doch ein unglaublicher Mensch! Natürlich, Sie Kerl! Denken Sie, ich will mich drücken!“ und er versuchte ein grimmiges Gesicht zu machen.

„Na, prost, Rollirum! Auf die Partie!“ Ich trank ihm lachend zu, konnte es aber nicht verhindern, daß er mir einen derbfreundschaftlichen Rippenstoß versetzte.

„Nun mal gleich an die Arbeit! Die Sache muß heute noch erledigt werden!“ rief der mit den zwanzig Mark.

„Nein!“ protestierte ich im Vollgefühl meines leeren Portemonaies. „Wenn wir heute schon bezahlen, setzt er sich Sonntag früh allein auf die Bahn und wir haben das Nachsehn.“

„Gottsdonnerwetter!“ schrie Roller, konnte aber doch das Lachen nicht lassen, „Herrschaften, ich lege mein Amt wieder nieder!“

Ein Riesentumult folgte. Alles lachte und schrie durcheinander und es war kaum möglich, sein eigenes Wort zu verstehn.

Plötzlich öffnete sich die Thür und ein Briefträger trat ein.

„Entschuldigen Sie! Herr Leutnant Roller? Ich habe schon ein paarmal geklopft.“ —

„Hier bin ich. Was haben Sie denn für mich?“

„Ein kleines Paketchen, Herr Leutnant. Bitte hier; es kostet zwanzig Pfennig.“

„Danke! Warten Sie, bitte, einen Augenblick draußen, wir haben gerade eine wichtige Besprechung — hmm! hmm!“ —

„Gerne, Herr Leutnant! ’n Abend!“ und wir waren wieder allein.

„Herrschaften, leih mir doch mal schnell einer zwanzig Pfennig, ich hab gerade kein kleines Geld.“

„Ich auch nicht! Ich auch nicht!“ riefen wir wie aus einem Munde, mit teilweise etwas verzogenen Gesichtern. Ich knutschte mein Portemonaie in der Tasche zusammen, aber zwanzig Pfennig konnte ich doch nicht herausdrücken.

„Geißner, Sie haben doch was bei sich!“ redete ich meine Pump-Hoffnung an.

„Nee, momentan habe ich nichts hier.“

„Na, dann holen Sie’s!“

„Ja, ich hab’ augenblicklich nur zehn Pfennig.“

„Her damit! Wer hat noch was?“ Wir brachten siebzehn Pfennige zusammen.

„Donnerwetter, was nun? Der kann doch nicht so lange warten!“

Da trat Nr. sieben von uns in die Thür, genannt „der alte Gümpel.“

„Mensch, geben Sie mal schnell zehn Pfennig her, der Postbote wartet draußen.“

Wehmütig lächelnd sah er uns der Reihe nach an. „Ich — zehn Pfennig? — Da haben sie einen. Mehr besitze ich nicht!“

Nun konnte ich aber das Lachen nicht mehr unterdrücken und platzte los.

„Heiliges Kreuz! sieben Leutnants und nicht mal zwanzig Pfennige!“

Und ich lachte, daß mir die Thränen über die Wangen liefen. Der Ausdruck in den verschiedenen Gesichtern war gar zu spaßig. Vor Lachen vergaßen wir überhaupt zunächst den Postboten gänzlich, bis es einem einfiel, daß der immer noch auf dem Korridor stand. Endlich beruhigten wir uns etwas und beratschlagten, was zu thun sei.

„Hat denn kein Mensch einen Heckthaler?“ rief der alte Gümpel.

Da fuhr es mir wie ein Blitz durch den Kopf und mir ging ein Talglicht auf.

„Natürlich, Mensch, in meiner Kommode muß einer liegen. Den hatte ich aber doch total vergessen. Es ist nämlich ein Krönungsthaler, den mir mein Alter mal“ —

„Mensch, erzählen Sie keine Geschichten, sondern raus! Holen Sie den Thaler, alles andere ist uns ja ganz wurst!“

Ich eilte davon und fand wahrhaftig das Geldstück, welches ich

Modell des neuen Kanonenbootes „Iltis“ von 1898.

absichtlich eines Tages zwischen meine Wäsche geworfen hatte, um es zu vergessen und nicht auszugeben. Triumphierend trat ich bei Roller wieder ein, wo ich mit Jubelgeschrei empfangen wurde.

„Ihren Burschen, Rolli!“

Gleich darauf kam August herein.

„Gehen sie mal schnell, aber ganz schnell, verstehn Sie, zum Kantinier hinüber, er möchte für drei Mark Groschen heraufschicken. Wir brauchten sie zum Spielen. Aber schnell, verstanden?“

„Zu Befehl!“ sagte August und sauste ab. Nach einigen Minuten kam er wieder. „Hier, Herr Leutnant!“ Damit schüttelte er die Nickelstücke auf den Tisch.

„So, hier geben Sie dem Briefträger fünfzig Pfennige und dann bringen Sie Bier.“

August verschwand. Allgemeine Stille!

„Wollen wir nicht mal das Paket untersuchen?" fragte ich in das Schweigen hinein.

„Herrje, ja unser Packet! Rolli, aufmachen!"

Es wurde geöffnet und ein Jubelgeheul erklang. Wurst war drin, herrliche, köstliche Wurst verschiedenster Art. Das kam wie gerufen, denn leer wie die Portemonaies waren auch die Eßspinden der meisten.

„Meine Herren, ich lade Sie alle zum Abendbrot ein," erklärte Roller mit feierlicher Stimme, wofür ihm sofort ein Hoch gebracht wurde. Rasch war der Tisch gedeckt und wir fingen an zu tafeln. Von der geplanten Partie wurde vorläufig nicht weiter gesprochen, sondern jeder vermied mit einer gewissen Aengstlichkeit dieses Thema, was uns aber nicht hinderte, sehr fidel zu sein und tüchtig zu essen, sodaß der Wurstreichtum merklich schwand. Erst spät trennten wir uns in heiterster Laune.

Am nächsten Morgen stand ich auf dem Exerzierplatz und sah den

Bootsmanöver.

Bemühungen meiner Rekruten zu, den schweren langsamen Schritt zu erlernen.

Inzwischen grübelte ich darüber nach, wer mir nun wohl zur Teilnahme an der Partie verhelfen könnte. Denn gemacht wurde sie auf jeden Fall, und daß ich dabei sein mußte, stand bombenfest.

Das Wetter war in der Nacht umgeschlagen. Der eisige Nordost hatte sich in einen sanften West verwandelt und strahlend blau glänzte der Himmel, sich in den kleinen Wasserlachen wiederspiegelnd, die als letzte Erinnerung an das gestrige Unwetter noch hier und da den Exerzierplatz verunzierten.

„Und wenn ich 'n alten Juden totschlagen muß!" In diesem tödlichen Gedanken giepfelten schließlich meine Betrachtungen. Da nahte von der Straße her der mir wohlbekannte Geldbriefträger, der wegen

Präsentierens von Postaufträgen allerdings meist unverrichteter Sache wieder von mir abziehen mußte.

Nun erblickte er mich und schwenkte auf mich zu. O zarte Sehnsucht, süßes Hoffen! „Wenn der Kerl nur nicht wieder so'n verdammten grünen Zettel bringt!"

„Morjen, Herr Graf! Ich bring ein bißchen Geld!"

„Was! Was bringen Sie? Geld? Für mich?"

Ich war baff.

„Jawo—hl!

Modell des Panzerkreuzers „Fürst Bismarck" von 1900.

Der Herr Papa." — Ich machte ein Gesicht, als ob das etwas so Alltägliches wäre wie Rekrutendrillen. „Na, geben Sie nur her." Wer in aller Welt schickte mir Geld? Der Herr Papa? Deubel auch, das wäre ein riesig vernünftiger Streich von dem alten Herrn. Aber ich hegte noch bedeutenden Zweifel.

Nun hatte ich den rosa Schein in den Händen. Wahrhaftig, da stand's! Hundert Mark! und auf dem Abschnitt in dänischer Sprache, die wir viel im Hause redeten: „Herzlichen Gruß! wohl bekomm's!"

Die letzten zehn Mark ließ ich mir in Silbergeld geben und drückte dem Boten stolz ein Fünfzigpfennigstück in die Hand. Schmunzelnd zog er ab; wie freudig ich meinen Schatz erst noch eine Weile in der Hand behielt und klimperte, um mich zu überzeugen, daß es kein Traum war. Nein, ich hatte wahr und wahrhaftig das Geld. Hurrah! jubelte ich innerlich und steckte es ein.

Kaum war der Dienst beendet, stürmte ich auf meine Stube, um mich zum Essen im Kasino umzuziehn. Dann machte ich mich auf den Weg in die Stadt, stolz und froh wie ein König. Ich hatte ja Geld, trotzdem es schon „nach dem fünfzehnten" war. Da kam quer über den Exerzierplatz der „alte Gümpel" auf mich zu, tiefgesenkten Hauptes. Er dachte jedenfalls über die Partie nach. Ich rief ihn an:

„He, Alter!"

Blitzschnell hob er den Kopf, sah mich an: „Mensch, du hast Geld!" Wie ein Jubelruf klang es.

„Jawohl, altes Haus, eine ganze Masse! Mein Alter hat mir was geschickt!"

„Dann mußt Du mir was pumpen, für die Partie morgen!"

„Na selbstverständlich! Komm mit ins Kasino, da wollen wir uns bereden."

In heiterster Stimmung trafen wir dort ein und brachten erst meinem alten Herrn mit einem halben „Pulleken" ein Hoch. Bei Tisch waren wir riesenhaft fidel und am Sonntag machten wir alle zusammen die Partie, die glänzend ausfiel.

Es geht doch nichts über liebevolle Väter und gute Kameradschaft!

Humoristisches.

Seegang. Kommerzienrätin: „Sieh nur, Alfred, die Wellen, wie schön; ein ewiges Steigen und Sinken!" — Kommerzienrat: „Thu mir den einzigen Gefallen und sprich mir jetzt nicht vom Geschäft."

Troßartig. „ . . . Ich bewundere, Herr Leutnant, wie Sie das Monocle so in einem Auge festhalten können!" — „Na, da sollten Sie erst mal meinen Bruder, den Marine-Leutnant, sehen! Der hält so 'n ganzes Fernrohr im Auge fest!"

Ein Zweifler. „Ach, Herr Claasen, nehmen Sie mich doch mal mit aufs Meer. Ich möchte so gerne wissen, wie man die Netze auswirft." — „Na, na, Frölen, . . . und das sollten Sie nich weeten?!"

Seekrank. A.: „So, der junge Kohn ist gestern in der Börse unwohl geworden?" — B.: „Ja, der kann die Kursschwankungen noch nicht vertragen."

Die erste deutsche Marineinfanterie.

Schon der große Kurfürst hatte eine Marineinfanterie geschaffen, und man kann daher auch die Geschichte unserer jetzigen See-Bataillone bis in jene Zeit zurückführen. Zur Sicherung der militärischen Besatzung der nach Guinea bestimmten Schiffe wurde Graf Dönhoff durch einen kurfürstlichen Befehl, gegeben zu Potsdam am 13. Juli 1680, beauftragt, daß er „auf 2 Schiffe, welche Seine Kurfürstl. Durchlaucht schicken, zwanzigk guthe, gesunde Musquetiere, nebst zwei Unteroffizieren, von denen in Preußen stehenden Regimentern zu Fuß zu geben und selbige gehörig zu mundieren habe.“ Schon das im Sommer desselben Jahres in

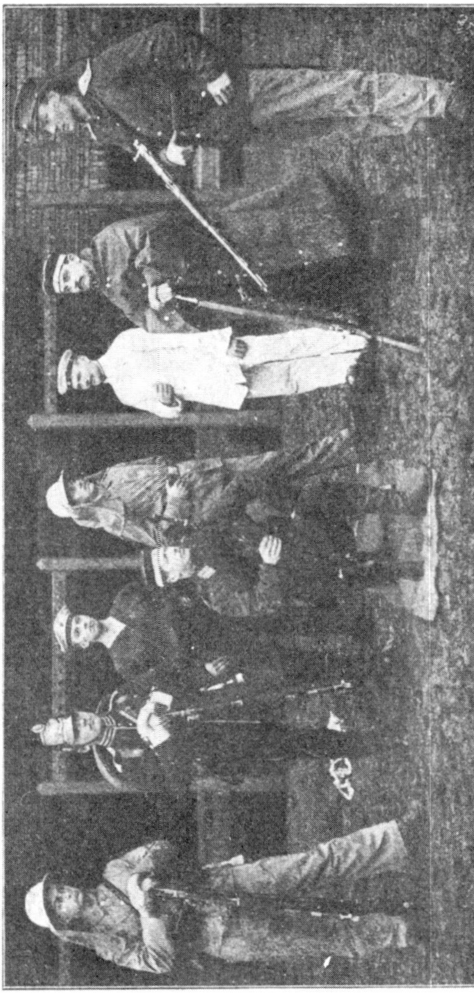

Soldaten der Marineinfanterie in verschiedener Ausrüstung.

Pillau gegen Spanien ausgerüstete Geschwader, bestehend aus den Fregatten „Friedrich Wilhelm,“ „Dorothea,“ „Rother Löwe,“ „Fuchs“ und „Berlin,“ erhielt eine Seesoldatenbesatzung von zusammen 182 Mann, ebenso das im Winter gebildete Geschwader. Die Instruktion für den Geschwaderchef lautete: „Die Soldaten aber soll er Schiffsarbeit lehren und mit der Zeit zu Matrosen bequem machen, weil wir geneigt seien, selbige allezeit zur Marine zu gebrauchen.“

Nachdem die im Frühjahr 1682 durch den großen Kurfürsten ins Leben gerufene afrikanische Kompagnie 1684 nach Emden verlegt worden war, wurde in diesem alten Handelsplatz eine Garnison unterhalten, welche imstande sein sollte, für die Kriegsschiffe die nötige Besatzung von Soldaten abzugeben. Die am 1. Oktober 1684 für die Dienste der afrikanischen Kompagnie errichtete „Compagnie de Marine“ hatte eine Stärke von 1 Hauptmann, 1 Leutnant, 1 Fähnrich und 110 Mann. Diese Truppe erhielt 1685 die Bezeichnung „Marine-Bataillon“ und stellte nicht nur die militärische Besatzung der Kriegsschiffe, sondern auch die Mannschaften für die Bewachung und Verteidigung der Forts in Westafrika.

Wie mit dem Tode Kurfürst Friedrich Wilhelms der rote Adler von den Meeren verschwand, so schwand mit den Jahren auch die damalige Marineinfanterie. Die kurbrandenburgische Flotte wurde aufgelöst, und Friedrich Wilhelm I. verkaufte die Niederlassung „Groß-Friedrichsburg“ an der westafrikanischen Küste 1720 an die Holländer. Das Marine-Bataillon wurde im Jahre 1757 aufgelöst.

Seesoldatenlied.

Mel.: „Preisend mit viel schönen Reden“.

Wir sind lust'ge Seesoldaten,
[: Alle von echt deutschem Blut, :]
[: Möchten keinem Feinde raten, :]
[: Zu erproben unsern Mut. :]

Unserm Kaiser, den wir lieben,
Dienen wir aus Treue frei;
Nichts kann unsern Frohsinn trüben,
Wo es gilt, sind wir dabei.

Und wenn zum Kampf wir gefüh- [ret,
Sei es hier, im fernen Land,
Wir kämpfen, wie es sich gebühret
Bis zum Tod mit Herz und Hand.

Und wo die deutsche Flagge weht,
Ob in Ost, Süd, West und Nord,
Nie dort sie je zur Erd' mehr geht,
Sie soll wehen immerfort.

Wir schützen sie mit unserm Blut,
Wie es Seesoldatenbrauch;
Vor jeder tück'schen Feindesbrut
Alle bis zum letzten Hauch.

Wer darum mit uns dienen will
Mit Gott für Kaiser und Reich,
Der setz' sich als sein festes Ziel:
„Getreu bis zum Tod“ nur gleich.

Fritz Jacobs.

Das von Sr. Maj. dem Kaiser der Marine in Kiel geschenkte
und auch in Minden zur Aufstellung gelangte
Denkmal des Großen Kurfürsten.

Matrosen Weihnacht auf einer Bark.

Es ist eine stattliche Bark, die jetzt mit günstigem Wind in der Christnacht auf dem Nord-Atlantic gen Osten, der Heimat, zusegelt, denn behaglich und wohnlich ist das „Roof," d. h. das Matrosenlogis, ausgestattet, in dem sich die braven Burschen ihre bescheidene Weinachtsfeier zugerichtet haben. Der Bootsmann hat frühzeitig bei der Abreise dafür gesorgt, daß ein Bäumchen „beigestaut" wurde, dessen Nadeln schon etwas abrieseln, immerhin ist's ein Tannenbaum, wie er sich fürs Christfest schickt. Der Koch hat es sogar verstanden, von Hammeltalg und aufgedröseltem Segelgarn schöne Lichter zu gießen, zu denen „Paulchen," der jüngste „Junge," die Patronen aus alten Briefumschlägen machte. Und die Lichter brennen famos, wenn sie auch ein bischen schlecht riechen. Nun sitzen die braven Burschen beisammen. Einen guten Labskaus, das Lieblingsessen aller Seeleute der alten Schule, gab es zum Abendbrot, und einen strammen Grog spendete der wohlwollende „Koptein." Da kam die gute Stimmung - ganz von selbst. Jan Peter, der Leichtmatrose, holte sein „Instrument," die beliebte Ziehharmonika, aber nicht, ohne sich zugleich in seine beste „Kledasche zu schmeißen" — dem Christabend zu Ehren. Die Stimmung in der Gesellschaft steigt, bei Klein-Paulchen sogar so, daß er schnell hinauslaufen muß und dann mit rotgeweinten Augen wiederkommt, Es ist auch nichts Geringes, als Fünfzehnjähriger zum ersten Mal fern von Mama sein. Schließlich aber ist der „Junge" der Allerfidelste; muß doch sogar der Zimmermann, an dessen Schulter er seinen etwas schweren Kopf anzulehnen wagt, ihn mahnen, das Grogglas lieber nicht mehr anzurühren, weil sich sonst der „große Mann" (die Seekrankheit) gleich einstellen würde. Das hilft!

Aber draußen die Kameraden, die auf Wache sind, am Ruder und auf dem Ausguck vor dem Fockmast, kriegen doch auch was ab von der Feier im Roof? Natürlich! Klein-Paulchen wird von Halbstund zu Halbstund in die Winternacht hinausgeschickt mit etlichen frisch gefüllten Bechern des heißen Getränkes, die sich die jungen Burschen da oben in freier dunkler Nacht gar gern gefallen lassen. Und wenn ihre Wache (4 Stunden) um ist, dann werden sie gerade recht kommen, um auch noch etwas von dem „strahlenden, grünen Tannenbaum" zu sehen, dessen Lichter eben verlöschen wollen. Von denen aber, welche die Schiffsglocke hinausgerufen zum Dienst, nimmt jeder willig seine schwere Pflicht wieder auf und geht in die kalte Winternacht hinaus mit fröhlichen Gedanken an daheim, an Vater und Mutter, an Weib und Kind oder auch an die Liebste. Und wie leicht wird ihnen jetzt die harte Pflicht!

Helene Pichler.

Essenprobe.
Zeichnung von Marinemaler Allers.

Panzerplatten und Geschosse.

Von P. M. Grempe, Berlin.

Wie der Krieger des Mittelalters eifrig bemüht war, sich durch Bekleiden mit einem möglichst guten und zweckmäßigen Panzer vor Verwundungen zu schützen, so sind in den letzten Dezennien die Marinetechniker bestrebt, die modernen Schlachtschiffe durch Panzerungen aus bestem Material vor dem Eindringen feindlicher Geschosse zu bewahren. Es war natürlich, daß man zuerst das leicht und bequem bearbeitbare Schmiedeeisen zur Herstellung von Schiffspanzern benutzte. Bald aber konnte dieses Material die ihm zugemutete Rolle des Schützers nicht mehr erfüllen, da die Verbesserungen der Schießwerkzeuge und der Geschosse so bedeutend waren, daß selbst die besten schmiedeeisernen Platten glatt durchgeschlagen wurden. Die verbesserten Geschosse krepierten dann im Innern der Schiffe und richteten große Verwüstungen an. Schmiedeeiserne Panzerplatten von 600 und 650 Millimeter Stärke belasten aber auch die Fahrzeuge in einem recht erheblichen Maße, sodaß die Bewegungen derselben sehr erschwert und auch die Mitnahme schwerer Geschütze wesentlich beschränkt wurde. Man ging nun dazu über, Panzer aus Hartguß anzufertigen, um jedes Eindringen der Geschosse zu verhindern, also dieselben abprallen zu lassen. Hier traten aber große Schwierigkeiten auf, weil ebene Platten aus Hartguß, wie man dieselben zum Bekleiden der Kriegsschiffe benötigen würde, infolge ihrer großen Sprödigkeit durch anschlagende Geschoßkörper leicht zerstört werden; derartige Panzerungen würden schon nach kurzem Gefecht herabgeschossen sein. Es mußte also darauf ankommen, Panzerplatten von der denkbar größten Härte auf der Außenseite und von recht großer Weichheit auf der Innenseite zu erzeugen. Im Jahre 1876 brachte denn auch die englische Firma Brown u. Co. Compound- oder Verband-Platten auf den Markt, welche der gestellten Aufgabe genügen sollten. Durch das Aufschweißen von Stahl auf weiches Eisen waren in der That bedeutend verbesserte Panzerplatten erzielt worden, die normal in Größen von 6 Meter Länge bei 1 Meter Breite fabriziert wurden. In Deutschland wurde bald darauf ein etwas anderes Verfahren zur Anwendung gebracht: Der Stahl wurde auf die Schmiedeeisenplatte gegossen.

Das Verdienst, Nickelstahl in die Kriegstechnik als Panzerung eingeführt zu haben, gebührt dem Ingenieur Schneider, der derartige Platten zu Creuzot in Frankreich mit guten Erfolgen herstellte. Die Vorzüge dieses neuen Panzermaterials gegenüber den alten Compound- und den reinen Stahlplatten traten zunächst bei den in Amerika im September 1890 vorgenommenen Schießversuchen hervor. Wenngleich diese Nickelstahlpanzerplatten etwa die doppelte Elastizität und Zugfestigkeit der gewöhnlichen Stahlplatten hatten, so folgte doch bald eine neue Verbesserung; Harvey erhöhte nämlich die Widerstandsfähigkeit der Oberfläche solcher Nickelstahlplatten durch Zuführung von Kohlenstoff. Dieses Verfahren, welches in einem tagelangen Glühen der Platten in einem kastenartigen Ofen unter Bedeckung mit geeigneten Kohlen und darauffolgender Abkühlung in Wasser und Oel besteht, hatte bei dünnen Blechen ziemlich gute Resultate aufzuweisen, jedoch stärkere Platten wurden durch die Beschießung zersprengt.

Nachdem seit Anfang des Jahres 1890 Krupp in Essen sich mit der Fabrikation von Panzerplatten beschäftigt hat, kann Deutschland jetzt den Ruhm für sich in Anspruch nehmen, daß Söhne seines Landes das Verfahren zur Herstellung des vorzüglichsten Panzermaterials gefunden haben. Die Zusammensetzung dieser Platten wird naturgemäß peinlichst geheim gehalten, sodaß hier nur die wahrscheinlich berechtigte Annahme erwähnt werden kann, nach welcher dieses erstklassige Material aus einer Mischung von Stahl, Nickel, Kohle und Chrom bestehen soll.

Welches ist nun aber der Erfolg all' dieser mühevollen Arbeiten?

Ist die Panzerplatte dadurch wirklich unzerstörbar für die Geschosse mannigfacher Art geworden?

Diese Fragen beschäftigen natürlich die Sachverständigen in unseren Tagen ganz besonders. Jedenfalls steht zunächst die Thatsache fest, daß

Schießübung mit Revolver-Kanonen.

Kruppsche Panzerplatten bei den Schießversuchen in Chicago und auf dem Uebungsplatz zu Meppen ihre Ueberlegenheit gegenüber den Harvey-platten glänzend dargethan haben. Die von Krupp fabrizierten Platten wiesen die Geschosse ab, ohne daß Sprünge entstanden; Panzer von nur 80 Millimeter Stärke leisten z. B. den Geschossen einer 15 Zentimeter-Kanone erfolgreichen Widerstand. Durch zweckmäßige Auswahl genügend starker Platten und deren richtige Anbringung läßt sich also zur Zeit „Panzerung“ im vollen und ganzen Sinne des Wortes erzielen. Selbst-verständlich ist das nur eine sehr bedingte Wahrheit; denn bei dem äußerst erbitterten Konkurrenzkampf zwischen Geschoß und Panzer kann morgen vielleicht schon durch eine neue Erfindung diese so überaus wichtige Frage der Kriegstechnik in der einen oder anderen Hinsicht gelöst oder verschoben werden.

Wenn nun auch die vorzüglichsten Geschosse mit gehärteten Stahlspitzen aus Geschützen schwersten Kalibers ohnmächtig an der glasharten Oberfläche der Nickelstahlplatten zerschellen, so werden doch ununterbrochene Versuche in großem Maßstabe gemacht, um die Geschosse zu verbessern und so wieder den Schutz der Panzer illusorisch zu machen. In welcher Richtung die Vervollkommnung der Geschosse zu suchen sei, dafür boten die beim Anprall zersprungenen Körper einen Anhalt: die Spitzen müssen bei der größtmöglichen Härte noch eine so bedeutende Festigkeit besitzen, um den gewaltigen Stoß von 15 bis 18 Millionen Meterkilogramm erfolgreich auf die Nickelstahlplatten übertragen zu können.

Beschossene Geschützscheibe.

Die Lösung dieses Problems der Marine- und Kriegstechnik wird vielleicht in einer Form erfolgen, die im ersten Augenblick recht unbrauchbar für den beabsichtigten Zweck erscheinen mag; die Geschosse sollen nämlich, wenn sie mit einem weichen Metall teilweise umgeben werden, eine ungeahnt hohe Durchschlagskraft entwickeln. Dieser Gedanke dürfte zuerst von dem Offizier English ausgeführt worden sein, der bereits im Jahre 1878 Geschosse mit Kappen aus Schmiedeeisen versah und dadurch gleichsam denselben das zur Verminderung der beim Durchschlagen der Platten entstehenden Reibung notwendige Schmiermaterial mit auf den Weg gab. Erst im Jahre 1894 wurden diese Versuche wieder aufgenommen, und zwar war es zunächst der Offizier Tresidder, der bei den in Rußland vorgenommenen Schießübungen Geschosse mit Kappen

Der hintere Turm eines Torpedobootes.

aus weichem Metall zur Anwendung brachte. Die in Amerika in großem Umfange zu Panzer-Beschießungen benutzten Geschoßkörper sind in der Weise konstruiert, daß als Schmiermaterial Kappen aus Kupfer gewählt wurden; diese kupfernen Umhüllungen der Geschoßspitzen waren noch an einzelnen Stellen ausgehöhlt und mit Graphit gefüllt. Beim Anprall solcher Geschosse müssen also die Kupferhülsen zerdrückt werden; dadurch schmiert aber der Graphit die Spitze und die Stelle des Aufpralles und erleichtert so das Eindringen und den Durchgang des harten Geschoßkörpers wesentlich. Die Angaben über die Resultate, welche mit diesen neuen Geschoß-Konstruktionen bei den Uebungen gewonnen wurden, sind freilich sehr verschieden und widersprechen sich oft.

Die verkannte Seeschlange.

Immerhin scheinen bei den Beschießungen der Nickelstahlplatten in Amerika Geschoßwirkungen erzielt zu sein, die für die Einführung dieser Verbesserungen durch Verwendung von Kappen aus weichem Material sprechen; es sollen nämlich derartige Geschosse Panzer von 250 Millimeter Stärke nicht nur glatt durchschlagen, sondern auch noch 250 Millimeter starke Eichenbalken durchdrungen haben und 3 Meter tief im Erdreich erst am Ende ihrer Eigenbewegung angelangt sein. Demnach hätten also in der That die „Schmiermittel“ die Spitzen beim Aufschlagen gegen Zersplittern geschützt und ihnen die Möglichkeit des Eindringens erleichtert.

Bei den gewaltigen Anstrengungen, welche die Nationen des Erdballs machen, um die Schlachtschiffe und ihre Einrichtungen zu verbessern, dürfte jedenfalls der Kampf zwischen Panzer und Geschoß außerordentlich interessant — aber auch enorm teuer werden.

Allein gerettet. Nach dem Gemälde von M. Lebling.

In See.

Von John Wilmers.

„Nun bitte ich Sie um alles in der Welt, Herr Kapitänleutnant, sehen Sie sich den Bootssteuerer an! Was macht der Mensch eigentlich?! Da! Jetzt schcert er wieder nach Steuerbord!"

„Der Maat Achterhand ist wirklich etwas dumm, Herr Kapitän!" erwiderte der erste Offizier, angestrengt mit dem Doppelglase nach der Pinasse lugend. „Da! nun dreht er wieder Backbord!"

„Der Mensch ist verrückt!" entscheidet der Navigationsoffizier kategorisch, und der Steuermann zollt dieser Bemerkung durch eifriges Nicken Beifall.

„Ein vollkommener Idiot dieser Achterhand," doziert Signalgast Vielzuklug; „er steuert direkt hinter dem Torpedo her und jetzt . . ."

„Vielzuklug! Sehen Sie den Torpedo?"

„J . . j . . j . . n . . n . . nein, Herr Kapitän!"

„Vormars! Wo ist der Torpedo?"

„Da! . . da! . . da!" antwortet der Ausguck aus dem Mars, mit einer Handbewegung nach 24 verschiedenen Kompaßstrichen weisend.

„Wo? Mann!"

„Ich . . ich . . jetzt ist er weg!"

„Herr Kapitänleutnant, stellen Sie mir die Leute sofort zum Rapport! Das Personal ist nicht belehrt worden; daran hakt's! Signalmaat in den Mars! Kleine Fahrt voraus! Recht so! Wie gewöhnlich! Der letzte muß unklar gehen! Heißen Sie das Pinaßsignal! Der Mann treibt sich ja schon an Land rum."

Angestrengt späht jeder nach dem Ausreißer. Die frierenden Hände müssen ihren Platz in den warmen Taschen verlassen und zum Glas greifen; der Steuermann manöveriert sogar unter leisem Fluchen auf die „ewige Torpedoschießerei" mit dem großen. Kieker umher.

Geschützt vor dem scharfen Nordost, stehen an Deck die Matrosen Alltodösig und Klompfoot; sie vertreiben sich die Zeit beim Farbewaschen mit Rätselraten.

„Wat is dat Blankste an Bord?" fragt Klompfoot.

„Weet ick nich!"

„Kiek Di doch 'n beten um, Mann!"

„Ick krieg dat nich rut!"

„Die Näsdruppen! Harrst Du Di umkeken, harrst Du dat licht rutkregen."

„Ich kaann doch nich unner min Näs kieken."

„Aber doch unner min, Mann!"

Von der geistigen Anstrengung erschöpft, läßt Alltodösig seine Blicke auf dem Wasser umherschweifen; seine ausdruckslosen Augen gewinnen plötzlich Leben; seine Lippen spitzen sich und: „Da swimmt hei!" singt er unwillkürlich aus. Doch kaum ist ihm das Wort entflohn, hätt' er's im Busen gern bewahrt, denn er ist plötzlich zum Gegenstand allgemeinster Aufmerksamkeit geworden, was seiner zurückhaltenden Natur durchaus zuwider ist. Sein verlegen gemurmeltes: „Ick hew nix seihn!" hilft ihm nicht; er muß auf die dringenden Anfragen von der Brücke: „Wo denn? Wo?" bekennen: „Da! Dörtig Meter af!"

Eine gemeinsame Seefahrt.

Originalzeichnungen mit Text von Joh. Bahr.

Fünf Freunde, echte Binnenländer, machen eine gemeinsame Vergnügungsfahrt zur See. Wohlbehalten kommen sie in der Hafenstadt an und besteigen ihren Dampfer.

„Na natürlich! Da ist er ja! Der Mann soll auf die Brücke kommen.“

„Warum in die Ferne schweifen? Sieh', das Gute liegt so nah,“ scherzt der Navigationsoffizier mit dem Steuermann, der noch eifrig den Horizont an der anderen Seite absucht.

„Alltodösig ist von der Aussicht, mit dem Kommandanten sprechen zu dürfen, durchaus nicht entzückt; der verwegene Gedanke, er könnte belobt werden, taucht in seinem Hirn nicht auf. Der Kommandant ist gerade beschäftigt, Vielzuklug und den Ausguck aus dem Mars abzufertigen, und Alltodösig drückt sich scheu in eine Ecke am Kartenhaus, wo er sich dem Steuermann gegenüber zu rechtfertigen sucht.

„Ick kann doch da nix för, Herr Stüermann; ick hev mit de Scheterei nix to dauhn; ick bün biem Bootsmann to arbeeten; harr ick man gar nix seggt .....“

„Mensch! Es will ja keiner was von Ihnen!“ Ja, ick weet all Bescheed! Ick krieg doch wat af. Harr ick doch jo und jo nix seggt!“

Vielzuklug hat auf jeder Seite seines Führungsbuches die Bemerkung stehen: „Ist sehr von sich

Zunächst entsteht die Frage: „Wo nehmen wir Platz?“ — A.: „Pah, hinten natürlich, da ist's ja schattig, macht ihr, was ihr wollt, ich setz' mich nach hinten!“

B.: „Achtern, lieber Freund, achtern sagt man, ich setze mich an Steuerbord, da ist es vor Wind geschützt. Ja, an Bord muß man verstehen, es sich gemütlich zu machen!"

eingenommen," was zu einer strengen Bestrafung natürlich keine Handhabe bietet, und der Ausguck wird sogar als besonders aufmerksam gepriesen; da auch der Torpedo wiedergefunden, so begnügt sich der Kommandant mit einer Verwarnung an die Uebelthäter. Mit freundlichem Gesicht wendet er sich um: „Wo ist der Mann, der den Torpedo gefunden hat?"

Altodösig empfängt einen herzhaften Stoß vom Steuermann und fliegt vor das Angesicht seines höchsten Vorgesetzten. Die heitere wohlwollende Miene des letzteren versteinert zu unerbittlicher Strenge; die tiefe Herzensangst, die sich auf dem Gesichte des Torpedofinders ausprägt, ist nicht imstande, den Zug eiserner Entschlossenheit im Antlitz des Kommandanten zu mildern.

„Der Mann hat ja den Troyer nicht hochgezogen! Eine Stunde mit der Kleiderkiste antreten! Es ist doch nicht reinzukriegen in diese Kerls! Herr Kapitänleutnant, machen Sie noch einmal bekannt: Ich bestrafe jeden mit Arrest, der den Troyer nicht bis zum Kinn trägt!" Altodösig hat sich geborgen, während der Kommandant sein Steckenpferd weiter tummelt, und mit zufriedenem, ja heiterem Gesichte widmet er sich wieder seiner Beschäftigung.

„Na! Wat seggt de Oll?" fragt Klompfoot, nachdem er längere Zeit vergeblich auf eine

C.: „Als ob ich nicht wüßte, daß sich das Schiff nachher dreht; ich gehe an Backbord, da ist es einzig richtig!"

D.: „Landratten ihr! Ich bin nicht zum erstenmal an Bord! Ich gehe aufs Oberdeck, da hat man die schönste Aussicht!"

Mitteilung gewartet hat. „Mi bewert schön de Büx, als ick vor em stünn; ick bün gaud von afkomen; hev bloß 'n Stünn mit de Kläderkist kregen." „Mit de Kläderkist!? Nu slag Gott den Düwel dod! Ick dacht, Du sallst 'n Snaps hebben." —

Mittlerweile ist der Torpedo übergenommen und die Dampfpinaß geheißt worden; das Schiff dampft dem Ausgange der Flensburger Föhrde zu, um die Reise nach der heimatlichen Nordsee anzutreten.

Der Kommandant, befriedigt, das Laster beschützt, die Tugend aber bestraft zu haben, begiebt sich in die Kajüte. „Bei besonderen Vorfällen bitte ich um Meldung!"

„Ja, gehen Sie auch nur essen, Steuermann," wendet sich der Navigationsoffizier zu seinem Adlatus; „kommen Sie dann wieder 'rauf." „Jawohl!" In der Deckoffiziermesse erhebt der Steuermann, nach vergeblichem Drücken auf die Klingel ein sanftes Gebrüll; „Steward! Steward!"

Sofort ertönt aus der Verwalterkammer ein Gebrumm, in welchem die Worte „Rücksichtslosigkeit," „Mittagsschlaf stören" . . . deutlich zu unterscheiden sind.

Der durch Hunger und Kälte gereizte Steuermann erwidert mit „Badegast... Den ganzen Tag mulschen . . . Nichts zu thun haben . . . "

E.: „Vorn am Bug ist der einzig richtige Aufenthalt, da hat man die köstliche Seeluft aus erster Hand!"

(Der Dampfer setzt sich in Bewegung.) „Das nennt man nun eine gemeinsame Seefahrt!“

worauf aus der Kammer direkte Liebenswürdigkeiten hörbar werden, die aus der Messe prompte Erwiederung finden.

Endlich unterbricht der Steward mit der dampfenden Suppe den Dialog; der Steuermann legt die Serviette vor und taucht den Löffel in den Teller; in diesem Augenblick öffnet sich die Thür und: „Herr Steuermann möchten auf die Brücke kommen,“ erschallt es hinter ihm. Ein fürchterlicher Blick trifft den Rücken des davon Eilenden; klirrend fällt der Löffel auf Deck, und die Seefahrt in die unterste Hölle wünschend, bewaffnet sich der Geplagte mit Doppelglas und Ueberzieher und steigt auf die Brücke.

„Steuermann, winken Sie doch, bitte, den Kurs ein; wir können die Tonnen nicht mehr sehen vor Schneegestöber.“ „Zu Befehl!“ Am Regelkompaß weht der Wind scharf und dringt durch die Kleidung bis auf die Knochen. Das Einwinken zieht sich in die Länge, denn: „natürlich kann der Kerl da vorn wieder nicht steuern — hat man je solche Idioten gesehen, wie diese Matrosen der Neuzeit?! Ein viertel Strich Backbord! — Backboooord! sage ich; nicht Steuerbord — Recht so! Recht so! Na endlich!“

„Die Deviation stimmt doch, Steuermann?“ wenden sich Kommandant und Navigationsoffizier an den wieder auf der Brücke Auftauchenden. Die Deviation

A.: „Nein, dies Gepolter der Schraube ist nicht zum Aushalten, es macht mich rein nervös!“

stimmt!" antwortet der Gefragte mit einem Gesichtsausdruck wie: Hat denn meine Deviation nicht immer gestimmt? Wißt Ihr denn garnicht, daß Ihr mich mit dieser ewigen Frage tödlich beleidigt?" „Schön! Sehen Sie nach der Tonne B aus!"

„Tonne B recht voraus!" „Wo denn? Ach ja, da ist sie ja! Die Tonne sollte an Backbord kommen, Steuermann. Die Deviation scheint doch nicht recht sicher zu sein. Wann haben Sie zum letzten Mal bestimmt?"

„Vor vier Tagen." „Ja, aber ich bitte Sie! Warum denn nicht vorgestern oder gestern oder heute?"

„Weil die Sonne nicht raus war."

„Ach, die Sonne — die Sonne — in drei Tagen die Sonne nicht raus — ist 'n bischen unwahrscheinlich —"

„Aber wahr!" „Na ja, mag ja sein. Da wird's übrigens hell; wenn die Sonne durchkommt, kontrollieren Sie bitte gleich." Hell wird es allerdings; wie hingezaubert liegt Kalkgrund Feuerschiff mit einem Male vor den Augen und an Backbord sieht man das hohe Ufer bei Kekenis durch die letzten Schneeflocken schimmern. Aber die Sonne deutet sich auf dem dichten Wolkenschimmer nur durch einen hellen Fleck an. Eine Viertelstunde steht der Steuermann geduldig am Kompaß und starrt auf die Wolkenwand, die ihm die Sonne verbirgt.

„So, nun werde ich essen gehen; die Suppe wird wohl mittlerweile gefroren sein. Der Teufel warte auf die

Heizer: „Achtung!"

Nebelhorn: „Tuhhht!"

Sonne." Kaum aber hat der Gequälte den Löffel in die Suppe getaucht, so öffnet sich wie durch Zauberhand die Thür und phonographenhaft schmetternd und ausdrucksvoll schallt es: „Herr Steuermann möchten zum Navigationsoffizier kommen."

Mit einem Schrei, gemischt aus Schmerz, Wut und Klage, springt der Vielverlangte auf.

„Steuermann, ich hatte Sie doch gebeten, die Deviation zu bestimmen —"

„Die Sonne, Herr Kapitänleutnant . . ."

„Bitte, die Sonne war eben durch, und ich hatte Sie extra gebeten —"

Man denke: der Vorgesetzte bittet den Untergebenen, etwas zu thun, was er ihm befehlen kann. Der Untergebene erfüllt diese Bitte nicht. — Welche moralische Verderbtheit! Welcher Abgrund von Undankbarkeit einem so gütigen Vorgesetzten gegenüber. (Der Navigationsoffizier für sich): „In Zukunft werde ich nur noch befehlen. Die Steuerleute des anbrechenden Jahrhunderts vertragen es nicht, gebeten zu werden." (Derselbe laut und schneidend): „Ich danke!"

Nur mit Mühe hat der Steuermann den für solche Fälle vorgeschriebenen Ausdruck von tiefem Bedauern, gemischt mit stummen Versprechungen,

E.: „Donnerwetter, die Spritzer bekommt man hier aber auch aus erster Hand!"

„Ich gehe in die Kajüte, ein Cognac wird mir gut thun!"

festgehalten; jetzt schießt er davon und das: „Ich bitte Sie inständigst, Herr Signalgast, möchten Sie mich nicht durchlassen?" macht Vielzuklug förmlich taumeln vor Schreck.

In der Messe widmet sich der Navigationsbeflissene jetzt endlich seiner erkalteten Mahlzeit. Die gesamten Mitglieder sitzen schon bei behaglichem Geplauder um die Kaffeekanne, und während der Steuermann dem Hammelbraten zu Leibe geht, bemerkt einer der Maschinisten: „Der Steuermann ist doch fein 'raus; immer in der frischen Luft; da bleibt man gesund und munter."

„Und dann den schönen Appetit," fällt ein anderer ein, „wenn ich mal einen Jungen haben sollte, der muß Steuermann werden, schon allein des Appetits wegen." „Na natürlich," bemerkt ein dritter vom schwarzen Korps, „besseres kann man die Jungens nicht werden lassen bei dem schönen Geld, das die Menschen heutzutage kriegen."

Der glücklich Gepriesene hat nur bei jeder Bemerkung flüchtig aufgeblickt, jetzt aber kann er nicht mehr an sich halten: „Schönes Geld!?" „Nun ja, bekommen Sie nicht ebensoviel wie 4 Maschinisten?" „Und Sie meinen, ich verdiente nicht soviel. Bescheidenheit ist ihre stärkste Seite aber nicht. Ein Teil meines Gehaltes soll wohl im Genuß frischer Luft und im guten Appetit liegen! Sehr gut! In der That!"

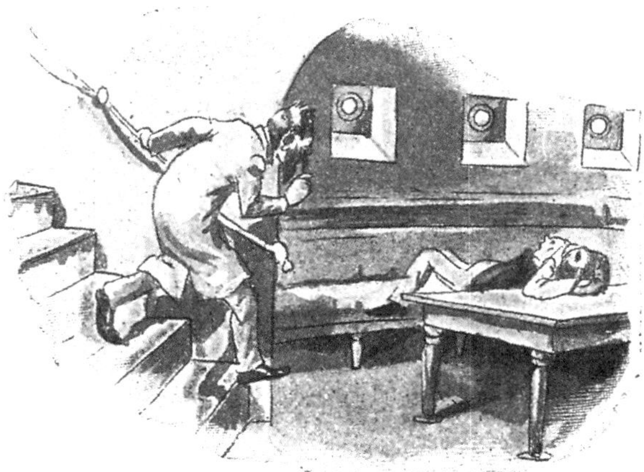

„Aha, da sind ja auch schon di andern Herren!"

„Ja, schöne Seelen finden sich zu Wasser und zu Lande!"

„Na, Sie werden doch zugeben, daß wir andere Auslagen haben als Sie, unser weißes Zeug — der ewige Durst von der Hitze —"

„Gar nichts gebe ich zu! Ihre weißen Zunzeljäckchen kosten nicht den zehnten Teil von meinem blauen Kloth; in einem Tage kann ich mehr Zeug ruinieren, als Sie in einem Jahre, und was den Durst betrifft, den haben Sie mit Gewalt auf Bier dressiert; Wasser würde es auch thun . . ."

Der dicke Obermaschinist überwindet mit Anstrengung das leise Gruseln, das ihm bei der Erwähnung von Trinkwasser über den Rücken läuft, und mit elegischer Stimme wirft er ein: „Und unsere zerstörte Gesundheit?"

„Zerstörte Gesundheit! Sehen Sie Ihren eigenen und die Schmeerbäuche Ihrer Kollegen an, damit vergleichen Sie die dürren Gestalten der Ihnen bekannten Steuerleute und dann reden Sie wieder von zerstörten Gesundheiten?"

Es ist klar, die Deckoffiziere, soweit sie nicht Maschinisten sind, stehen auf Seiten des Steuermanns, und durch Kopfnicken und Gelächter geben sie ihren Beifall zu erkennen.

Der jüngste Maschinist läßt sich jetzt aber nicht mehr halten; er springt voll Fahrt auf und schleudert seinem streitsüchtigen Gegenüber bumms mitten ins Gesicht: „Daß wir Maschinisten alle einen Herzfehler haben, wissen Sie wohl nicht?"

„Ha! ha! ha! ha! Nun kommt der berühmte, der unvermeidliche, der sagenhafte, der unsterbliche Maschinistenherzfehler. Ha! ha! ha! ha!" „Damit können Sie noch Ihren Scherz treiben!? Schämen Sie sich, Herr Steuermann!" Ha! ha! ha! ha! Wie auf Signal erheben sich die vier „Puster" und wenn Blicke morden könnten, so wäre der Steuermann vom Deviationsbestimmen ein für allemale befreit. „Mit solchen Menschen kann sich unsereiner nicht abgeben. Wissen Sie was? Sie haben kein bischen Bildung!"

„Formulieren wir Ihre Ansicht zu einem Grundsatz, meine Herren," ruft der Steuermann, durch das Beifallsgeschrei des seemännischen Gelichters angefeuert. „Jeder Mensch, der sich nicht berufsmäßig mit dem Schmieren von Maschinen beschäftigt, ist ein Idiot; derjenige aber, welcher nicht an den Maschinistenherzfehler glaubt, ein unheilbarer."

Erneutes Beifallsgetöse durchschallt den engen Raum und bricht sich an vier verachtungsvoll zugekehrten feisten Maschinistenrücken. In der Thür aber dreht sich der Obermaschinist noch einmal um: „Sie haben einen Milderungsgrund, Herr Steuermann; es ist ja allbekannt, daß die Steuerleute 'n Klapps haben," bumms fliegt die Thüre zu.

„Oelkannenschwenker," knurrt der Bootsmann, „denken, sind Hauptpersonen. Als ich eintrat, waren die Kerls an den Fingern zu zählen; jetzt wuchert das Volk wie die Pilze und verschweiniegelt die weiße Farbe." „Die haben Sie ordentlich gedumpt, Stümke," bemerkt der Verwalter, „den Herzfehler sind wir vorläufig los."

Sogar der Herr Feuerwerker schmunzelt, wenn auch etwas abweichend. Eigentlich kommt ihm das eher zu, geistreich zu sein, da er „Staatsexamen" hat; „aber diese Steuerleute nehmen sich immer solche Freiheiten, eigentlich schon mehr Frechheiten, heraus; darin hat der Oberpuster ganz recht: n' Klapps haben sie alle."

Nur der Pumpenmeister wagt es, etwas zaghaft die Partei der Verschwundenen zu nehmen. Zwar ist auch er herzlich froh, daß die von den Maschinisten vertretene graue Theorie zu Boden gedrückt ist, aber immerhin: der Herzfehler stand ihm gewissermaßen auch zu, wenn auch nicht solch schwerer. Schüchtern beginnt er: „Wenn ich abends in der Koje liege und lege die Hand aufs Herz, dann geht es immer bupp, bupp, bupp — bupp bupp — bupp bupp bupp — bupp bupp — das kommt doch nur von unserem schweren Dienst an Bord, denn an Land habe ich das nicht."

„Wenn Sie abends in der Koje liegen, Pumpenmeister, dann stehen bei Ihrem Namen mindestens 15 Striche auf dem Bierzettel; von dem Kognak Nr. 4 will ich garnicht reden. Da haben Sie den Grund, weshalb Ihr Herz wie ein Waldvöglein hüpft. An Land wird wohl die verehrte Frau Pumpenmeister darauf achten, daß Sie sich an einem geringeren Quantum genügen lassen."

„Darin könnten Sie recht haben," giebt der Pumpenmeister zu.

„Sehen Sie wohl! Na ich muß nach oben; wir laufen gleich in Karoe-Sund ein."

Humoristisches.

Vorbeugung. Bademeister: „Ei, ei, Herr Professor, so zerstreut? Sie gehen ja mit den Kleidern ins Wasser!" — Professor: „Zerstreut meinen Sie, mein Lieber? O, dieses Mal irren Sie doch! Ich gehe absichtlich so hinein, damit ich nicht wieder, wie neulich, die Hälfte meiner Sachen hier liegen lasse!"

Der Nutzen des Wassers. Lehrer: „Nun, Karlchen, sage mir einmal etwas über den Nutzen des Wassers," — Karlchen (schweigt). — Lehrer: „Warum ist denn wohl das Wasser so nützlich?" — Karlchen: „Weil man sonst nicht zu den Inseln kommen könnte."

Seekrank. A.: „So, der junge Cohn ist gestern in der Börse unwohl geworden?" — B.: „Ja, der kann die Kursschwankungen noch nicht vertragen!"

Beim technischen Examen. Professor: „Was stellen Sie sich unter einer Kettenbrücke vor?" — Kandidat: „Wasser!"

An Joppe's Strand.

Eine Kreuzfahrer-Erinnerung von Christian Benkard.

awohl, „Kreuzfahrererinnerung". Diese Bezeichnung paßt ganz genau, denn wir fuhren in reisigen Haufen gen Joppen und zwar unter der deutschen Kriegsflagge, die bekanntlich sogar zwei Kreuze zeigt, ein großes und ein kleines. Auch fehlte es uns nicht an kriegerischem Sinn, jedenfalls wäre es uns garnicht darauf angekommen, mit unserer schon stark angejahrten „Gazelle" die Ungläubigen zu bekriegen, wenn diese nicht unsere in Syrien angesiedelten deutschen Landsleute in Frieden ließen. Seither waren die im Jahre 1868 nach Palästina ausgewanderten Württemberger von den türkischen Behörden derart bedrückt und gezwickt worden, daß die armen „Templer" den Schutz der deutschen Reichsregierung anriefen. Diesen Schutz sollten wir ihnen nun bieten, zumal wir nachgerade lange genug in der Sudabay gelegen hatten und die Fahrt nach der syrischen Küste von dort aus nur einen kleinen Abstecher bedeutete. Für uns bedeutete sie außerdem noch eine langersehnte Abwechslung, denn in den letzten Monaten war der kretischen Unruhen halber von Landurlaub kaum die Rede gewesen, und immer an Bord zu sitzen, ist auf die Dauer langweilig, führe man auch in der allerbequemsten Wasserequipage.

Was Wunder also, daß wir, als wir uns am Ostersonntag 1877 unserem Reiseziel näherten, sehr erwartungsvoll gen Osten schauten, wo demnächst Land in Sicht kommen mußte, das heilige Land. Um so überraschender wirkte es, daß der Ausgucksposten auf der Vormarsraa nicht „Land voraus" meldete, sondern etwas zögernd rief: „Boje voraus!"

„Hier mitten in See 'ne Boje? Der da oben hat wohl 'nen heißen Kopp und kalte Füße", sagte der wachthabende Offizier und griff nach dem „Kieker".

„Boot voraus! Ein weißes Boot zwei Strich an Backbord," verbesserte sich der Ausgucksmann.

Alles, was an Deck war, reckte die Hälse, und was nicht an Deck war, aber abkommen konnte, kam schleunigst herauf. Hatte man es etwa mit Schiffbrüchigen zu thun?

Die Offiziere suchten mit ihren Gläsern den ganzen Horizont ab und entdeckten richtig einen auf dem tiefblauen Wasser treibenden blendendweißen Gegenstand. Man riet hin und her, was das sein könnte, dann sagte der Kommandant, nach oben deutend: „Ich bitte, daß einer der jüngeren Herren — —" Mehr brauchte er nicht zu sagen, denn schon stand ein Unterleutnant im Fockwant, um im Vortop aufenternd dem Marsraaposten gucken zu helfen.

Kaum war er oben, da rief er: „Ein Tier ist's, ein Vogel!"

Allgemeine Heiterkeit; der heiße Kopp und die kalten Füße des Ausgucksmannes steckten offenbar an. Und dennoch war die Meldung richtig; je näher wir kamen, um so deutlicher sah man auch von Deck aus, daß das rätselhafte Ding thatsächlich weiter nichts war als ein schwimmender Riesenvogel.

„Ein Pelikan! Den fangen wir", lachte der Kommandant, indem er den Steuernden zuwinkte, etwas höher zu halten. Die Maschine wurde gestoppt und der zweite Kutter zu Wasser gefiert. Ein Hauptspaß stand zu erwarten, darum war männiglich ganz bei der Sache, und wer sonst nichts thun konnte, erteilte den Bootsleuten gute Ratschläge: „Laat je man nich freeten. Krauelt dat grotsnütige Biest erst een Beeten achter de Ohrn."

Vorsichtig ließ der Bootssteuerer den Kutter an den scheinbar schlafenden Vogel heranscheeren. Der Schlagmann Wittstock, der sich immer vordrängte, wo es etwas „auszufressen" gab, bog sich weit über das Dollbord, bereit, den Pelikan meuchlings am Kragen zu packen. Alles schwieg in spannungsvollster Erwartung, höchstens wurde hier oder dort ein unterdrücktes Lachen laut.

„Schnell zufassen jetzt!"

Dieser Befehl kam an die unrichtige Adresse, denn als Wittstock ihm nachkommen wollte, hob der Pelikan blitzschnell den Kopf und — happs! — schnappte er mit seinem Riesenschnabel nach dem entsetzt zurückprallenden Bedroher. Dann ein paar klatschende Flügelschläge, ein mehrmaliges Aufpatschen der breiten Schwimmfüße, und hast du nicht gesehen! empfahl sich der weißgefiederte Langschnabel auffliegend unserem ferneren geneigten Wohlwollen.

Natürlich wurde die ganze Kuttermannschaft ausgelacht, am meisten Wittstock; der machte sich aber nichts daraus. „War ein Männchen", sagte er achselzuckend; „ein Weibchen wäre mich an den Hals geflogen, statt auszukneifen." Das sah dem Schlingel, der sich einer schier unglaublichen Menge „überseeischer Verbindungen" aller Hautfarben rühmte, ganz ähnlich.

Bald darauf kam Land in Sicht, ein langer weißer Sand- und Brandungsstreifen, dahinter Weinfelder und Baumpflanzungen und im Mittelpunkte des Bildes die alte Stadt Jaffa, aus der Ferne anzuschauen wie eine auf den steilen Uferklippen erbaute, halbzerfallene Cyclopenburg. Im Näherkommen unterscheidet man dann einige Minarets und Konsulatsflaggen sowie die auf der Rhede liegenden Schiffe, von den letzteren nur einige Küstenfahrzeuge, einen Lloyddampfer und, wenn's hoch kommt, noch ein Kriegsschiff, denn ohne Not hält sich an diesem verrufenen Strande niemand auf. Kommt es doch im Winter oft genug vor, daß die Postdampfer hier überhaupt nicht anlegen und die für Jaffa bestimmten Passagiere erst in Haifa oder Port Said landen können.

In der That, eine nette Gegend, wenn man genau zusieht! Am Strande liegen Boots= und Schiffstrümmer zerstreut,

zwischen den Klippen ragt hier und dort ein Wrack aus dem Wasser und auf der Rhede tanzen buntscheckige Ankerbojen munter auf und nieder. Eine jede von ihnen bezeichnet die Stelle, wo ein Schiff seine Ankerkette schlippen mußte, um bei drohender Strandungsgefahr raschmöglichst die hohe See zu gewinnen. Als das deutsche Panzerschiff „Friedrich Karl" seinerzeit seinen vor Jaffa verlorenen Anker wieder fischen wollte, ihn aber nicht zu heben vermochte, fand der endlich hinabgeschickte Taucher auf dem Meeresgrunde mehrere Anker und Ketten zu einem unlösbaren Knäuel verschnürt; das teure Ankergeschirr mußte liegenbleiben.

Die Landung mittelst kleinerer Boote ist hier das ganze Jahr hindurch kein Vergnügen und erfordert selbst bei völlig ruhiger

See große Vorsicht und Geschicklichkeit im Vermeiden der zahlreichen dem Ufer vorgelagerten Klippen. Dank der türkischen Mißwirtschaft erfreuen sich dieselben noch ebenso ungestört ihres Daseins wie vor dem Beginn unserer Zeitrechnung, obwohl man längst durch geeignete Sprengungen eine gefahrlose Einfahrt hätte schaffen können. An einen Pier ist natürlich erst recht nicht zu denken und so fährt man denn vom Schiffe aus in Gottes Namen auf den Klippenkranz los. Vermöge der hier fast immer herrschenden hohen westlichen Dünung werden die Felsen zeitweise völlig überflutet, sodaß man sie erst beim Zurücktreten des Wassers gewahrt, sehr oft erst dann, wenn das Boot schon daraufsitzt und kentert. Geht's auch dabei nicht allemal gleich ans Leben, so sind doch die nächsten Minuten meist recht wenig genußreich, und wenn fromme Pilger hier beim Betreten des heiligen Landes inbrünstig die Erde küssen, so thun sie dies sicherlich zum Teil auch aus Dankbarkeit, weil sie endlich wieder festen Boden unter den Füßen haben.

Da zu alledem auch der Barometerstand dem Kommandanten mißfiel, wurden vorläufig weder Offiziere noch Mannschaften beurlaubt und die Gazellengäste mußten sich eben während der Ostertage, so gut es gehen wollte, an Bord vergnügen. Vormittags war ja schon durch die verschiedenen Musterungen und, was drum und dranhing, gegen die Langeweile vorgesorgt, nachmittags wurden in der Batterie Briefe geschrieben, Karten gespielt und geraucht, endlich auch gesungen, und zwar seit Kreta zum vielleicht dreihundertsten Mal das zur Lage allerdings ziemlich gut passende Scheffellied:

Ott' Heinrich, der Pfalzgraf bei Rheine,
Der sprach einmal morgens: „Rem blemm!
Ich pfeif' auf die saueren Weine,
Ich geh' nach Jerusalem!

Viel schöner und lilienweißer
Schau'n dort die Jungfrauen drein —"

„Wittstock, kommen Sie mal her!" unterbrach der zufällig vorübergehende Batterieoffizier den Gesang. Als der Pelikanjäger, der selten ein gutes Gewissen hatte, dem Rufe folgte, erhielt er die Warnung: „Ich höre Sie da von lilienweißen Jungfrauen schwärmen. Nachher kommen die deutschen Kolonisten zu Besuch an Bord, und zwar mit ihren Familien. Die Leute sind hier gewissermaßen Gäste des Kaisers, und ich bitte mir aus, daß Sie nicht etwa nach Ihrer Art den Versuch machen, mit den jungen Mädels überseeische Verbindungen anzuknüpfen. Verstanden?"

Der also Verwarnte bejahte ernst, aber schon beim Kehrtmachen lachte er wieder wie ein Spitzbube in sich hinein. Damenbesuch stand also zu erwarten! Das hätte er sich hier ja garnicht träumen lassen. Neugierig blickte er aus der nächsten Kanonenpforte nach dem Lande hinüber und richtig, da kam ja ein ganz stattlicher Dampfer angepaddelt, beladen mit europäisch gekleideten Menschen, die schon von weitem die Hüte und Tücher schwenkten.

Allein eine bittere Enttäuschung harrte seiner. Die vom Kommandanten zur Besichtigung des Schiffes eingeladenen Templer sagten, als sie an Bord kamen, „Grüß Gott“, aber weiter nichts; wurde wirklich einmal ein Versuch zu einer Unterhaltung gemacht, so scheiterte er sehr bald an der Dialektverschiedenheit. Schwaben und Ostfriesen, wie sollten die auch einander verstehen, da die Letzteren gar kein Sch kennen, vielmehr von „Scinken“ reden und von „sceuslichen Scafsköpfen“? Auch das holsteinische und mecklenburgische Platt kam den Kindern der Rauhen Alp durchaus spanisch vor und umgekehrt; selbst das beiderseitige Bemühen, hochdeutsch zu reden, brachte die „Landsleute“ kaum näher.

Die Gäste sprachen also sehr wenig, dagegen guckten sie umsomehr. Auf einem großen Kriegsschiffe giebt's ja ziemlich viel zu sehen, indessen die guten Leute faßten garnicht so sehr die Kanonen und sonstigen Sehenswürdigkeiten ins Auge als ihre erwachsenen Töchter. „Hier bleibscht, Ernschtine! Kannscht Dich sonscht verlaufe.“ Herrschaft! hatten die ein Zutrauen zu ihren Beschützern! Oder hatten sie bereits erfahren, daß der Marinier mindestens ebenso gern die Beschützten küßt, als die Küsten beschützt? Selbst Wittstock konnte sich trotz seines entschlossenen Vorgehens nicht des geringsten Erfolges rühmen und mit Recht höhnte der ihn beobachtende Batterieoffizier mit einem Blick nach den spröden Templertöchtern: „Gelt, Wittstöckchen, von denen fliegt Ihnen Keine an den Hals!“

Wenn es mit der Zeit dennoch zu einer freundschaftlichen Annäherung kam, so gebührte das Verdienst unserer Musik, die in der Batterie heimatliche Weisen intonierte und endlich sogar zum Tanz aufspielte. „Muß i denn, muß i denn zum Städtle hinaus“; bei diesen Klängen erhellten sich die ernsten Gesichter der strenggläubigen Templer sichtlich, bald hörte man lautes Sprechen, Singen und sogar Lachen, bis, als man gerade warm geworden, der grausame Befehl: „Fremde von Bord!“ der Herrlichkeit ein jähes Ende bereitete. Bei ihrer Abfahrt wurde den Scheidenden ein aufrichtiges: „Auf Wiedersehen!“ nachgerufen, schon allein darum, weil die Landsleute, wie sie unvorsichtigerweise erzählt hatten, Weinbau trieben, durfte ihr Besuch nicht unerwidert bleiben.

„Da wären wir also wieder unter uns Pfarrerstöchtern," sagten die Matrosen resigniert, da tauchte plötzlich in der vorderen Zwischendecksluke ein etwas vorsintflutlicher Zylinderhut auf und den Tiefen des Schiffes entstieg ein würdiges Elternpaar, gefolgt von einem hübschen blonden Töchterlein und noch einigem kleineren Anhängsel; hinterher erschien Wittstock. Letzterer hatte, der „Konkurrenz" aus dem Wege gehend, die Familie in das unter der Wasserlinie belegene Hellegat des Materialienverwalters gelootst und dort so lange den liebenswürdigen Landsmann gespielt, bis die übrigen Kolonisten abgefahren waren.

Wittstock erhielt seinen „Anhaucher" und verfügte sich schleunigst ins Boot, denn er gehörte in den zweiten Kutter, welcher die Nachzügler an Land setzen sollte. Als Schlagmann saß er hinten dicht bei den Fahrgästen, leider saß aber auch der gestrenge Batterieoffizier dort,

den der Kommandant angewiesen hatte, die Steuerung des Bootes zu übernehmen. Eine schwierige Aufgabe übrigens bei anbrechender Dunkelheit und hoher Dünung! Zwischen den ersten Klippen ging es zwar glatt hindurch und schon näherte man sich mit schneller Fahrt der Landungsstelle, da unterlief eine anrollende Schwelle das Boot, hob es über einen der tückischen Felsen und — schwupps! schlug es um. — — —

Zehn Minuten später trat die Kutterbesatzung, noch aus allen Knopflöchern sprudelnd, die Rückfahrt an. Die ebenso nasse Templerfamilie winkte noch einmal vom Lande aus und verschwand dann in der nächsten Gasse. Der Batterieoffizier hätte sich freuen dürfen, daß die Geschichte ohne jeden Unfall abgelaufen war, aber er fürchtete den Spott der Kameraden und —

„Brauchen garnicht so schmierig zu grinsen, Wittstock! Der olle Templervater hing mir wie 'n Tiefseelot am Halse; Wasser geschluckt" — hier schüttelte er sich und spuckte über Bord — „Wasser geschluckt, wie 'n lecker Seestiefel! Sie natürlich haben sich das junge Mädel rausgesucht, um es aufs Trockene zu bugsieren; Donnerwetter was?!"

Aus dem Tone dieser Anrede klang so viel Aerger mit durch, daß Wittstock lieber nicht weitergrinste; er machte vielmehr ein ganz ernstes Gesicht und antwortete einfach: „Ist mich an den Hals geflogen, Herr Leutnant."

Die kleine Flotte.

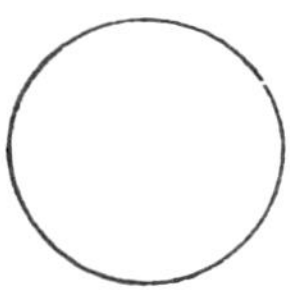

a

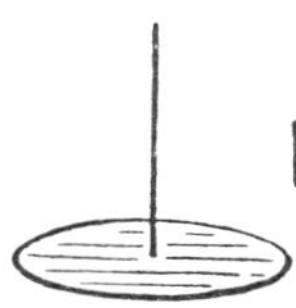

b

c

d

e

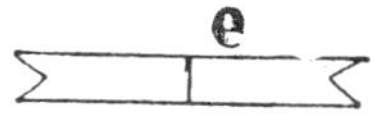

f

Ein Spielzeug, das Jung und Alt erfreut, kann man leicht auf folgende Weise herstellen. Von einem defekten, möglichst großen Celluloidball oder einem Stückchen Celluloid, wie man es vielfach als Auflage findet, schneidet man runde Scheiben **a** so groß wie ein Fünfpfennigstück. Durch die Mitte der Scheibe sticht man eine nicht zu große und leichte Stecknadel bis zum Kopf durch b. Ein Stückchen Kork c und ein oder zwei Stückchen starkes Fließpapier (Löschblatt) d werden durchstochen und bis zur Scheibe heruntergeschoben, worauf man aus buntem Papier die Flage e schneidet, zusammenschlägt und an der Spitze der Nadel befestigt; **f** zeigt das fertige Schiff. Einen reinen, ganz fettfreien Teller füllt man mit Wasser. Für wenige Pfennige erhält man in jeder Droguerie (Apotheke) etwas „Fruchtäther" (Ananas, Himber, Birnen ꝛc.); in diesen taucht man ein Stäbchen (Holz, Nagel ꝛc.) befeuchtet das Löschpapier und setzt das Schiffchen vorsichtig auf das Wasser. Im Augenblick beginnt es sich lebhaft zu bewegen und dauert dies so lange, bis aller Aether verdunstet ist. Hüten muß man sich, den Aether mit dem Wasser in Berührung zu bringen. Kentert (sinkt) durch Unvorsichtigkeit ein Schiffchen, so hört die Bewegung aller Schiffchen, die man auf das Wasser gesetzt hat, auf, man muß alle herausnehmen und nach guter Reinigung des Tellers frisches Wasser auffüllen. Das verunglückte Schiffchen muß erst ganz austrocknen.

Im Seebade. Aeltere Dame (die von der Flut überrascht wird): „Retten Sie mich!" — In der Nähe badender Herr: „Ja, ich bin aber schon verheiratet!"

Patrioten der Rennbahn. „Und wegen dieser gräßlichen Flotte sollen uns unseren schönen Totalisator ruinieren lassen?!"

Flaschenposten.

Schon vor Jahrhunderten war es Gebrauch bei den Seefahrern, in Stunden der Gefahr Nachrichten über ihren Zustand in wasserdichte Fässer verpackt dem Meere anzuvertrauen, hoffend, daß im Falle des Unterganges wenigstens diese Nachrichten den Verwandten und Freunden zu Gesicht kommen möchten. Von Columbus weiß man, daß er auf der Rückfahrt von seiner ersten Entdeckungsreise, als ein rasender Wirbelsturm sein Schiff dem Untergange nahe brachte, einen Bericht über die Entdeckung der „Inseln im Westen" niederschrieb, ihn in Wachsleinwand hüllte und in einer Holzkiste ins Meer warf. Dieser Bericht ist indessen niemals wieder gefunden worden, obgleich der König von Spanien 1000 Dukaten Belohnung für seine Auffindung aussetzte. Seit Anfang des jetzigen Jahrhunderts ist die Sitte aufgekommen, Nachrichten von Schiffen,

die in Bedrängnis sind, oder aus anderen Gründen, in wohl verschlossenen Glasflaschen dem Meere anzuvertrauen. Dies ist die einfachste Methode, da leere Fässer in genügender Zahl nicht immer an Bord von Seeschiffen vorhanden sind, wohl aber leere Flaschen. In der Flasche befindet sich ein Zettel, welcher Zeit und Ort der Auswurfsstelle enthält, und auf welchem der Finder der Flasche gebeten wird, Ort und Datum der Fundstelle anzugeben und den Zettel an eine bestimmte Adresse zu senden. Solche Flaschen sind, so weit bekannt, zuerst 1802 von dem Schiffe „Rainbow" ausgeworfen worden, und diese Sitte hat Nachahmung gefunden besonders zu dem Zwecke, die im Meere stattfindenden Strömungen zu erforschen. Am zahlreichsten wurden seitdem solche Flaschen im Gebiete des Golfstroms, zwischen Nordamerika und Europa, ausgeworfen und schon vor 50 Jahren hat man auf Grund der gefundenen Flaschenzettel den Verlauf von Strömungen im Ocean festzustellen versucht. Allerdings haftet diesen „Flaschenposten" der Uebelstand an, daß sie nur Zeit und Ort des Anfangs- und Endpunktes ihrer Reise anzugeben vermögen, aber trotzdem kann man daraus unter gewissen Voraussetzungen den wahrscheinlichen Lauf derselben im Meere, also die Richtung und durchschnittliche Geschwindigkeit der Meeresströmungen beurteilen. Ein größerer Uebelstand ist, daß nur die wenigsten Flaschen wieder gefunden werden, und dies kann nicht wunder nehmen, wenn man die große Fläche des Meeres und die Länge der Küstenlinien in Betracht zieht. Es ist immer nur ein Zufall, wenn eine solche Flasche irgendwo am Strande wieder aufgefunden wird. In den Sommermonaten der Jahre 1885, 1886 und 1887 hat Fürst Albert von Monaco behufs Erforschung der Richtung des Golfstroms im Atlantischen Ocean nicht weniger als 1675 Flaschen und sonstige Treibkörper auswerfen lassen, und von diesen sind nur 146 Stücke in die Hände des Absenders zurückgekommen, also etwa neun Prozent. Von 101 Flaschen, welche durch die ostgrönländische Expedition des Kapitäns Ryder ausgeworfen wurden, kamen nur fünf wieder zurück, und von 60 Flaschen, die Dr. Neumayer auf der Route von Australien um Kap Hoorn bis zum Aequator auswarf, ist nur eine einzige gefunden worden. Den längsten Weg im Meere haben, so weit bekannt, drei von Kap Hoorn ausgeworfene Stromflaschen und die Gallionfigur des „Blue Jacket" zurückgelegt, nämlich 8500 bis 8600 Seemeilen. Manche Flaschen haben sehr merkwürdige Wege im Ocean durchmessen. So z. B. wurden Flaschen, die in der Nähe der Bänke von Neufundland ausgeworfen waren, in der Gegend der Azorischen Inseln, also nahe bei der afrikanischen Küste, gefunden. Sie hatten offenbar den Golfstrom durchquert, was zu dem Schlusse führt, daß ein mächtiger Arm des Golfstroms im Atlantischen Ocean abzweigt und gegen die Azoren hin strömt. Damit stimmt die Thatsache überein, daß Tonnen, Strauchwerk u. dergl. von der Ostküste Nordamerikas häufig auf den Azoren antreiben, aber sehr selten in Schottland. Solche treibende Gegenstände, die an den Azoren landeten, hatten schon den Columbus in seinem Glauben an Land in Westen bestärkt. Eine merkwürdige Flaschenpost wurde in einer Flasche bei Barbados angeschwemmt. Sie war von einem gewissen Mc. Gregor an Bord des Ostindienfahrers „Kent" geschrieben worden, als dieses Schiff in der Bucht von Biscaya in Brand geriet. Der Schreiber nahm in diesem Schriftstück Abschied von seiner Familie und befahl seine Seele Gott. Indessen wurde er mit anderen Passagieren gerettet und erhielt zwei Jahre später den Zettel nach seinem Wohnorte Edinburg zugesandt.

Humoristisches.

Das unlösbare Problem. „Was macht ihr da?" „Wir bauen ein Schiff." — „Sehr brav, da lasset euch nicht stören; — Wie lange dauert das wohl?" „Je nun, — Zwei Jahre wird es wohl noch währen." — „Das ist das Schlimme bei dieser Frist, — Selbst wenn ihr sie innehaltet: — Wenn vorne der Panzer fertig ist, — Da ist er schon hinten veraltet!"

Der Oberbootsmann beim Segelmanöver.
Zeichnung von Marinemaler Allers.

Ein Postamt auf hoher See.

Von W. Berdrow.

Mit Illustrationen von F. Lindner.

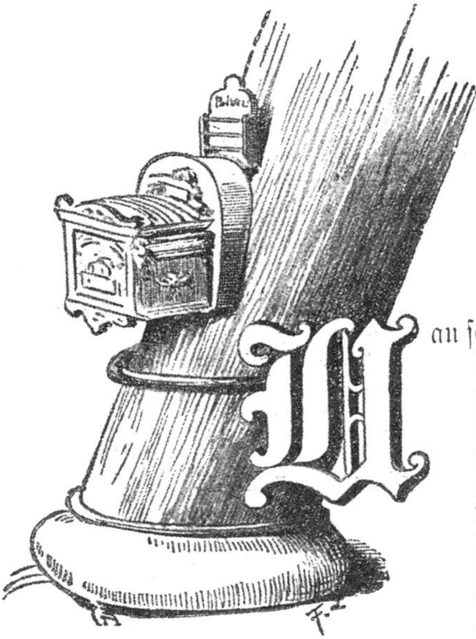

Man schreibt Freitag. Erst gestern hat ein Schnelldampfer mit mehreren hundert Postsäcken von Hamburg aus die Reise nach New-York angetreten, aber schon strömen aus ganz Deutschland, aus Oesterreich-Ungarn und weiteren Ländern Europas massenhafte Postsendungen zusammen, welche dasselbe Ziel, die Vereinigten Staaten oder andere Teile von Nordamerika, erreichen wollen. Da von Hamburg erst in vier Tagen wieder ein Eilschiff abgeht, so wird alles nach Bremen dirigiert, von wo aus in dieser Zwischenzeit ein Postdampfer ausläuft. In den Zügen haben die Beamten mit der Rohsortierung alle Hände voll zu thun, denn die deutschen Postsachen werden, solange die Zeit es erlaubt, sofort nach den sechs größten Städten der Union, New-York, Chicago, Philadelphia, Boston, Baltimore, St. Louis, verteilt. Was nicht für eine dieser Handelszentralen bestimmt ist, wandert in große Säcke, welche nebst der gesamten außerdeutschen Post dem Bremer Seepostamt zugeleitet werden, dem wiederum die Ueberführung auf den Dampfer obliegt. Am Abend vor dem Abgange des letzteren hört aber alles Sortieren auf, die geschlossenen Postbeutel werden, sowie die Züge sie bringen, unterschiedslos der Seepost zugeführt, und beim Tagesgrauen hat sich ein gewaltiger Haufe von prall gefüllten Säcken, meist über 100, oft 150 und mehr, für das abgehende Schiff angesammelt. Halb acht Uhr steht der Extrazug des Bremer Lloyd unter Dampf in der Halle, die Passagiere steigen ein, das Gepäck wird verstaut, die Postwagen rasseln eilig heran, nachdem man noch die Ankunft des letzten Postzuges abgewartet hat, ein Packwagen nimmt die ganze Post auf, und ein vom Seepostamt gestellter Unterbeamter hat sie während der Fahrt nach Bremerhaven zu bewachen. — Die beiden Beamten, welche auf dem Schnelldampfer die Geschäfte der Seepost wahrzunehmen haben, ein Deutscher und ein Amerikaner, sind bis jetzt noch frei von jeder Verantwortung; sie fahren unter den Passagieren mit, und erst fünfviertel Stunden später, wenn der Zug nach hastiger Fahrt in die Lloydhalle zu Bremerhaven eingerollt ist, beginnt ihre Arbeit.

Auf kleinen Karren werden die Säcke mittels der den Quai bedeckenden Schmalspurgeleise zu dem geräumigen, von Passagieren und Gepäck strotzenden Tender gebracht, an der Spitze aufgeschichtet, und sobald das letzte Stück an Bord ist, beginnt das große Boot seine Schaufelräder zu drehen. Draußen auf der Rhede liegt der Koloß, der uns in wenig Stunden aus dem Gesichtskreis der deutschen Küste bringen soll. Der Tender erreicht den Bord des Schnelldampfers, und während sich wieder das Gedränge der Passagiere erhebt, von denen ein jeder seine Kajüte zu erreichen strebt und sich um sein Gepäck ängstigt, spielt sich im Vorderschiff das Verladen der Post ab. Unter den ersten, die an Bord des Dampfers gehen, sind die beiden Seepostbeamten; der amerikanische nimmt auf dem Oberdeck Posto, der deutsche sucht schleunigst die tief im Eingeweide des Riesenschiffes gelegene Packkammer auf. Nur der von Bremen mitgeschickte Unterbeamte bleibt auf dem Tender zurück, um den Matrosen die Postbeutel zuzuzählen. Oben nimmt der Amerikaner die Säcke in Empfang und läßt sie zu der günstigst gelegenen Ladeluke schaffen, wo der Dampfkrahn sie halbdutzendweise packt und im Schiffsinnern verschwinden läßt; auf jedem Punkte ihres Weges werden die Säcke von den Augen der Beamten verfolgt. Matrosen greifen, sobald die Stücke im zweiten Deck angelangt sind, zu und tragen sie in die Packkammer, wo sie nach den Anweisungen des deutschen Beamten gelagert und verstaut werden. Auch überzeugt sich letzterer dabei wieder von der richtigen Anzahl der Säcke und erst, nachdem der letzte an Bord ist, darf der Tender abstoßen. Der Ozeandampfer beantwortet seinen Pfiff durch den dreimaligen markerschütternden Ton der Sirene, die ungeheure Schraube beginnt ihre langsame Drehung, und unter dem Wehen von hundert Tüchern gleitet der weiße Koloß in die offene See hinaus.

Die beiden Beamten suchen beim Frühstück in der Offiziersmesse einen Augenblick Erholung von ihrer ersten Kampagne. Dann geht es aber wieder rasch an die Arbeit, denn gerade in den ersten 24 Stunden ist viel zu erledigen. Das Postbureau, welches auf auf Anlaß des Seepostdienstes auf allen seit 1890 gebauten Schnelldampfern eingerichtet ist, liegt neben oder in der Nähe der Packkammer, der Offizierskabinen und der Schiffsmaschine, meist im sogenannten Oberdeck, in der Regel unmittelbar an der Mitteltreppe des Schiffes. Es kann natürlich bei dem beschränkten Raum der Schnelldampfer, wo jedes Plätzchen ausgenutzt werden muß, nicht groß sein, bietet aber doch, da es meist 4 m lang und 3 m breit ist, den beiden Männern zum Arbeiten hinreichend Raum. An der Innewand, den kleinen runden Fenstern aus zölligem Glase gegenüber, sind in der Regel die beiden Schlafkojen übereinander angebracht. Zwei große Sortierspinde mit ihren Tischen nehmen fast den ganzen übrigen Raum ein. Einige Schubfächer für die Einschreibsendungen, das ganze tägliche Handwerkszeug des Postsortierers,

Das Verstauen der Briefsäcke in der Packkammer.

vom Stempel bis zur Wage und vom Ortsverzeichnis bis zur Portotaxe, vervollständigen die Ausrüstung. Haken an den Wänden gestatten das Aufhängen der Säcke, wenn gelegentlich gleich in Beutel sortiert wird.

Und nun wird fest zugegriffen. Zuerst holt man die zuletzt der Seepost in Bremen noch zugegangenen Briefsäcke der Nachtzüge, denn in diese pflegt sich bei der Hitze des schnellen Sortierens in den letzten Stunden mancher Brief zu verirren, der entweder garnicht nach Amerika oder aber für eine andere

Route bestimmt ist. Diese blinden Passagiere kann man am nächsten Tage beim Anlaufen von Southampton noch auf gute Art wieder loswerden, deshalb müssen bis dahin die zuletzt eingelaufenen Posten schon geordnet sein. Jeder schüttet einen Sack vor sich auf den Sortiertisch, und während die Hände mit Blitzgeschwindigkeit in den hohen Stoß mit Briefen und Karten greifen und das geübte Auge mit Gedankenschnelle die Adressen überfliegt, schwillt der Inhalt der Fächer, deren es mehr als hundert giebt, von Stunde zu Stunde mehr an. Bald wird der zweite, der dritte Postbeutel aus der Packkammer geholt, die Fächer einzelner Bezirke, besonders der großen Handelsstätte, sind in kurzen Stunden so weit gefüllt, daß man schon Pakete bilden muß, um Platz für den Nachschub zu machen. Ebenso füllen sich die Fächer der einzelnen Unionsstaaten an, während die unangenehmste Zwischenarbeit durch das Ausscheiden der unfrankierten oder nicht genügend frankierten Sendungen veranlaßt wird.

Nur durch das Mittagsessen im Speisesaal der Offiziere wird die Arbeit auf kurze Zeit unterbrochen, dann geht sie fort bis gegen Abend, und nun ist schon ein hinreichendes Tagewerk geleistet, um der am nächsten Morgen erfolgenden Annäherung an die englische Küste ruhig entgegensehen zu können.

Der Morgen grüßt und findet das Schiff bereits vor Dover, unter den Kreideküsten der englischen Insel. Zum Mittag wird man schon auf der Rhede von Southampton sein. Der Vormittag bringt noch eine Fülle von Arbeit. Zwischen dem Sortieren der letzten Säcke, die noch Briefe für England enthalten könnten, kommen zahlreiche Passagiere, um Briefmarken zu verlangen. Jeder will von Southampton aus noch einen Gruß zurück in die Heimat senden. Der an der Mitteltreppe befindliche Briefkasten füllt sich bald, und sein Inhalt, immerhin einige hundert Stücke, muß sortiert und gestempelt werden, damit ihn das Tenderschiff bei Southampton ans Land nehmen kann. Auch von Bremen aus sind schon ein paar geschlossene Postbeutel für Southampton mit an Bord gegeben, die jetzt ebenfalls rechtzeitig an Deck geschafft werden müssen.

Endlich kommt, um die Mittagsstunde etwa, in der Meerenge zwischen England und der Insel Wight der Dampfer in Sicht, der dem Bremer Eilschiff von Southampton aus eine Strecke entgegenfährt. Bald liegt er an der Seite des großen Schiffes, und während Passagiere nach London aussteigen, Engländer, welche nach New-York wollen, an Bord gehen, Gepäck hinüber- und herüber-geschleppt wird, meldet der den Tender begleitende Postbeamte, daß mehr als 100 Postsäcke mitgekommen sind. Die wenigsten davon stammen aus England, das

Gros kommt aus Deutschland, Oesterreich, Italien, Frankreich, aus Spanien, Belgien, Holland, ja aus Rußland und der Türkei. Alle diese Sachen sind an ihren Absendungsorten zu spät aufgegeben, um Bremen noch rechtzeitig zu erreichen, sie sind jedoch über das weit nähere Ostende oder Vlissingen so rasch befördert worden, daß sie Southampton schon früher erreichten als der tags zuvor von Bremen abgefahrene Dampfer.

Die Post und die Personen sind an Bord, der Tender stößt ab, und schon furcht auch der Eildampfer aufs neue die

Arbeit bei schwerer See.

Wogen. Die Postbeutel werden zum größten Teil sogleich im Laderaum verstaut. Nur die von Deutschland und Oesterreich kommenden Säcke werden unterwegs bearbeitet und wandern deshalb in die Packkammer; wollte man die ganze europäische Post unterwegs bearbeiten, so gehörte die doppelte bis dreifache Zahl von Beamten dazu. Schon während des Verladens vom Tender in den Dampfer hat übrigens einer der Beamten ein kleines Briefpaket, das ihm sofort bei der Ankunft des Fährbootes zugeworfen wurde, geöffnet, die Briefe gestempelt und im Salon ausgebreitet. Es sind die „an den Passagier X. des

Dampfers Y. in Bremerhaven" gerichteten Briefe, welche in Bremen zu spät eintrafen oder auch von vornherein nach Southampton dirigiert wurden. Es läßt sich keine größere Neugier und Teilnahme denken als die der ungestüm den Tisch oder den Flügel im Salon umlagernden Passagiere, von denen mancher noch einen unverhofften Gruß aus der schon fernen Heimat findet, mancher andere freilich auch leer ausgeht, der bestimmt einen solchen erwartet hatte.

Im Postbureau spielen sich nun sechs bis sieben Tage einförmiger, durchaus nicht leichter Arbeit ab. Ist die Post nicht besonders umfangreich, so genügen wohl acht bis neun Stunden täglicher Arbeit, um ihrer vor dem Hafen von New=York Herr zu werden, wenn aber schwere See oder Sturm den Dampfer einen oder mehrere Tage zwischen 18 oder 24 Fuß hohen schwarzen Wogen derart herumwirft, daß man sich kaum noch auf den Beinen zu erhalten, aber sicherlich nicht dabei zu arbeiten vermag — dann muß allerdings an den übrigen Tagen das Versäumte nachgeholt und vom Morgen bis in die Nacht gearbeitet werden.

Verteilung der Zeitungen.

Vor allen anderen werden die deutschen Postbeutel sortiert, wobei sämtliche Einschreib= und Wertbriefe, als der wichtigste Teil der Sendung, von dem deutschen Beamten bearbeitet werden. Denn diesem liegt die Verantwortlichkeit für die gesamte Post vom Augenblick des Schiffsabganges bis zur Einfahrt in den Hafen von New=York ob; so lange ist er der Leiter der Seepost, alsdann giebt er die bearbeitete Post an seinen amerikanischen Kollegen ab und ist damit von der Last der Verantwortung befreit. Umgekehrt ist es bei der Rückfahrt von New-York nach Bremen oder Hamburg. Uebrigens fehlt es auch dem Amerikaner nicht an Arbeit; neben der allgemeinen, von den beiden zugleich betriebenen Sortierung für die Staaten und Städte fällt ihm allein die Verteilung der meist ungemein starken New-Yorker Post zu, welche gleich in 20 verschiedene Säcke, entsprechend den 20 Bestellämtern der Weltstadt, gesondert wird.

Nach einigen Tagen sind endlich die deutschen Briefe und Karten sämtlich geordnet und bereit, in New-York sofort aus-

Ausladung der Briefsäcke im Hafen von New-York.

getragen zu werden oder aber mit dem ersten Zuge von dort weiter zu gehen. Jetzt beginnt die Verlesung der österreichischen Post, die nur aus gewöhnlichen Briefen besteht, da die Einschreibsendungen schon von Wien in geschlossenen Beuteln überliefert werden müssen. Säcke auf Säcke füllen sich für New-York, Philadelphia, Boston, Chicago und ein paar Dutzend anderer Städte, für Illinois, Kentucky, Kalifornien und jeden anderen Staat; ist die Post endlich so weit erledigt, so werden alle Beutel mit Sorgfalt verschnürt, gesiegelt, gewogen und in ein Verzeichnis aufgenommen, welches der deutsche Beamte aufstellt, sein Kollege aber bestätigt. Die Säcke, deren viele Tausende im Gebrauch sind, werden übrigens abwechselnd von der deutschen und amerikanischen Postverwaltung gestellt.

Endlich, wenn alle schriftlichen Mitteilungen, soweit sie die deutsch-amerikanische Seepost interessieren, bewältigt sind, geht es noch in der Packkammer an ein Grobsortieren der deutschen Drucksachen, was weniger Zeit in Anspruch nimmt, aber noch unangenehmere, staubigere Arbeit erfordert als die Verteilung der Briefe. Mittlerweile ist Tag auf Tag vergangen, es ist Sonntag oder Montag früh geworden, längst ist der Lotse an Bord, der den Dampfer durch die Küstenleuchtfeuer bringt, und schon ist Sandy Hook passiert. Die Arbeiten der Post sind geschlossen, diese wird von ihrem bisherigen Leiter dem amerikanischen Beamten übergeben und dann an Deck geschafft. Noch wenige Stunden, und der riesige Steamer schiebt sich langsam in die Landebrücken des Bremer Lloyd hinein. Noch sind an Bord Zollbeamte und Aerzte mit der Kontrolle des Publikums beschäftigt, da fliegen die Hunderte von Postbeuteln schon den glatten, schnell angelegten Landungssteg hinab. Große vierspännige Wagen stehen bereis in der Halle und rasseln fünf Minuten später mit der Post davon. Eine Viertelstunde später, und die eilige Fracht wird an den Packschaltern des Hauptpostamtes ausgeladen, abermals eine Viertelstunde, und schon zerstreuen sich hundert Briefträger mit dem Inhalt der New-Yorker Beutel über alle Distrikte der Millionenstadt, während einige Wagen bereit stehen, den zunächst abgehenden Zügen noch das Material des eben angelangten Dampfers rechtzeitig zu übermitteln. — Die Beamten sind nun, nachdem sie sich bei dem Vorsteher des Seepostamtes in New-York gemeldet haben, für einige Tage dienstfrei und brauchen, wenn sie auf die freie Station, die sie auch während der Liegezeit des Dampfers auf demselben zu beanspruchen haben, verzichten wollen, das Schiff erst einen Tag vor der Rückreise wieder zu betreten.

Die Bedeutung des Vorsprunges, welchen die geschilderte rasche und genaue Thätigkeit der deutschen Seepost vor der englischen und französischen besitzt, hat auch in Amerika längst die allgemeine Aufmerksamkeit auf sich gelenkt. Ihr und der Präzision der deutschen Schnelldampfer überhaupt ist es zuzuschreiben, daß auf dem Rückwege nach Europa die amerikanische Post mit Vorliebe die deutschen Dampfer aufsucht.

So hat sich auch die deutsche Seepost als ein Faktor unseres Vorwärtsstrebens „im Zeichen des Verkehrs“ eine erste Stellung errungen, die würdig ist eines Staates, dessen Weltstellung sich mit jedem neuen Tage kräftigt.

Die bedeutenderen Rhedereien Deutschlands.

	Dampfer.	Segler.	Brutto Tonnengehalt.	Personal.
Apenrade.				
M. Jebsen	14		18475	400
Bremen.				
Argo	26		37894	482
Cordes & Co.		6	9912	123
Neptun	46		29510	668
Hansa	41		145000	1462
Norddeutscher Lloyd	122		536822	12000
E. C. Schramm & Co.		7	11307	165
Siedenburg, Wendt & Co.		6	9829	135
D. H. Wätjen & Co.		18	30134	400
C. Winters.		7	9828	142
Visurgis Akt.-Ges.		10	20072	250
Schramm & Co.		7	11307	165
Bremerhaven.				
Rickmers Reismühlen	5	9	27495	377
Flensburg.				
Dampfer-Comp.	10		16602	169
Dampfschifffahrts-Ges. v. 1869	9		15363	166
Holm & Molzen	10	1	12491	171
Schmidt & Hansen	10		17040	220
Geestemünde.				
Deutsch-Amerik. Petroleum-Ges.	6		17286	
Hamburg.				
Alster		6	16029	186
C. Andersen	4		12120	130
Deutsch-Amerik. Petroleum-Ges.	10		34830	561
Deutsch-Austral. Dampfschiff.-Ges.	20		91072	
Kosmos	25		90009	1134
Levante-Linie	20		42599	568
Deutsche Ostafrika-Linie	16		43370	1002
Hamburg-Amerika-Linie	95		541083	15500
Hamburg-Südamerika-Linie	33		123260	1463
Hanseatische Dampferkompagnie	7		18600	
Jebsen	4		10108	105
A. Kirsten	16		14445	277
Knöhr & Buchardt Nachfl.		11	22811	260
F. Laeisz		16	32123	389
Rhederei Akt. Ges. von 1896		6	11438	150
H. H. Schmidt		8	15820	204
Sloman & Co.	32		87000	1500
Verein. Bugsier- und Frachtschifffahrt-Gesellschaft	20	43	17500	335
B. Wencke Söhne	1	17	32699	413
Woermann-Linie	23		47300	840

Die bedeutenderen Rhedereien Deutschlands.

	Dampfer.	Segler.	Brutto-Tonnengehalt.	Personal.
Kiel.				
Diederichsen	10		14170	238
Paulsen & Ivers	10	2	12278	250
Sartori & Berger	22		10931	320
Danzig.				
Th. Rodenacker	12		10890	208

Schulschiff von vorn gesehen.

Oldenburg.				
Oldenb.-Portugies.-Dampfschiffs-Rhederei.	11		11373	163
Stettin.				
W. Kunstmann	7		13721	147
Neue Dampfer-Comp.	21		18453	350

Royal George 1780.

Mitgeteilt von Pastor Lüpkes.

Es war im Sommer 1780, als das englische Kriegsschiff „Royal George", ein stattlicher Dreimaster von 84 Kanonen, nach zweijähriger Abwesenheit aus den ostindischen Gewässern heimkehrend, auf der Rhede vor Spithead, der südlichsten Spitze Englands, vor Anker ging.

Sein Kommandant, Lord John Dalhousie, gehörte zu den reichsten Offizieren der Marine und hatte eine Menge kostbarer Gegenstände aus Ostindien mitgebracht.

Diese vor den Freunden der Heimat in ihrem vollen Glanz zu entfalten, veranstaltete er ein großes Fest, zu welchem nicht nur sämtliche Offiziere der auf Spithead versammelten Kriegsflotte geladen wurden, sondern auch Herren und Damen der benachbarten Küstenorte von Portsmouth und der Insel Wight.

Einen herrlichen Anblick bot am Tage des Festes das prächtig aufgeputzte Schiff.

Das Verdeck, welches man in seiner ganzen ansehnlichen Länge in einen Saal eingerichtet hatte, glich einer prachtvollen Säulenhalle, über welcher von den hohen Masten und Raaen zahllose Flaggen und Wimpel in allen erdenklichen Farben lustig durcheinanderflatterten.

Die unteren Räume aber enthielten alles das, was Lord Dalhousie Merkwürdiges und Schönes aus allen Weltteilen zusammengetragen hatte, in feinster Anordnung ausgestellt.

Statt der Tapeten waren die Wände mit kostbaren Seidenstoffen bekleidet. Unter den Möbeln bemerkte man neben den schönsten Elfenbeinarbeiten Divans und Sessel von Rosen- und Sandelholz nebst allen möglichen Gefäßen, mit chinesischer Malerei bedeckt. Teppiche des Orients in weicher Gold- und Silberstickerei bildeten die Ueberzüge der Divans. Selbst die Stufen der hinabführenden Treppen waren mit Kaschemirstoffen von hohem Wert belegt.

Die Buffets strahlten im Glanze goldener und silberner Gefäße, darunter eine kostbare, mit Edelsteinen besetzte Schale, das Geschenk eines indischen Fürsten. Rosenöle dufteten in Krystallvasen, die in eigens dazu eingerichteten Nischen aufgestellt waren.

Während ein Musikkorps rauschende Klänge ertönen ließ, kamen die zierlichen Barken heran, welche die geputzten Gäste herbeiführten. Der Kommandant nebst seinen Offizieren in Gala-Uniform empfing dieselben aufs Freundlichste.

Das Fest begann, und ein klarer, wolkenloser Himmel erhöhte das Vergnügen, man fühlte sich auf dem fest verankerten Schiffe so sicher wie auf dem festen Lande.

Kein Leck, nirgends der geringste Schaden an dem schönen Schiffe! Die Pulverkammer sogar mit doppelter Wache besetzt!

Nur eine Vorsicht war außer Acht gelassen. Man hatte eine Reihe der schwersten Geschütze im Mitteldeck, um Raum zu gewinnen, in die geöffneten Stückpforten geschoben, ohne sie bei dem stillen Seegange festzulegen. Da, nachdem schon der Festjubel zwei Stunden gewährt, kräuselte ein leichter Windhauch, aus Südwesten kommend, das Wasser.

Eine sanfte Neigung des Schiffes entstand, aber ach, sie wurde entsetzlich dadurch verstärkt, daß die schweren Geschütze drunten ins Rollen kamen und ihr Gewicht mit den an der entgegengesetzten Seite stehenden vermehrten.

Der „Königliche George“ neigte sich in einem Augenblicke, seine stolzen Masten lagen auf dem Meeresspiegel, und aus tausend Kehlen ertönte ein markdurchzitternder Schreckensschrei. Noch einmal hob sich der mächtige Bau in seiner ganzen imposanten Größe, als für einen Augenblick das Gleichgewicht durch die eindringenden Wasser wieder hergestellt wurde, aber die naß gewordenen Flaggen und Wimpel hingen schlaff, gleich Trauerfloren, von den Masten nieder.

Fischfang auf der Gazellen-Halbinsel.

Dann begann der „Royal George“, tiefer sinkend, in langsamem Wirbel einen schrecklichen Rundtanz — und vor den Augen zahlloser Zuschauer schoß derselbe mit den tausend wachsbleichen Gestalten, die sich an Gestängen und Tauwerk krampfhaft festgeklammert hatten, in einen gurgelnden Abgrund hinab.

Das internationale Seerecht.

Humoristisches.

Die Anregung des Grafen Bülow zu einer Völkerkonferenz für Revision des Seerechts ist auf fruchtbaren Boden gefallen. Vor allen sind es die Engländer selbst, die mit einem durchgreifenden Programm an die Oeffentlichkeit treten. Sie beabsichtigen, der Konferenz einen eigenen Entwurf vorzulegen, dessen wichtigste Bestimmungen, wie folgt, lauten:

Trifft ein englisches Kriegsschiff einen fremden Dampfer auf hoher See, so hat dieser das Recht, angehalten zu werden.

Die Verkündigung dieser Absicht geschieht mündlich, nämlich durch den Mund eines 21 Zentimeter-Geschützes. Der Salut wird auf die Breitseite des fremden Dampfers gerichtet. Ein Schuß bedeutet: Guten Morgen; zwei Schüsse: Warten Sie ein wenig; drei Schüsse: Ich bin gleich da. Sobald der Radkasten, die Schraube oder sonst ein wichtiger Teil des Dampfers getroffen ist, nimmt der englische Kapitän an, daß er verstanden worden sei.

Das englische Kriegsschiff hat das Recht, den beschlagnahmten Dampfer unter militärischem Schutz in einen britischen Hafen einzubringen.

Zur Durchführung des militärischen Schutzes werden die Passagiere des angehaltenen Dampfers nach dem Geschlechte getrennt. Die Männer kommen im Deck-Arrest, die Frauen und Mädchen werden zur besseren Beobachtung in die Kabinen gelegt. Die nämlichen Kabinen werden von den englischen Offizieren bezogen. Uhren und Wertsachen müssen abgegeben werden. Der Kapitän des fremden Dampfers hat auf Durchführung dieser Anordnungen und den Schnabel zu halten.

Das englische Kriegsschiff hat das Recht, vierzehn Tage lang nutzlose Reklamationen anzuhören und hierauf die Ladung zu löschen.

Bei Waren, welche durch Nässe leiden, geschieht das Löschen mit Wasser. Getreidemehl wird direkt in den Ozean geschüttet, weil es Dynamit sein könnte. Es fallen Thonröhren, Fernrohre, Ofenrohre und Angströhren unter den Begriff der Feuerrohre, Sektkübel gelten als Mörser, Verbandwatte wird als Schießbaumwolle, jede Art von Bandage als Kontrebandage dem Priesengericht überwiesen. Gläserne Röntgen-Apparate müssen unter dem Dampfhammer untersucht werden, bevor die Splitter freigegeben werden. Zigarren und Zigaretten werden in die Taschen der englischen Offiziere gelöscht. Für das Zusehen bei den interessanten Manipulationen wird von den männlichen Fahrgästen ein Entreegeld erhoben.

Die Entschädigungspflicht wird für das neu zu vereinbarende Seerecht in vollem Umfange aufrecht erhalten.

Sie rechtfertigt sich dadurch, daß das Anhalten auf offener See, das Durchsuchen und Löschen, das lange Wartenlassen, die Belästigung und chikanöse Beaufsichtigung der Passagiere, das Durchwühlen und Ruinieren der Waren mit großen Mühen und Zeitopfern verbunden sind. Das englische Marine-Ministerium berechnet hiernach den Schaden, stellt die Liquidation auf, und die Regierung des Landes, dessen Flagge der durchsuchte Dampfer führt, leistet den Schadenersatz.

Die deutschen Flaggen und Kommandozeichen.

Das deutsche Reich hat wie die meisten Staaten verschiedene National-Flaggen für seine Kriegs- und Handelsschiffe, dazu kommen noch weitere Flaggen, um Schiffe, die besonderen Zwecken dienen oder gewissen Behörden zugehörig sind, kenntlich zu machen, und die Flaggen der Einzelstaaten mit ihren Ressortverschiedenheiten. Rechnet man alles zusammen, so können auf

Die deutsche Groß-Admiral-Flagge.

See und den an sie anstoßenden Binnengewässern 38 verschiedene deutsche Nationalflaggen gefunden werden, außerdem noch 10 rein einzelstaatliche auf den reinen Binnengewässern nur der Seeuferstaaten. —

Diese deutschen National-Flaggen sind folgende: Die **Kriegsflagge** für alle richtigen Kriegsschiffe und die dem Reiche unterstehenden Befestigungen und Gebäude der militärischen Verwaltung, ferner für diejenigen Schiffe und Fahrzeuge, auch wenn sie nicht Kriegsschiffe sind, in welchen sich Souveräne der deutschen Staaten, königliche Prinzen und die ersten Bürgermeister der freien Hansestädte eingeschifft haben,

eine **Reichsdienstflagge** für sonstige Reichsdienstgebäude und Schiffe, welche, ohne Kriegsschiffe zu sein, zur Marine dauernd oder zeitweise gehören, eine zweite Reichsdienstflagge für den Bereich des **Auswärtigen Amts,** eine dritte für den Bereich des **Reichspostamts,** eine vierte für alle übrigen **Reichs-Verwaltungszweige.**

Staatsfahrzeuge, Festungswerke und Staatsgebäude führen die Flagge des Einzelstaats, dem sie gehören, Fahrzeuge und Dienstgebäude der Einzelstaaten im Gebiet der **Seeschifffahrt,** des **Lootsen-, Zoll- und Fischereiwesens** führen die Reichsdienstflagge mit bezeichnenden Buchstaben neben dem Mittelschild und dem Hauptbestandteil des Landeswappens im schwarzen Felde dicht am Stock. In dieser Beziehung kommen Preußen, Mecklenburg-Schwerin, Oldenburg und die drei Hansestädte in Betracht.

Die Flagge für die Fahrzeuge des **Kaiserlichen Yachtklubs** ähnelt der Reichs-Dienstflagge. Die **Handelsflagge** ist die einfache schwarz, weiß, rot horizontal gestreifte Trikolore. Eine besondere Handelsflagge führen solche Schiffe, deren Führer Offiziere des Ruhe- oder Beurlaubtenstandes ist; sie hat das eiserne Kreuz im weißen Felde nahe dem Stock.

Die Nationalflagge wird für gewöhnlich an der hintersten Gaffel oder an einem auf dem Heck oder Hinterschiff stehenden Flaggenstock geführt, die Reichspostflagge dort nur, wenn das Schiff dem Postfiskus gehört, anderenfalls, d. h. wenn ein Privatdampfer die Reichs-Post befördert, im Großtop, während hinten die Handelsflagge weht.

Außer der Nationalflagge führen die Kriegs- und Regierungsschiffe aller Staaten unter gewissen Umständen eine kleine Flagge, die **Gösch,** im Bug; sie ist entweder nur eine verkleinerte Form der Nationalflagge oder des Hauptteils derselben. Die deutsche Gösch ist bei Kriegsschiffen das linke obere Feld der Kriegsflagge, bei Regierungsschiffen die verkleinerte Dienstflagge.

Die Nationalflagge wird geführt: im Hafen oder auf Rhede während des Sommers von 8 Uhr, im Winter von 9 Uhr morgens an bis Sonnenuntergang, außerdem wenn ein anderes Kriegsschiff ein- oder ausläuft, sodann natürlich beim Ein- und Auslaufen des Schiffs selber und auf See, sobald man einem die Flagge zeigenden Schiffe begegnet, oder an einer Küstenbefestigung oder einem belebten Orte vorüberfährt. Die Kriegsschiffe führen dies genau durch, die Handelsschiffe nehmen es damit nicht so genau, doch sind sie verpflichtet, die Flagge zu zeigen beim Ein- und Auslaufen, beim Passieren von Festungswerken und von Kriegsschiffen des eigenen Staats. Die Gösch wird nur im Hafen gesetzt, bei der deutschen Marine nur an Sonn-, Fest- und Feiertagen und bei Inspizierungen. Andere Marinen haben darin oft abweichende Gebräuche.

Gallionsfigur am Steven des Linienschiffes „Kaiser Friedrich III.“

Außerdem führen Kriegsschiffe an besonderen Festtagen, und sobald es in das Gefecht geht, die Kriegsflagge als sogenannte **Topflaggen** an dem Top jedes Mastes.

Bei Begräbnissen wird nach besonderem dafür festgesetztem Reglement die Nationalflagge, ev. auch Top- und sonstige Flaggen nur bis zur halben Höhe — halbstocks — gehißt. Während des Gottesdienstes wird die Heckflagge unter einem sogenannten **Kirchenwimpel**, einem bei den verschiedenen Staaten verschiedenen, aber stets christliche Insignien tragenden Wimpel gesetzt. — Die Kommandozeichen sind Abzeichen der Kommandogewalt der verschiedenen Marine-Befehlshaber. Das höchste deutsche Kommandozeichen ist die **Standarte S. M. des Kaisers**. In besonderen Fällen, wenn der Kaiser auf die sonst üblichen Ehrenbezeugungen und Salute verzichten will, führt er den **Breitwimpel**. Die Flaggoffiziere, welche schwimmende Streitkräfte kommandieren, führen eine **Admiralsflagge**. Die Flagge des **Großadmirals** wird vom Kaiser ev. neben der Standarte geführt. Sie ist erst vor kurzem eingeführt, als die Flaggentafeln

S. M. der Kaiser an Bord der „Charlotte.“
Am Großtop die Kaiserstandarte, am Vortop weht zum erstenmal die Flagge der Großadmirale.

schon gedruckt waren und konnte daher nur ohne Farben im Text wiedergegeben werden. Der Dienstgrad eines Großadmirals, welcher etwa einem englischen admiral of the fleet,

S. M. S. „Kaiserin Augusta“.
Fertigstellung: 1892; Deplacement: 6050 Ts.; 3 Schrauben; 14000 Pferdekräfte; 437 Mann Besatzung.

einem russischen Generaladmiral oder einem General-Feldmarschall analog wäre, existiert im übrigen in der deutschen Marine noch nicht. Ein Admiral führt die Flagge im Großtop, ein

Vizeadmiral genau dieselbe im Vortop, ein Kontreadmiral im Kreuz- oder Besantop. Lassen zwei- oder einmastige Schiffe diese Unterscheidung nicht zu, so hat die Vizeadmiralsflagge einen, die Kontreadmiralsflagge 2 schwarze Bälle auf der Liekseite.*) Der **Generalinspekteur** der Marine führt eine Admiralsflagge mit rotem Rande. Das Abzeichen eines Komodores ist ein der Admiralsflagge sonst ähnlicher ausgezackter Stander, der **Komodorestander**, im Großtop. Der Chef einer Flottille führt einen ebensolchen, aber fliegenden, der Chef einer Division einen dreieckigen Stander, wenn er nicht Flaggoffizier ist. Liegen mehrere Schiffe außer Torpedofahrzeugen in einem Hafen zusammen, ohne daß ein höheres Kommandozeichen vertreten ist, so führt der älteste Offizier den **Anciennitätsstander**, d. h. denselben Stander wie ein Komodore, aber am Kreuztop.

Sämtliche Kriegs- und Regierungsschiffe, welche von einem Seeoffizier befehligt werden, der nicht Flaggoffizier ist, führen den **Kriegswimpel**. Unter **Heimatwimpel** versteht man einen unoffiziellen, ganz besonders langen Kriegswimpel, dessen Enden meist bis in das Wasser reichen; er wird von solchen Schiffen gehißt, welche von einer Auslandsstation die Heimreise antreten, und in den Häfen während derselben geführt. Die Sitte ist international.

Die Kommandozeichen bleiben Tag und Nacht im Hafen und auf See — hier der Anciennitätsstander ausgenommen — wehen. Auf einem und demselben Schiff weht nur ein Kommandozeichen, und zwar das des höheren Befehlshabers, welcher auf demselben eingeschifft ist. Einige seltene Ausnahmen von dieser Regel kommen vor; so bleibt z. B. der Wimpel neben dem Anciennitätsstander wehen.

In Booten und Regierungsfahrzeugen, auf Avisos und Torpedofahrzeugen des unterstellten Verbandes kann das Kommandozeichen gleichzeitig mit dem auf dem Flaggschiff — ebenso im Boot der Wimpel neben dem des eigenen Schiffes — wehen. Es wird in Booten und Fahrzeugen ohne Mast im Bug gesetzt. An Stelle des Flottille- und Divisionsstanders wird in Booten der Wimpel geführt.

Neben Unterscheidungszeichen und Standarten bleiben Kommandozeichen wehen. Das Führen ersterer steht gewissen Personen hohen Ranges zu zum Zeichen, daß ihnen gewisse Ehrenbezeugungen zukommen, ohne daß dieselben eine Kommandobefugnis besitzen. Hierzu gehören zunächst die **Standarten** für die Mitglieder der regierenden Fürstenhäuser. Dieselben sind meist von quadratischer Form mit reicherem heraldischen Schmuck.

*) Liek heißt die durch eingelegtes Tauwerk verstärkte Besäumung eines Segels oder einer Flagge.

Da die Besprechung sämtlicher Standarten der deutschen **Staaten** zu weit führen würde, seien hier nur diejenigen des deutschen **Reichs**, nämlich der Kaiserin und des deutschen Kronprinzen genannt. Die meist auf dem Residenzschloß Seiner Majestät des Kaisers wehende Standarte ist die **preußische**, deren Grundfarbe rot ist.

Zu den Unterscheidungszeichen gehört die **Flagge des Staatssekretärs des Reichs-Marine-Amts** und diejenige der **Gouverneure von Deutsch-Ostafrika und Kiautschou**, welche letztere aus der deutschen Handelsflagge mit einem Adler im weißen Felde besteht. Die im Großtop gesetzte Kriegsflagge zeigt an, besonders beim Ein- und Auslaufen aus fremden Häfen, daß sich eine diplomatische Persönlichkeit, Minister, Gouverneur, Reichskommissar oder General einer Landungstruppe an Bord befindet.

Die ersten Bürgermeister der 3 Hansestädte führen am Großtop die Flagge ihrer freien Stadt; diese nimmt bei ihnen die Stelle einer Standarte ein.

Die in der Flaggentafel noch aufgeführten **Wachtwimpel** und **Lootsenflagge** gehören eigentlich zu den Signalflaggen wie der Kirchenwimpel, doch ist auch ihre Bedeutung von allgemeinerem Interesse. Der Wachtwimpel bezeichnet dasjenige Schiff, welches Wache hat, also zu sofortiger Thätigkeit, Nachrichtenempfang, Hilfeleistung, auch in ärztlicher Beziehung, bereit ist, die Lootsenflagge zeigt an, daß das Schiff einen Lootsen wünscht, sie wird auf minder gut ausgerüsteten Handelsschiffen manchmal durch die im Vortop gesetzte Nationalflagge ersetzt.

Strandluft.

Gern bin ich allein an des Meeres Strand,
Wenn der Sturmwind heult und die See geht hohl,
Wenn die Wogen mit Macht rollen zu Land, —
O wie wird mir so kühn und so wonnig und wohl!

Die segelnde Möve, sie ruft ihren Gruß
Hoch oben aus jagenden Wolken herab;
Die schäumige Woge, sie leckt meinen Fuß,
Als wüßten sie beide, wie gern ich sie hab'.

Und der Sturm, der lustig das Haar mir zaust,
Und die Möv' und die Wolke, die droben zieht,
Und das Meer, das da vor mir brandet und braust,
Sie lehren mir alle manch' herrliches Lied.

Doch des Lebens erbärmlicher Sorgendrang,
O wie sinkt er zurück, wie vergess' ich ihn,
Wenn die Wogenmusik und der Sturmgesang
Durch das hoch aufschauernde Herz mir zieh'n!

Hermann Allmers.

Passagepreise

der deutschen Dampferlinien von Hamburg und Bremen aus.

Die Buchstaben bezeichnen die Linien, deren Schiffe nach dem Platze fahren, und zwar bedeutet: B = Norddeutscher Lloyd (Bremen). H = Hamburg-Amerika-Linie (Hamburg). S = Hamburg-Südamerikanische Linie (Hamburg). K = Kosmoslinie (Hamburg). W = Woermann-Linie (Hamburg). O = Ostafrika-Linie (Hamburg). L = Levante-Linie (Hamburg).

	I. Kajüte.	II. Kajüte.	III. Kajüte bezw. Zwischendeck.
1. Westküste von Europa.			
Antwerpen, Rotterdam B. H. K. O. W.	45—60	35—40	15—25
Havre, Cherbourg S.	50	40	20
Gumsby H.		50	
Southampton B. H. W.	100	66—70	30
Carril, Corunna, Vigo, Bilbao S.	130	100	70
Leixoës, Oporto B. S.	150	120	70
Lissabon B. S. O.	150, 180	110—150	70—80
2. Mittelmeer.			
Marseille O.	180, 200	140	75
Genua B.	250	160	65
Neapel B. O.	200—300	140—180	75—90
Port Said B. O.	306—451	190—245	105—110
Gibraltar L. W.	130		
Algier L.	150		
Malta L.	150—175		
Piraeus L.	180—205		
Smyrna L.	200—225		
Konstantinopel L.	225—250		
Odessa L.	250—275		
3. Nordamerika.			
New-York, Postdampfer H. B.	240—400*	200—210	150
New-York, Schnelldampfer H. B.	260—800*	220—250	160
Baltimore B.		200—220	150
Galveston B.		250	150
4. Central-Amerika.			
St. Thomas H.		400	210
Jacmel, Aux Cays, Cap Hayti, Port au prince, Domingo, La Guayra, Puerto Cabello, Curaçao, Sanchez, Puerto Plata, Monte Christi, Goave, Miragoâne, Jérémie, S. Pedro de Macoris H.		450	210

	I. Kajüte	II. Kajüte	III. Kajüte bezw. Zwischendeck
San Juan de Portorico, Mayaguez, Ponce, Aguadilla H.		450	—
Kingston (Jamaica) H.		500	210
Habana, Matanzas, Santiago de Cuba, Cienfuegos H.		500	—
Limon, Colon, Vera Cruz, Tampico, Progreso, Sabanilla, Cartagena H.		550	210
Greytown, Livingstone, Puerto Barrios H.		600	250

5. Südamerika.

	I. Kajüte	II. Kajüte	III. Kajüte bezw. Zwischendeck
Funchal (Madeira) B. S. W.	200—300	120—250	100
Pernambuco, Cabedello, Maceio, Bahia, Victoria, Rio de Janeiro, Paranagua, Saô Francisco, Desterro, Rio grande do Sul, Santos, (alle in Brasilien) S. B.	500	400	150
Montevideo, Buenos Aires, Bahia blanca S. B. K.	600	450	160—240
Rosario, San Nicolas S.	600	450	170
Port Stanley (Falkland Isl.) K.	780	595	310
Punta Arenas (Magellan-Straße) K.	900	600	330
Corral, Talcahuano, Valparaiso, Iquique, Arica, Mollendo, Callao K.	1200	750	360

6. Ostafrika.

	I. Kajüte	II. Kajüte	III. Kajüte bezw. Zwischendeck
Ismailia, Suez H. B. O.	347, 410	210—300	115—130
Aden H. B. O.	552—1002	380—720	209—231
Mombassa, Tanga, Dar-es-Salaam, Zanzibar[1]) O	693—850	525—575	300—350
Kilwa, Lindi, Mikindani O.	738, 820	550	315
Ibo, Mozambique O.	765—875	560—580	320—360
Beira[2]) O.	783—900	570—600	320—360
Quelimane O.	792, 880	580	325
Delagoa Bay über Westafrika O.	875	550	300 bz. 260
Durban über Westafrika O.	850	525	280 bz. 240
East London über Westafrika O.	825	500	260 bz. 240
Port Elizabeth über Westafrika O.	800	475	240 bz. 220

Zuschläge für Anschlußstrecken.	Kajüte.	Deck.
[1]) von Zanzibar oder Tanga nach Pangani, Saadini, Bagamoyo	20	10
[1]) von Zanzibar nach Lamu	50	20
" " Kismayu	60	25
" " Brawa, Merka, Mogidschu	100	50
[2]) von Beira nach Chinde, Inhambane	50	20

		I. Kajüte.	II. Kajüte.	III. Kajüte bezw. Zwischendeck.
7. Westafrika.				
Larache, Rabat, Tanger Casablanca, Saffi, Mogador Mazagan, Teneriffa, Gran Canaria	W	200	120	
Las Palmas O		275	150	130
Goré, Dakar, Rufisque Bathurst, Bissao, Bolama Conakry, Sierra Leone	W	375	250	
Sherboro, Cap Mount, Monrovia Gran Bassa, Sinoe, Cap Palmas Axeim, Dixcove, Chama Elmina, Cape Coast Castle, Saltpond	W	475	300	
Appam, Winneba, Accra, Addah, Quittah, Lome, Bagida, Kl. Popo, Gr. Popo, Weida, Kotonu, Lagos, Bonny, Alt Calabar, Victoria, Bibundi, Rio del Rey, Fernando Po, Duala (Kamerun) Malimba, Kl. Batanga, Longji, Plantation, Kribi, Gr. Batanga, Campo, Bata, Eloby, Gabun, Cap Lopez, Sette Cama, Nyanga, Majumba, Loango, Landana, Cabenda, Banana, Boma, Noqui, Matadi, Leanda Benguela	W	600	450	
Cap Croß, Swakopmund, Walfischbay, Lüderitzbucht, Port Nolloth	W	705	505	305
Capstadt O		750	450	230 bz. 200
8. Ostasien.**				
Colombo B. H.		1182	792	253—302
Penang, B. H.		1375	770—858	374
Singapore B. H.		1375	770—858	
Belawan (Sumatra) B.		1391—1408	825—880	

	I. Kajüte.	II. Kajüte.	III. Kajüte bezw. Zwischendeck.
Hongkong B. H.	1650	880—946	495
Schanghai B. H.	1650	946—990	539
Nagasaki, Kobe, Yokohama B. H.	1650	946—990	561
Bangkok B.	1485	858—924	
Labuan } Borneo B.	1463	924	
Kudat } Borneo B.	1496	946	
Sandakan } Borneo B.	1529	968	
Saigon H.		880	
Futschau H.		990	
Nagasaki (s. auch oben) H		1012	
Kiautschou B. H.	1045—1700	993—1150	
Tientsin H.		1100	
Wladiwostock H.		1155	

9. Südsee.

Batavia B. H.	1495	902—918	386
Samarang, Soerabaija H.		968	
Manila, Macassar H.		990	
Stephansort, Friedrich Wilhelmshafen (Neu Guinea) B.	1770	1128	404
Finschhafen (Neu Guinea) B.	1800	1148	374
Herbertshöhe, Matupi (Bismarck-Archipel) B.	1845	1178	374
Seipan (Mariannen) B.	1845	1141	
Ponape (Carolinen) B.	1920	1278	

10. Australien.**

Fremantle, Adelaide, Melbourne, Sydney } B.	1287—1463	720—836	308
Brisbane B.	1287—1463	746—856	
Rockhampton B.	1387—1563		

* Auf den Reisen nach New-York werden außerdem sogenannte Luxus- und Staatskabinen, an Bord der Postdampfer mit 1000—1600 Mark, an Bord der Schnelldampfer mit 2000—3200 Mark bezahlt. Diese Kabinen haben für 2 Personen Platz.

** Auf den Reisen nach Ostasien und Australien kosten Plätze in Luxuskabinen je nach der Zahl ihrer Bewohner bis zum dreifachen des einfachen Passagiergeldes.

** Die Fahrten von Ostasien nach Europa gestalten sich etwas billiger.

Die Verschiedenheit der Preise erklärt sich aus der Güte und Schnelligkeit der Dampfer, ihrer Bequemlichkeitseinrichtungen und der Lage der Kabinen.

Manche Dampfer bezw. Linien führen nur eine Kajüte. Die betreffenden Passagepreise sind in vorstehender Liste unter derjenigen Kajüte aufgeführt, welcher die Unterbringung ꝛc. ungefähr entspricht.

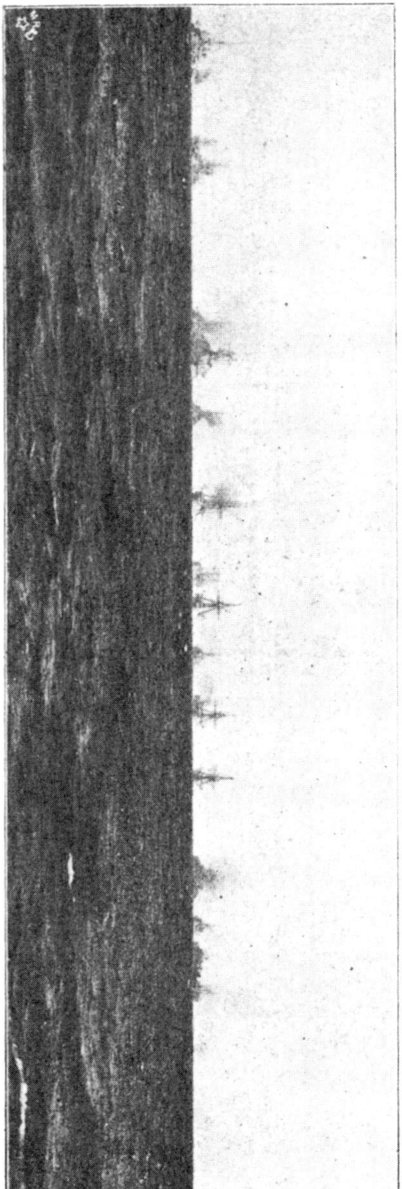

Manöverflotte aus großer Entfernung gesehen.

Eine Fahrt um die Erde via Ostasien kostet 1. Kajüte 2690 Mark. Eine Fahrt um die Erde via Australien kostet 1. Kajüte 2700 Mark. Eine Fahrt um die Erde via Afrika u. Ostasien kostet 1. Kajüte 3000 Mark einschließlich Eisenbahnfahrt und Fahrt auf ausländischen Linien.

Rückfahrkarten der Hamburg-Südamerikanischen Linie kosten $1^3/_4$ des einfachen Preises und gelten 12 Monate, auch die meisten andern Linien gewähren 10—20 % Rabatt je nach der Dauer der Reise.

Wer innerhalb 18 Monaten auf der Rückfahrt dieselbe Linie benutzt, erhält 10 %, Familien 15 % Rabatt.

Der Norddeutsche Lloyd gewährt Familien auf der Ausreise 10 %, auf der Rückreise 20 % Rabatt.

Wer sich genau über Lage, Größe und Preis der einzelnen Kabinen auf den verschiedenen Dampfern unterrichten will, wende sich an die Direktion der betreffenden Linie, ihre Vertreter in den größeren Städten oder an eines der Reisekontore. Dieselben stellen jederzeit genaue Pläne, Fahrpläne und Tarife zur Verfügung und erteilen jede gewünschte Auskunft.

In sechstausend Fuß Wasser.

Von P. G. Heims.

Ich galt nie für einen furchtsamen Menschen, und in der Gefahr hat mich keiner blaß gesehen; aber ein Mal hat's mir gegraust und ein zweites Mal habe ich mich gefürchtet. Das erste Mal war es, als Monmartin neben mir tot zusammenstürzte, und das andere Mal, als ich die Treppe hinaufstieg, die zu der Wohnung seiner jungen Frau führte, der ich Mitteilung von seinem Tode machen sollte auf ihren Befehl.

Ich sehe sie noch vor mir, als wäre es gestern. Sie saß in dem dunkelroten Lehnsessel, selbst in tiefes Schwarz gekleidet. Eine ihrer zarten, weißen Hände lag wie schimmernder Alabaster auf dem matten Stoff, die andere hing lässig herab. Dabei schauten zwei große, unendlich traurige blaue Augen aus einem reizenden Gesicht auf mich, dessen künstlerisch feines Profil von üppigem aschblondem Haar wie von einem Heiligenschein umgeben war.

Ich saß vor ihr in tiefer Andacht.

Sie that die roten Lippen auf.

„Und nun erzählen Sie mir", bat sie mit weicher, süßer Stimme; „aber ich will alles wissen! Behandeln Sie mich nicht wie ein Kind, sondern wie eine Frau, die im Leid ausgereift und ausgewachsen ist!"

Ich schluckte. Lieber im Schrapnellfeuer stehen, als vor den unergründlichen Augen dieses tottraurigen und doch so holdseligen jungen Weibes!

Ihr Blick ließ nicht von mir, fordernd, gebietend.

„Ich bitte Sie!“ dabei wand sie das Taschentuch in den kleinen Händen.

„Es ist bald erzählt, meine gnädigste Frau! Es war ein klarer, köstlicher Morgen. Es wurde segel-exerziert. Monmartin hatte die Kreuzmast-Division. Hell schallte sein kräftiges Kommando. Ich sehe ihn noch, wie er, die rote Wink-Flagge gesenkt in der Hand haltend, die Mütze abnahm, um sich den Schweiß von der Stirn zu trocknen, und dabei nach mir hinüberschaute, der ich mit der Großmast-Division arbeitete.

Da hörte ich oben in der Kreuzmarsraa einen leichten Schrei und gleichzeitig sah ich etwas Leuchtendes über seinem Haupte flimmern — einen unsagbar kurzen Augenblick nur — und dann lag er an Deck, und von seinem Haupt floß ein Blutstrom über die weißen Planken. —“

Die junge, bleiche Frau beugte sich vor: „Wie lag er?“ fragte sie: „Auf dem Gesicht?“

„Nein, Gnädigste, auf dem Rücken, die Arme weit vorgestreckt. Als wir ihn aufhoben, war das Leben schon entflohen. Ein Marlspieker war von oben gekommen und hatte mit der scharfen Spitze ihm den Schädel zertrümmert. —“

Sie sank im Sessel zurück, leichenblaß, mit geschlossenen Augen; ich sprang auf, da winkte sie ab mit der Rechten in matter Bewegung.

„O nein, ich bin nicht ohnmächtig“, sagte sie leise „ich kann den Kelch bis auf die Neige leeren; erzählen Sie weiter!“

Ich war tief erschüttert; und wieder wollte es mir die Kehle zuschnüren. —

„Wir huben ihn auf und trugen ihn in die Messe und der Arzt that sein Werk. Bald ließ er ab: „Hier giebt's keine Hilfe!“ — Wir standen schweigend und tief bewegt. Oben ging die Flagge an der Gaffel halbstocks nieder. Es war totenstill im Schiff. Eine große Majestät war an Bord gekommen.“

„Und Sie haben die Leichenwache bei ihm gehalten?“ kam es wieder mit fast geisterhaftem Klang von ihrem Munde. Sie lag noch zurück mit geschlossenen Augen. Aber ihre Augen weinten nicht.

„Ja, das war meine letzte Freundespflicht und mein letztes Freundesrecht. Und hätt' es nimmer abgegeben! Hab' in der stillen Nacht, wie ich an seiner Koje saß, viel mit ihm geredet im Herzen, und es war mir leid um ihn wie einst dem David um seinen Bruder Jonathan. Und draußen spülten und rauschten die eilenden Seen am Fenster seiner Kammer vorbei. Sie hatten ihm sein kriegerisch Sterbekleid angelegt und ihn in den Seemannssarg gebettet; so lag er da, unter der Flagge, die ihn bedeckte. Wir waren weit, weit ab vom nächsten Land und durften nicht daran denken, ihn in kühler Erde zu betten; und er selbst hatte einst gesagt, als wir einen Mann in Bahia an Land bestatteten: „Wenn ich einmal fern von der Heimat sterben sollte, dann möchte ich aber auch als Seemann zu Grunde gehen im tiefen Seemannsgrab und im Sarg von Segeltuch, die Granate zu Füßen, und so aufrecht nach unten gehen, daß die See mir das Schlummerlied singt.“ So geschah es ihm. — Befehlen Sie, daß ich noch weiter erzähle?“ Sie neigte ein wenig das matte Haupt und sagte leise: „Ich bitte Sie darum! So furchtbar es ist, ich muß ein Bild haben von jenen Tagen für mein ganzes Leben!“

Das Schiff lag an jenem Morgen ziemlich genau in der Mitte der Entfernung zwischen Pernambuko und Cap Verde. In strahlender Schönheit ging die Sonne über dem blauen Meer auf und vergoldete die Toppen der Masten und warf leuchtenden Glanz über das schimmernde Deck, als ob das einsame Menschenschifflein garnicht die Stätte des Todes und der Trauer wäre. Und wir hatten ihn alle so sehr geliebt, dem diese Sonne nicht mehr aufging.

Dumpfes Schweigen herrschte in allen Decks, düsteres Schweigen in der Messe. Nur die Befehle wurden wie immer laut gegeben; fast lag es wie eine heilige Scheu auf aller Herzen.

„Vier Glas!“ meldete der Läufer dem Wachhabenden auf der Kommandobrücke. „Schlagen!“ Hell gellten die Schläge der Glocke durch das stille Schiff, auf das die Sonne des Aequators schon mit sengender Glut niederbrannte. Schrill tönten die Pfeifen des wachthabenden Bootsmannsmaat; kurz klangen die Kommandos von der Brücke; die Flagge wehte halbstocks, die „Brunhild“ hatte beigedreht. Und sie blieb so liegen bis nach der Bestattung, bis der Navigationsoffizier die Länge und Breite des Orts bestimmt hatte, an dem auf dem Meeresgrund der Besten einer den langen, tiefen Schlaf schlief.

Hier, meine Gnädige, habe ich das Besteck aufgeschrieben! Es war die schwerste Observation, die Dürckheim je gemacht hat!“ Sie griff nach dem Papier und krampfte es in der Hand zusammen. Die andere hatte sie vor die Augen gelegt. So lag sie zurückgelehnt da, eine rührende Dolorosa.

„Ich bitte, weiter!“ flüsterte sie. Ihr Atem ging hörbar.

„In Parade stand die Schiffsbesatzung ausgerichtet. Tiefer Ernst lag auf den Gesichtern der Leute; am Großmast stand die Musik; hell und gleißend spiegelte sich das strahlende Sonnenlicht in den goldig glänzenden Hörnern und Posaunen. Und schwerer Ernst lag auf den Gesichtern der Kameraden, die in Hut und Schärpe im Paradeanzug hinter dem Großmast standen.

„Stillgestanden!“ kommandierte der erste Offizier. Langsamen Schrittes trat der Kommandant aus der Kajüte. Am Steuerbordfallreep stand der Pfarrer. Langsam schlug die Glocke an mit feiernd verhallenden Schlägen: Der Leichenzug erschien. Da setzte die Musik ein: „Jesus, meine Zuversicht“ schallte das alte Sterbens- und Glaubens- und Osterlied weithin über die

aufrauschende See, die in blaufunkelndem, tadellosen Kreise vom fernen Horizont sich abhob. Langsam feierlichen Schrittes trugen die Unteroffiziere vom Kreuzmast ihn heran. Ueber den Toten war, weit über die Bahre fallend, die Kriegsflagge gebreitet. Säbel und Hut lagen darauf, „wie man Soldaten begraben muß.“ Kränze und Blumen spendet die See nicht.

Am Steuerbord-Fallreep ward die Bahre niedergesetzt, sodaß das Fußende auf dem Fallreep ruhte. Nun schwieg die

Musik; draußen rauschten die Seen gegen die Bordwand, spülend und ihren Perlenschaum versprühend. Jetzt ein kurzes Wort des Segens, des Abschieds, des Gebets, und wie das Amen! laut verhallte, da setzte die Musik kräftig ein: „Wie schön leucht' uns der Morgenstern!" — Ein Wink: Das Kopfende der Bahre hob sich von starken Händen und unter der Flagge hervor gleitet's über Bord und verschwindet in der aufrauschenden See — — ein stilles Gebet — — — „Tretet weg! — Alle Mann auf, klar zu Manöver!" — „Ueber dem Grabe des Seemannes singen Meer und Sturm ihr Lied oder flimmernd bricht sich der

Auf der Fahrt.

Sternenschein in stiller, lichter Tropennacht im blinkenden Wasser. Es ist kein schlechteres Grab in sechstausend Fuß Meerwasser, als in sechs Fuß Erde zu liegen. Und auch das Meer wird seine Toten wiedergeben an jenem Tage.

„Die Erde ist überall des Herrn, — Er ruht im Vaterlande, — Ob von der Heimat fern!"

„So ungefähr sprach der Pfarrer. Und er sprach recht." —

Die junge Frau lag noch so da. Unter der weißen Hand quollen die Thränen hervor. Ich stand auf. Sie sah es nicht. Tief neigte ich mich vor ihrem Schmerze und ging. Draußen war's mir, als hörte ich einen unterdrückten Schrei und einen dumpfen Fall. Sie war in ihrem Kampfe zusammengebrochen.

Sie hat's mir selbst erzählt, denn sie ist meine Frau geworden. Wie ein süß und heilig Vermächtnis halte ich sie im Arm. Und da draußen rauscht die wilde, weite, unendliche, männermordende See.

Der Dienst des Schiffspfarrers.

Von Oberpfarrer Rumland-Barby,
früher Pfarrer in der Kaiserlichen Kriegsmarine.

Wie die königliche Armee, so hat auch die Kaiserliche Marine ihre eigenen Geistlichen, und zwar zur Zeit 14 evangelische und 5 katholische. Die evangelischen sowohl wie die katholischen stehen je unter einem Marine-Oberpfarrer. Der evangelische Marine-Oberpfarrer hat gegenwärtig seinen Sitz in Wilhelmshaven, der katholische in Kiel. Dauernd an Land stationiert sind außerdem noch 2 evangelische und 1 katholischer Stationspfarrer in Kiel, je ein katholischer in Wilhelmshaven und Cuxhaven und ein evangelischer in Friedrichsort. Die übrigen Marinepfarrer werden je nach Bedarf an Bord kommandiert, und zwar in der Regel immer auf zwei Jahre. Im allgemeinen soll jedes Schiffsjungen- und jedes Seekadetten-Schulschiff sowie jedes Geschwader seinen eigenen Pfarrer haben; gegenwärtig ist durch die chinesische Expedition eine zeitweilige Verschiebung der Kommandierungen notwendig geworden.

Während der Dienst der Marinepfarrer an Land sich im allgemeinen von dem der Armeegeistlichen kaum unterscheidet, ist ihre Stellung und Thätigkeit an Bord so eigenartig, daß es den freundlichen Kalenderleser sicher interessieren wird, einmal von einem, der selbst jahrelang diese Stellung bekleidet hat, einiges darüber zu erfahren.

Wie jeder Dienst an Bord, so ist auch der des Schiffspfarrers durch bestimmte Dienstvorschriften genau geregelt. Danach liegt ihm natürlich vor allem die Abhaltung der sonn- und festtäglichen Gottesdienste ob. Nach der Vorschrift soll auf jedem Kriegsschiff, wenn es nicht durch zwingende Gründe unmöglich gemacht wird, an jedem Sonntage Gottesdienst gehalten werden. Ist kein Pfarrer an Bord, so hält den Gottesdienst der Kommandant oder ein von ihm dazu bestimmter Offizier. Es ist bekannt, daß Se. Majestät der Kaiser auf Seiner Yacht Hohenzollern dieser Vorschrift jederzeit in höchst eigener Person mit der größten Gewissenhaftigkeit nachkommt und sich dabei niemals von einem andern als einem Pfarrer vertreten läßt. Natürlich beschränkt sich der Gottesdienst, wenn er durch einen Offizier abgehalten wird, auf das Notwendigste. Die Predigt wird gelesen. Für diesen Zweck ist vor kurzem ein von mehreren Geistlichen verfaßtes „Predigtbuch für S. M. Schiffe" eingeführt worden, das den hier in Betracht kommenden Verhältnissen im besonderen Rechnung trägt und auch den Kapitänen der Handelsmarine dienen soll. Ausgedehnter und feierlicher gestaltet sich naturgemäß der Gottesdienst, wenn ein Pfarrer an Bord ist. Dann wird in irgend einem geeigneten Raum des Schiffes, bei gutem Wetter am liebsten an Deck unter freiem Himmel oder unter einem Sonnensegel ein Altar aufgestellt, um den sich die Offiziere und Mannschaften gruppieren, wie es der Raum gerade gestattet, und der Gottesdienst ziemlich in derselben Weise gehalten wie an Land in der Kirche. Die Gesänge begleitet die Schiffskapelle mit ihren Blasinstrumenten. Solch ein Schiffsgottesdienst bei schönem Wetter und ruhig liegendem Schiff macht, zumal wenn im fremden Hafen noch Gäste von Land oder von Handelsschiffen daran teilnehmen, immer einen sehr feierlichen Eindruck und ist gerade nach dieser Seite hin ja auch schon oft genug geschildert

Das Christus-Denkmal vor der Garnisonkirche in Kiel.
Gestiftet von S. M. dem Kaiser.

worden. Mir war es doch immer fast noch ergreifender, wenn wir am Sonntagmorgen bei schlechtem Wetter nur eben gerade noch in der Batterie auf einige Minuten zu einer kurzen Andacht zusammentreten konnten, weil an Sitzen nicht mehr zu denken war, wenn über uns der Sturm seine wilden Weisen sang, neben uns die See dröhnend gegen die geschlossenen Geschützpforten schlug und der Boden unter unsern Füßen schwankte und tobte, daß unwillkürlich die Hand öfter nach einem festen Halt griff. Einem unbeteiligten Beobachter wäre diese Situation vermutlich nichts weniger als feierlich erschienen, wir aber verstanden in solchen Augenblicken vielleicht besser als sonst irgend wann, was der

„Mütze ab zum Gebet!"

Herr am Schluß seiner Bergpredigt von seinem Wort gesagt hat: „Wer diese meine Rede höret und thut sie, den vergleiche ich mit einem klugen Manne, der sein Haus auf einen Felsen baute. Da nun ein Platzregen fiel und ein Gewässer kam und weheten die Winde und stießen an das Haus, fiel es doch nicht; denn es war auf einen Felsen gegründet." (Matth. 7, 25.) Und der tiefe Ernst auf all' den jugendlichen Gesichtern zeigte, daß der Dichter recht hat, wenn er singt:

„Denn Gottesfurcht ist angeboren
Dem Seemann, wo er immer lebt,
Und wenn verlassen und verloren

Er auf der Wasserwüste schwebt,
Den Himmel über sich, das Grauen
Der Einsamkeit und der Gefahr
Vor sich, da gilt es Gott vertrauen
In tiefer Demut immerdar."

(Jul. Wolff, der fliegende Holländer.)

Neben der Abhaltung der Gottesdienste legt die Dienstvorschrift für den Schiffspfarrer einen ganz besonderen Nachdruck auf die Ausübung der speziellen Seelsorge, besonders an den Kranken und etwaigen Arrestanten. Der Unkundige wird zu der Annahme geneigt sein, daß dafür die Verhältnisse an Bord vielleicht besonders günstig wären. Das ist aber durchaus nicht der Fall. Freilich hat der Schiffspfarrer seine Gemeinde auf einem so engen Raum beisammen wie kaum ein anderer, aber die beständige Unruhe des Bordlebens, der zu keiner Tages- oder Nachtzeit ganz aufhörende Dienst, vor allem die große Schwierigkeit, die es macht, die gerade an Bord sehr strenge Etiquette und noch manches andere, macht die spezielle Seelsorge ganz außerordentlich schwierig. Immerhin ist es auch dem Schiffspfarrer, wenn er nur ernstlich will, recht wohl möglich, dem Einzelnen näher zu kommen, doch läßt sich naturgemäß gerade diese Seite seines Dienstes am wenigsten durch Vorschriften regulieren oder auch nur kontrollieren.

So bleibt als vorgeschriebener Dienst für den Schiffspfarrer eigentlich nur noch übrig: Die Verwaltung der Mannschaftsbibliothek, die begreiflicherweise nur wenig Mühe macht, da geeignete Hilfskräfte stets im Ueberfluß vorhanden sind und auf dem Schiffsjungen-Schulschiff der Unterricht der Jungen in Geschichte, Geographie und Deutsch. Dieser letztere kann ja, wenn der Kommandant auf diesen Dienstzweig besonderen Wert legt, recht viel Zeit in Anspruch nehmen. Ich habe seiner Zeit an vier Nachmittagen in der Woche je zwei Stunden unterrichten und halbjährlich die Erfolge des Unterrichts meinem Kommandanten in feierlicher Prüfung vorführen müssen, sodaß meine Zeit, allerdings nur in See, ziemlich besetzt war. Aber wenn man vier volle Wochen lang unter Segel ist, ohne Land zu sehen, ist solche regelmäßige Beschäftigung viel weniger eine Last als eine Wohlthat.

Im allgemeinen wird man danach zugeben müssen, wenn der Hilfspfarrer sich gewissenhaft auf das beschränkt, was er nach seiner Dienstvorschrift zu thun verpflichtet ist, so hat er sehr wenig zu thun. Aber das ist eben das Eigentümliche seiner Stellung, daß er nicht bloß vielmehr thun kann, sondern daß man auch viel mehr von ihm erwartet, als man ihm vorgeschrieben hat. Es kommt gerade bei dieser Stellung noch viel mehr als bei irgend einer andern an Bord alles auf die Persönlichkeit an. Allerdings nicht blos die des Pfarrers selbst, sondern ganz besonders auch auf die seines Kommandanten, denn der ist sein direkter Vorgesetzter, dessen Anordnungen er sich unbedingt zu fügen hat. Unter einem wohlwollenden, kirchlich interessierten Komandanten öffnet sich einem eifrigen und befähigten Pfarrer an Bord ein Thätigkeitsfeld, wie er es sich größer und günstiger kaum wünschen kann. Schon die Dienstvorschrift nimmt auf dieses persönliche Moment Rücksicht, indem sie es z. B. von der Entscheidung des Kommandanten abhängen läßt, ob außer den Sonntagsgottesdiensten auch noch tägliche Morgenandachten gehalten werden sollen oder nicht. Auf den Schulschiffen sind diese Morgenandachten Regel. Die Mannschaft schließt unmittelbar nach der Musterung einen Kreis, der Pfarrer tritt einfach im schwarzen Rock in die Mitte, liest ein kurzes Schriftwort, legt es mit kurzen Worten aus und schließt dann mit Vaterunser und Segen. Das Ganze dauert etwa fünf Minuten. Welchen Wert diese Morgenandachten schon rein äußerlich für das Gefühl der Zusammengehörigkeit haben, das liegt auf der Hand. Da erscheint die ganze Schiffsbesatzung wie eine große Familie, die sich, bevor sie an ihr Tagewerk geht, erst einmal sammelt um Gottes Wort. Und alles, was die Gemüter bewegt, jedes Vorkommnis an Bord kann hier sofort auf das Nachdrücklichste in das Licht des göttlichen Wortes gestellt werden. In welcher andern Gemeinde, abgesehen etwa von Anstaltsgemeinden, ist das in auch nur annähernd ähnlicher Weise möglich? Diese Andachten erfreuen sich darum, wenn nur der Pfarrer es versteht, immer das rechte Wort zu finden, auch meistens allgemeiner Beliebtheit. Für den Pfarrer sind sie, vorausgesetzt, daß er es genau damit meint, eine ebenso schwierige wie dankbare Aufgabe.

In ähnlicher Weise wie durch diese Morgenandachten kann der Schiffspfarrer auch durch die belehrenden Vorträge, die ihm durch seine Dienstvorschrift „anheim gegeben" sind, auf seine Gemeinde einwirken. Der Stoff dazu ist ja, besonders auf der Reise, nahezu unbegrenzt und wenn es sich dabei auch nur selten um ausgesprochen religiöse Dinge handeln kann, so kann doch in jedem Fall hier und da ein gutes Wort mit eingeflochten werden, das eben um seiner Unabsichtlichkeit willen auch immer eine gute Saat finden wird.

Daß der Schiffspfarrer im Auslande nicht blos auf seinem Schiff, sondern auch unter etwaigen Landsleuten und Glaubensgenossen an Land oder auf deutschen Handelsschiffen seines Amtes walten wird, so oft sich ihm Gelegenheit dazu bietet, würde sich auch ohne die darüber getroffene Bestimmung der Dienstvorschrift, ja wohl von selbst verstehen. —

Man sieht aus dieser kurzen Schilderung, der Dienst des Schiffspfarrers ist oder kann doch wenigstens umfangreicher und mannigfaltiger sein, als der Unkundige vielleicht meint. Jedenfalls ist auch unter den schwierigsten Verhältnissen, wo ihm jede Möglichkeit über die Bestimmungen der Dienstvorschrift hinauszugehen verschränkt ist, schon sein bloßes Vorhandensein nicht ohne Segen, vorausgesetzt natürlich, daß er seiner Gemeinde das Christentum nicht blos vorpredigt, sondern auch vorlebt.

Spruch.

Der Seemann, der
Von oben fiel
Bei Sturm und Nacht,
Der ist am Ziel.

Er weiß, daß er
Hinunter muß
Und hebt die Hand
Zum Seemannsgruß.

Dann nimmt ihm Gott
Das Steuer ab
Und steuert ihn
Ins Seemannsgrab.

Hans Parlow.

Ständchen aus luftiger Höhe.
Nach einer Original-Zeichnung von H. Haase.

Der alte Schifferfriedhof.

Zum alten Schifferfriedhof gern
Lenk' ich den Schritt hin, wenn ich will
Fern sein den Menschen. Unten dort
Am Hang der Düne ist es still.

Da ruh'n sie, die zurückgekehrt
Zur Heimat sind von langer Fahrt,
Indes auch mancher auf den Grund
Der wilden See gebettet ward.

Holzkreuze, altersmorsch und grau,
Steh'n auf den Gräbern hier und da;
Am Boden liegen manche schon,
Die wildes Grün verbirgt beinah.

Vom Strand her auf die Gräber stieg
Bläuliches Gras und nahm sie ein,
Graugrüner Wermut, Ringelblum'
Und Ginster mischten sich darein.

Dazwischen eine Rose blüht,
Nur eine noch. Wohl treue Hand
Hat sie gepflanzt, daß sie so lang
Dem zähen Unkraut widerstand.

Da ruh'n sie aus im letzten Port,
Vor Sturm geborgen und vor Weh.
Kühl über sie hinweht der Wind,
Nah' ihren Häuptern rauscht die See.

Sie rauscht in ihren Traum hinein,
Bis Gott sie ruft in's Paradies.
So schlafen sie, wie sie's gewohnt
Vom Leben her, und schlafen süß.

J. Trojan.

Das Meer als Quelle der Völkergröße.

Das Meer ist unwirtlich. Was der Mensch ihm unmittelbar durch Fischerei und Salzbereitung abgewinnen kann, ist gering an Wert im Vergleich zu der weiten Ausdehnung der Ozeane. Und doch ringen die Völker von jeher um die Seeherrschaft, denn das Meer ist wichtig als ein Weg, der zu Macht und Reichtum führt. Wenn auch Stürme auf ihm toben, so ist es doch leichter befahrbar als das Land. Der Schiffer, der sich ihm anvertraut, kann von einem Punkte, von einer noch so kleinen Küste aus in weite Räume vordringen und sie beherrschen. Zu welcher Macht die Schiffahrt allein führen kann, davon zeugt die Geschichte Venedigs, das seinen Landbesitz systematisch aufs Notwendigste beschränkte. Bei der Teilung des oströmischen Reiches verschmähte es Epirus und Anatolien und begnügte sich mit Durazzo und den Aegäischen Inseln und doch schwang es sich zu einer Großmacht empor; seine Stärke lag in den 36 000 Seeleuten und 3300 Fahrzeugen, über die es in seiner guten Zeit verfügte.

In unseren Tagen, da der Verkehr alle Erdteile und Ozeane umspannt hat, ist die Bedeutung des Meeres für den Wohlstand der Völker gestiegen, und Fragen der Seeherrschaft werden im 20. Jahrhundert in der Weltpolitik eine wachsende Bedeutung erlangen.

Weittragend ist schon die physische Wirkung der See auf den Menschen. Das Land können wir bezwingen, der Urwald wird ausgerodet, die Wüste durch Bewässerung fruchtbar gemacht; das Meer aber läßt sich niemals völlig unterwerfen, der Seefahrer muß mit ihm unablässig streiten und ringen. So stählt das Meer den Charakter der Seevölker. Indem es sie aber in weite Fernen lockt, erzeugt es in ihnen den Wagemut und erweitert ihren Horizont. „Aus endlosen Horizonten aber," bemerkt treffend Fr. Ratzel, „wächst ein großer Zug von Kühnheit, Ausdauer und Fernblick in den Geist und Charakter der Seevölker hinein. Seevölker haben am wesentlichsten beigetragen zur

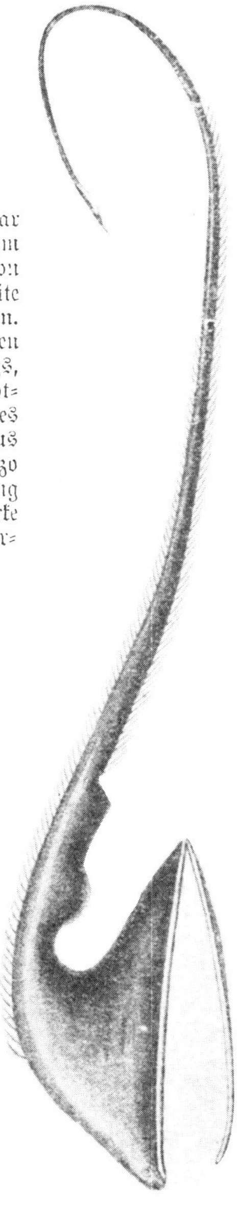

Fischart aus dem Golf von Guinea.

aber sie hat sich fast immer als zu schwach erwiesen, den Krieg in das Innere des Landes zu tragen und endlichen Sieg zu erringen. Reine Seemächte fanden bald ihren Untergang, wie das die Geschichte Venedigs und der Hansa beweisen.

In der Neuzeit ist darum immer mehr und mehr das Bestreben hervorgetreten, der Seemacht durch Landbesitz Stütze zu verleihen; es fand den deutlichsten Ausdruck in den Kolonialreichen Spanien und England.

Die Geschichte bringt aber noch eine andere Wandlung zustande. In früheren Epochen gab es immer nur einige wenige Seevölker, die um die Herrschaft des Meeres stritten oder sie allein an sich rissen. Gegenwärtig drängt alles nach dem Meere und die Seevölker werden zahlreicher. Reine Landmächte, wie das Fränkische Reich oder das Deutsche Reich des Mittelalters, sind heute ebenso undenkbar in Europa wie jene reinen Seemächte, die das Monopol des Seeverkehrs besaßen. Heute ist z. B. fast jedes an das Mittelmeer grenzende Volk auch ein Seevolk, und keins kann die Herrschaft für sich allein in Anspruch nehmen, die wachsende Flottenmacht Frankreichs, Italiens, Oesterreich-Ungarns, Rußlands und der kleineren Staaten macht es unmöglich. Und auch in dieser Beziehung werden die großen Meere in den Spuren der kleinen gehen; ihre Beherrschung wird geteilt werden. Das bereitet sich z. B. in dem nördlichen Becken des Stillen Ozeans vor. Neben den einheimischen Mächten Japan und China treten dort Engländer

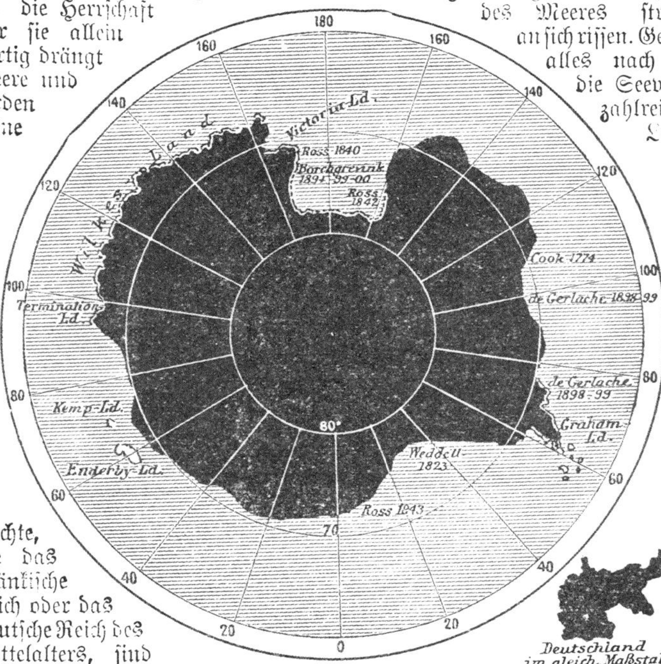

Die noch unerforschten Seegebiete.

Fig. 2. Die Südpolarländer.

Vergrößerung der politischen Maßstäbe. Die enge territoriale Politik ist ihrem Wesen nach kurzsichtig; das weite Meer erweitert den Blick nicht bloß des Kaufmanns, sondern auch des Staatsmanns. Nur das Meer kann wahre Weltmächte erziehen. Die weltgeschichtliche Größe Roms beginnt doch erst mit der Verwirklichung der Erkenntnis, daß eine große Macht auch Seemacht sein müsse, und das siegreiche Neue in Roms Entfaltung ist die Verbindung von Land- und Seemacht, die die maritimen Monopole der Punier und Griechen für immer zerbrach. Bei dem seemächtigen Athen ist immer mehr großgriechische Auffassung gewesen als bei dem beschränkten Sparta. Und ist es nicht der Odem des Meeres, der unsere Brust erweitert und unser Blut rascher fließen macht, wenn wir die Geschichte der Hansa aufschlagen? Sie berührt uns wie ein Strom frischer Luft, den man in die Staub- und Moderatmosphäre des siechen Reiches einläßt."

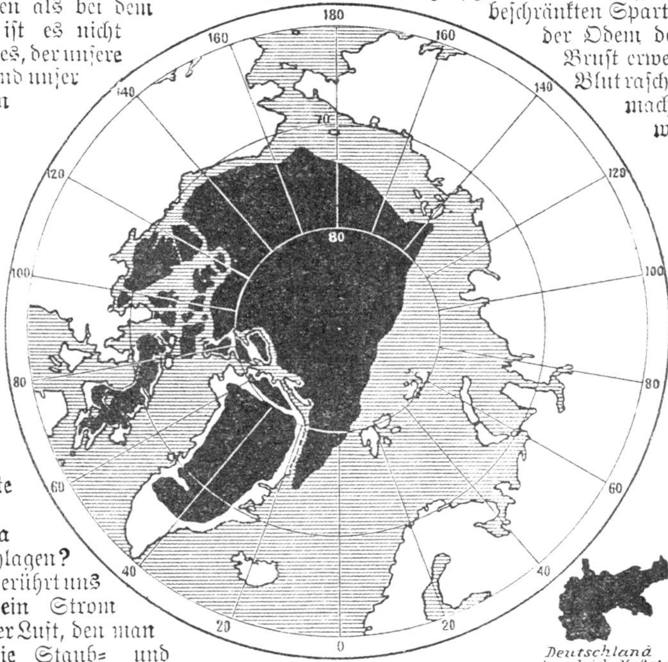

Die noch unerforschten Seegebiete. (Unerforschtes Gebiet: Schwarz.)

Fig. 1. Die Nordpolarländer.

Seevölker sind auch darum Träger des Kulturfortschritts gewesen. Es fehlt nicht an Völkern, die abgewandt vom Meere gelebt, Kulturen geschaffen und Staaten aufgebaut haben. Die Geschichte Aegyptens oder Chinas ist sicherlich in keiner Weise unrühmlich, aber ihrem einförmigen Verlauf fehlen die belebenden Gegensätze, und er kommt früh ins Stocken. Nur Halbkulturen, das heißt Kulturen, die nicht fertig geworden sind, haben sich in solch' binnenländischer Abgeschiedenheit entwickelt.

Freilich hat die reine Seemacht auch ihre Schattenseiten. Auf die Dauer vermag sie der Landmacht nicht standzuhalten. Wohl kann die Seemacht feindliche Angriffe abwehren, die Küsten des Feindes erobern,

und Russen, Deutsche, Franzosen und Nordamerikaner als Rivalen auf. Jeder Großstaat hat dort etwas zu verteidigen und zu schützen, und das ist natürlich, da heute ein Großstaat ohne wirtschaftliche Weltinteressen undenkbar ist.

Es werden darum in Zukunft die Flotten ebenso notwendig werden wie die Armeen, und in der Weltpolitik wird das Meer die Völker auf neue Proben stellen. „Deren Ausgang wird uns lehren, daß viele Unterschiede der Rasse, der Kultur und der Macht, die heute hoch veranschlagt sind, dem einen großen Gegensatz von stark und schwach untergeordnet bleiben und daß man künftig noch mehr als heute in der Beherrschung des Meeres einen der wesentlichsten Gründe der Größe der Völker anerkennen wird."

Vexierbild.

Fritz sitzt vergnügt in Kiautschau
Und denkt an seine Lieben,
Entfloh'n ist der Chinesen Schar —
Nur einer ist geblieben!
Wo ist er?

Pflicht!

Novelette von H. de Méville.

Rasselnd und donnernd braust der Hamburger Schnellzug in die große Bahnhofshalle hinein, langsam seine Fahrgeschwindigkeit ermäßigend. — Ein ohrenzerreißendes Zischen und Brausen, ein keuchendes Schnauben erfüllt den weiten Raum, dann steht der Zug und aus allen Wagenthüren ergießt der Strom der ankommenden Reisenden sich auf den eben noch so stillen Perron.

„Albert!" —

Ein junges, einfach, aber elegant gekleidetes Mädchen war es, die den Namen gerufen hatte und nun, strahlend vor Glück und Freude, mit ausgebreiteten Armen dem stattlichen, hochgewachsenen Mann in den Weg trat, der soeben einem Abteil zweiter Klasse entstiegen war und suchend seinen Blick durch das Gewühl ringsum schweifen ließ. —

Schweigend, in seliger Selbstvergessenheit, hielten sich die beiden Menschen einige Augenblicke umschlungen, bis endlich der Mann sich sanft, aber entschieden aus den Armen des jungen Weibes löste.

„Komm Toni — komm zur Mutter ich — — habe viel mit Dir zu sprechen, aber nicht hier, nicht in dieser Umgebung!"

Ernst und dringend kamen die Worte von seinen Lippen und ihr Ton stimmte schlecht zu dem heißen innigen Liebesblick, mit dem er ihre Gestalt umfing.

Auch das Mädchen mußte dies empfinden und voll zärtlichen Vorwurfs schlug sie das große, schöne Auge zu seinem Gesicht auf, das in dem grellen, weißem Licht der elektrischen Bogenlampe eigentümlich fahl erschien.

„Du lieber, böser Mann", schmollte sie, „ein volles Jahr haben wir uns nicht gesehen, und glaubst Du denn, ich hätte mich garnicht nach Dir und Hans gesehnt, während ihr auf diesem weiten, gräßlichen Meere waret?" — „Ja mein Gott," unterbrach sie sich, „wo ist denn Hans? — Albert, um Gotteswillen sprich, was ist geschehen?" — —

„Komm!" fast rauh ergriff er ihren Arm und zog sie zum Ausgange, während ein Zug eiserner Entschlossenheit sich um seinen Mund legte, „Dein Bruder — — ist verunglückt — — ich — — ich kann Dir das hier nicht näher schildern, — nachher zu Hause!" — —

Stumm, als hätten die letzten Worte ihres Verlobten ihr die Sprache geraubt, folgte Toni Harden seiner Weisung und schweigend schritten die Beiden die breite Steintreppe hinab, die vom Perron auf die Straße führte. — — — —

Aus einer angesehenen Kaufmannsfamilie stammend, hatte das junge Mädchen ihre Kindheit in den behaglichsten Verhältnissen verlebt, bis der Vater plötzlich durch die Schuld eines Schurken, dem er vertraut und den er für seinen besten Freund gehalten hatte, sein ganzes Vermögen verlor und seinem Leben selbst ein Ende machte. Eine schwere Bürde war es, die dieser Schicksalsschlag auf die Schulter der damals kaum Achtzehnjährigen wälzte, aber sie wußte sich damit abzufinden und ihrem unermüdlichen Fleiß gelang es, nicht nur sich und der kranken gelähmten Mutter eine wenn auch bescheidene Existenz zu

. . . „ich fordere Rechenschaft von Dir" . . .

schaffen, sondern man konnte auch dem fünf Jahre jüngeren Bruder Tonis eine gute Schulbildung zuteil werden lassen. —

Als sie Kapitän Raden, der, von einem längeren Aufenthalt bei seinen Verwandten in Süddeutschland zurückkehrend, sich einige Wochen in der Hauptstadt aufhielt, kennen lernte, hatte sie soeben ihr vierundzwanzigstes Jahre vollendet und die reife ernste Schönheit des Mädchens hatte einen tiefen Eindruck auf den Mann gemacht.

Langes Zögern und Ueberlegen ist nicht Seemannsart, es

heißt da rasch genießen, wenn man überhaupt genießen will, und so war denn auch Raden bald mit sich im Reinen. —

Einfach, ohne viel pathetisches Gerede, aber mit jenem warmen, echten Herzenston, der zu Herzen geht, weil er daher kommt, hatte er eines Tages dem Mädchen seiner Wahl seine Liebe gestanden und sie gebeten, die Seine zu werden für das Leben. — Und sie — zitternd vor dem Uebermaß des Glückes, das sie bei seinen Worten empfand, war stumm in seine Arme gesunken, den Kopf an seinem Herzen bergend.

Liebte sie doch den ernsten, wettergebräunten Mann, der in seiner ruhig-selbstbewußten, echt männlichen Festigkeit so gänzlich verschieden war von den geschniegelten, blasierten Modenarren der Großstadt, schon seit dem ersten Tage ihrer Bekanntschaft. —

Gern hatte die Mutter den Herzensbund der beiden jungen, glücklichen Menschen gesegnet, und eine Reihe von Tagen voll ungetrübten sonnigen Glückes folgte. Auch Tonis Bruder, der jetzt fast neunzehnjährige Hans hatte sich mit einer an Schwärmerei grenzenden Lebhaftigkeit an den Schwager angeschlossen.

Seit früher Kindheit schon war es sein glühender Wunsch, selbst Seemann zu werden und diese Jugendträume lebten jetzt, wo er in dem Schwager täglich einen Vertreter jenes Standes vor Augen hatte, von neuem wieder auf.

Alle Bitten und Thränen von Mutter und Schwester fruchteten nichts, umsoweniger, als der Kapitän, den Toni bat, seinen Einfluß auf den Bruder in ihrem Sinne geltend zu machen, dies entschieden ablehnte und sogar erklärte, der Junge habe nicht so Unrecht und er sei gern erbötig, den Bruder seiner Toni zu sich an Bord und unter seine persönliche Obhut zu nehmen. —

Es hatte eine ziemlich bewegte Szene gegeben, als dann die Trennungsstunde schlug, und besonders Toni, die den Bruder abgöttisch liebte, hatte bittere Thränen vergossen. „Du schützest Hans, Dir will ich ihn anvertrauen, Albert,“ waren ihre letzten Worte, und bewegt hatte der Kapitän die Fassungslose in die Arme geschlossen, gelobend, für den Bruder seiner Toni mit dem eigenen Leben einzustehen. — — — — — — — —
— — — — — — — — — — — — — — —

Nur wenige Schritte trennten das Haus, in dem Toni mit ihrer Mutter eine bescheidene Wohnung inne hatte, vom Bahnhofe, und die beiden Menschen legten die kurze Strecke zurück, ohne auch nur durch ein Wort das dumpfe, lähmende Schweigen zu brechen, das den letzten Worten Radens gefolgt war.

„Warte eine Minute, bitte,“ sagte das Mädchen endlich, als

sie mit nervös zitternden Händen die Thür der Wohnung aufschloß, „ich glaube Mama ist eingeschlafen!“

Ihre Vermutung erwies sich als richtig.

In ihren Stuhl zurückgelehnt, war die alte Frau über dem Warten auf ihre Lieben ein wenig eingenickt. —

Mit einer unnatürlichen Ruhe, die ihren Bewegungen etwas Automatisches gab, entzündete Toni jetzt die Lampe im Nebenzimmer und ließ ihren Verlobten dort eintreten.

Wohl kein Mensch hätte in dem reglosen, straff aufgerichtetem Weibe, das, auf den kleinen, runden Tisch gestützt, das bleiche, kalte Gesicht von dem Lichte der rotverschleierten Lampe beleuchtet, wie eine Rachegöttin in dem engen Zimmer stand, das liebevolle, hingebende Mädchen von vorhin wiedererkannt.

Ein eisig kalter, harter Zug voll unsäglicher Bitterkeit zog sich um den feingeschnittenen Mund, dessen nervöses, krampfiges Zucken das einzige Zeichen von dem wahnsinnigen Aufruhr war, der in ihrem Innern tobte.

„Sprich jetzt, Albert, ich fordere es, — ich fordere Rechenschaft von Dir, — Dir vertraute ich Hans an, wo ist er?!“ —

Sekundenlang flammte es auf in den dunklen Augen des Mannes, bei dem drohenden, verletzenden Ton ihrer Worte, aber er bezwang sich; ernst und ruhig klang seine Antwort.

„Nun gut, Toni, höre mich an. Es war am zwanzigsten Juli dieses Jahres. Seit fast vollen vier Wochen lagen wir, ohne von der Stelle zu kommen, vor wenigen, kleinen Sturmsegeln beigedreht.

„Furchtbar arbeitete das Schiff in der hochgehenden See, aber das einzige Mittel, die wahnsinnigen Schlingerbewegungen wenigstens einigermaßen zu mildern, Segel setzen, durften wir nicht anwenden, da das Wetter zu böig war.“ — Kapitän Raden schwieg einen Augenblick und fuhr sich mit der Hand über die Stirne, ehe er fortfuhr.

„Es war gegen halb drei Uhr nachmittags; ich hatte mit dem zweiten Steuermann die Wache und war auf einen Augenblick in die Kajüte hinuntergegangen, als dieser Hans in die Takelage schickte, um irgend eine notwendige Arbeit zu verrichten.“ — — — —

„Er muß unvorsichtig gewesen sein, sich nicht gehörig festgehalten haben, — wie es gekommen ist, weiß kein Mensch.“ —

„Plötzlich vernahm der Offizier einen Schrei, und aufblickend, sah er einen dunklen Körper die Luft durchschneiden und etwa vierzig bis fünfzig Schritt vom Schiff entfernt in das Wasser stürzen.“ — — — Raden schwieg. Sekundenlang herrschte Grabesstille in dem kleinen Zimmer, bis endlich das Mädchen zum vollen Bewußtsein des Gehörten zu kommen schien.

„Mein Bruder, mein armer, armer Bruder!“ —

Ein krampfiges Schluchzen erschütterte den schlanken Körper, und, die Rechte auf das Herz pressend, fuhr sie fort: „Und es war keine Möglichkeit vorhanden, ihn zu retten, Albert, unter all' den Männern war kein einziger, der versucht hätte, das Leben eines Kameraden zu retten? — Oh pfui über sie, pfui!“ —

Kapitän Raden starrte einen Augenblick schweigend zu Boden. Das tiefe, hastige Heben und Senken seiner breiten Brust legte Zeugnis ab von dem Seelenkampfe der in seinem Innern tobte; aber nur wenige Momente währte derselbe.

„Du irrst, Toni,“ sagte er leise, während ein Zug eiserner Entschlossenheit sich auf seinem Gesicht zeigte, — „beschimpfe nicht Männer, die es so wenig verdienen; kein Einziger war an Bord, der auch nur eine Sekunde gezaudert hätte, in das Rettungsboot zu gehen, — mein Befehl hielt sie davon zurück!" — —

„Dein Befehl?!" — Verständnislos starrte das Mädchen ihn an und die Hand an die Stirn führend, schüttelte sie langsam den Kopf: „Ich verstehe nicht, Albert, Du selbst, Du hättest" — —

„Ja Toni," unterbrach er sie, „ich selbst war es, mußte es sein, der die Leute von Rettungsversuchen zurückhielt. Das Aussetzen eines Bootes war bei der hochgehenden See ein Ding der Unmöglichkeit, es wäre zu Atomen zerschmettert worden, ehe es frei vom Schiff war!" — „Meine Pflicht als Kapitän verbot mir, unter diesen Umständen, fünf Menschenleben an den nutzlosen Versuch zu setzen, eins zu retten!" —

„Ich mußte ihn opfern, mußte Zeuge des Todeskampfes eines Menschen sein, der mir nächst Dir das Teuerste auf der Welt war, — nur Gott allein, außer mir selbst weiß, was mich dies Opfer kostete, und was es mich kostet, Dir dies alles zu sagen!" —

„Ich wollte, ich läge statt seiner dort unten!" —

„Du, statt seiner", wiederholte sie endlich tonlos seine letzten Worte, „Du hast recht, Albert, es wäre besser gewesen!"

„Ich wäre gestorben an jenem Schlage, wie ich an diesem sterben werde, aber ich wäre dahingegangen im Glauben an unsere Liebe, — und die — ist nun tot!" „Geh, Albert, laß mich allein!" —

„Geh", wiederholte sie mit seltsamer Ruhe, als er sprechen wollte, „geh, ich weiß alles, ich weiß, daß Du — — Deine Pflicht thatest, und ich — — kenne die meine!" „Fürchte nicht, daß ich meinem Leben selbst ein Ende machen werde, — ich muß ja leben, für die Mutter." — „Nur das hier," ein müdes, irres Lächeln trat auf ihre zuckenden Lippen, während sie den einfachen Goldreif, an der Linken trug, vom Finger streifte, und ihn klirrend zu Boden fallen ließ, „das hier, — ist vorbei!" —

Keine Muskel zuckte in dem Gesicht des Kapitäns, nur die Adern an den Schläfen schwollen zu Strängen an, als der Ring vor seine Füße rollte. Aber wieder bezwang er sich. Die Zähne in die blassen Lippen grabend, wandte er sich um und verließ, ohne ein Wort zu sagen, das Zimmer. — — —

Reglos, noch immer jenes seltsame Lächeln im Gesicht, blickte Toni der schlanken, kraftvollen Männergestalt nach, und erst als draußen die Thür in das Schloß fiel, schien das Leben in ihren Körper zurückzukehren. Ein dunkler Blutstrom schoß jäh in ihren Wangen auf und färbte das fahle Gesicht dunkelrot.

Taumelnd versuchte sie einen Schritt vorwärts zu machen, aber die Füße versagten ihren Dienst. Ein erstickter, gurgelnder

Schrei, und, die Arme jäh in die Luft werfend, schlug sie in schwerem Fall rücklings zu Boden. —

„Klar von der Kette, — Fallen Steuerbords-Anker!“

Die mächtige Eisenlast des Ankers schießt in das Wasser hinab, und donnernd folgt die schwere Kette, bis endlich die Stopper ihren Lauf hemmen. Langsam schwingt der stattliche Segler herum, die Flagge von der Gaffel winkt grüßend hinüber nach dem heimatlichen Gestade und eine ganze Flottille von Booten nähert sich dem heimgekehrten Fahrzeuge.

Allen voran fliegt ein schlankes, weißes Segelboot; mit Blitzesschnelle durchschneidet sein scharfer Bug die kurzen, krausen Wellen der Rhede und lange vor den andern ist es am Fallreep. Mit einem Satz ist das blonde, frische Mädchen, das neben dem alten Seemann, der das Ruder führt, sitzt, heraus und auf die Treppe gesprungen und wenige Sekunden später steht die Kleine am Deck, fest umschlungen von zwei kräftigen, sehnigen Armen, deren Besitzer, der erste Steuermann der Bark, für die ersten zwei oder drei Minuten der festen Ansicht zu sein scheint, das Oberdeck der „Möve“ sei ein Teil des siebenten Himmels. —

„Also darum die Ungeduld all' die Zeit,“ klang es da plötzlich hinter den beiden Verliebten und mit leichtem Lächeln fuhr Kapitän Raden, der Führer der „Möve“ fort:

„Aber hören Sie, Steuermann, ich glaube, Sie thun besser, Ihre interessante Unterhaltung hinten in meiner Kajüte fortzusetzen. Ich sehe da ein gewisses Boot herankommen, Fräulein Classen, und es könnte hier doch etwas „böig“ werden!“

Die Kleine stampfte trotzig mit dem Füßchen, „Ach was“, schmollte sie, ihre kleine Hand in die dargebotene Rechte des Kapitäns legend, „einmal muß es ja Papa doch erfahren, ich liebe Reinhold eben und heirate ihn und keinen andern!“

„Glaub's schon“, nickte der andere, „energisch genug, um Ihren Willen selbst Papa Classen gegenüber durchzusetzen, sind Sie schon, Fräulein Gerta; aber ich glaube, es kann doch nicht schaden, wenn ich . . . .“

„Wie, Kapitän, Sie wollen . . ,“ unterbrachen ihn die Beiden einstimmig, und wenig fehlte, so hätte Fräulein Gerta ihn statt des Geliebten umarmt, aber der Kapitän ließ sie nicht zu langen Reden kommen. „Vorwärts, Kinder, macht, daß Ihr hinter kommt“, rief er lächelnd, und es war Zeit, denn kaum waren die Beiden in der Kajütenthür verschwunden, als auch schon Herr Classen, Radens Rheder und Socius, in höchsteigener Person auf dem Oberdeck der „Möve“ erschien.

„Wo ist meine Tochter, Raden?“ frug er nach der ersten Begrüßung hastig, „ich will doch nicht hoffen“, — — —?!

„Kommen Sie nur erst einmal her, alter Freund", meinte aber der Kapitän mit einer durch nichts zu erschütternden Ruhe, und wenige Augenblicke später saßen die Beiden in ernstem Gespräche in der Messe. — — — „Heiliges Kreuzbramstengendonnerw. . . .", Herrn Classen blieb das Ende seines schönen Kernfluches in der Kehle stecken. Lag der Schlingel von einem Mädel da so seelenvergnügt in den Armen seines Steuermannes, als ob es garkeine Väter mehr gäbe. Der dicke, behäbige Herr gab sich alle Mühe, recht bärbeißig auszusehen, aber es schien ihm dies doch nicht so recht zu gelingen, und das Töchterchen ließ sich nicht im Mindesten einschüchtern, sondern flog ihm nur einfach um den Hals und küßte ihn, daß ihm ganz ängstlich zu Sinne wurde.

S. M. S. „Bussard".

„Dat kann'k Ju aber seggen" — wenn Papa Classen gerührt wurde, verfiel er gern in den heimatlichen Dialekt — „wenn ik dar nix gegen hew, denn hebbt Ji beeden Windhunde dat blos Raden to verdanken!" Der aber stand inzwischen einsam auf dem Halbdeck seines treuen Schiffes.

Die Hände auf das Geländer gestützt, sah er starren Blickes nach dem nahen Lande hinüber. „Ich weiß, was es gerade für unsereinen heißt, Classen, wenn man so gewaltsam von dem Wesen losgerissen wird, an dem nun einmal das wilde, heiße Herz mit jeder Faser hängt!" wiederholte er leise seine Worte von vorhin und die bärtigen Lippen des ernsten Mannes zuckten leise, unbewußt stieg eine Thräne in die brennenden Augen.

Der Morgenschlaf des ersten Offiziers.

Marine-Humoreske
von Viktor Laverrenz.

Das Herbstgeschwader war zusammengezogen und lag auf der Rhede von Wilhelmshaven zu Anker. Auf dem Flaggschiff war seitens des Geschwaderchefs eines Abends ein Diner gegeben worden, zu welchem auch an den Kommandanten und den ersten Offizier des Linienschiffes „Metz" Einladungen ergangen waren. Die Feierlichkeit hatte sich ein wenig in die Länge gezogen und der erste Offizier S. M. S. „Metz," Korvettenkapitän von Hammerstein, hatte sich vorgenommen, am kommenden Morgen ein Stündchen länger zu schlafen und statt um 5 Uhr erst um 6 Uhr aufzustehen. Herr von Hammerstein hatte ja durchaus nicht die Verpflichtung, schon um 5 Uhr die warme Koje zu verlassen; aber wer es mit seiner Stellung als erster Offizier recht ernst nimmt — und das that der genannte Herr durchaus — dem läßt's keine Ruhe; es ist ihm schlechterdings unmöglich, noch liegen zu bleiben, wenn er weiß, daß auf dem seiner Obhut unterstellten Schiffe schon herumgewirtschaftet wird und sei dies auch in aller Herrgottsfrühe.

Im vorliegenden Fall aber wird man es dem Helden unserer kleinen, wahrhaftigen Geschichte wirklich nicht verdenken, daß er einmal — ganz ausnahmsweise — von dem zweifellos ihm zustehenden Rechte, bis 6 Uhr schlafen zu dürfen, Gebrauch machte.

Wenn man bedenkt, daß zu den außerordentlich vielen dienstlichen Obliegenheiten eines Mannes in so verantwortlicher Stellung noch offizielle Diners kommen, welche ihn um einen Teil seiner wohlverdienten, ohnehin schon knapp genug bemessenen Nachtruhe bringen, so muß wahrlich jeder menschlich Denkende ihm diese kleine Erholung von Herzen gönnen.

Ein erster Offizier ist nun einmal ex officio ein geplagter Mann. Jeder Einzelne an Bord scheint Last und Verantwortung auf die Schultern des viel in Anspruch genommenen Herrn abwälzen zu wollen, und so gehört es schon zu den kühnen Plänen, wenn ein erster Offizier des Morgens einmal länger als bis 5 Uhr schlafen will. Wir werden die ebenso traurige wie unbestreitbare Thatsache, daß dies unmöglich ist, an dem Beispiel des armen, ermüdeten Herrn Korvettenkapitän v. Hammerstein kennen lernen und begeben uns zu diesem Zweck in die Offiziers-messe S. M. S. „Metz."

Es ist zwei Minuten vor 5 Uhr und noch stockfinster. Die Stühle stehen unordentlich umher, wie sie gestern Abend bei dem Auslöschen des Lichtes gerade verlassen worden sind, und auf dem Tische stehen und liegen Flaschen, Gläser, Aschbecher u. s. w. in malerischer Unordnung durcheinander, denn die Stewardsmaate haben noch nicht aufgeräumt.

In der Haupteingangsthür zur Messe leuchtet jetzt ein Lichtschimmer auf und in dem Rahmen derselben erscheint zunächst eine Laterne, welche langsam und vorsichtig hereingeschoben wird; dann kommt der dazugehörige Seekadett, der sie trägt, hereingeschlichen; letzterer ist infolge des kalten Herbstmorgens etwas verklammt und hat das Jackett bis an den Hals hinauf zugeknöpft.

Ein Seekadett ist um solch frühe Morgenstunde nie ganz munter, selbst wenn er Wachdienst hat. Man wird müde an Bord und der jugendliche Körper verlangt mit elementarer Gewalt sein Recht. Unser Seekadett ist daher ein wenig schlaftrunken, stößt trotz all' seiner Vorsicht und trotz der Laterne an alle möglichen Stühle und murmelt, je nachdem die Berührung mit seinen Gliedmaßen sanfter oder heftiger ist, ein leichtes „Hopsa" oder ein kräftiges „Donnerwetter."

Nachdem der junge Mann sich einigermaßen in dem dunklen Raum orientiert und sich wenigstens ein halbes Dutzend blauer Flecke zugezogen hat, läßt er den Schein der hochgehobenen Laterne auf die kleinen, weißen Porzellanschilder fallen, welche an den Kammerthüren angebracht sind und die Charge ihrer Inhaber vermelden. Er liest, nachdem er sich die Augen noch einmal gerieben hat, folgendes ab: „Navigations-Offizier," „Artillerie-Offizier," „Wach-Offizier," „Erster Offizier" —

„Aha!" Er hat gefunden, was er suchte. Leise klopft er, nachdem er sich nochmals vergewissert hat, daß er wirklich die Kammer des ersten Offiziers vor sich habe, an die Thür und horcht. Drinnen regt sich nichts. Man hört auch keinerlei Geräusch. Oder ist der eigentümliche Ton, der ab und zu aus der Kammer herauszutönen scheint, ein Schnarchen? Der Seekadett klopft nochmals. Es regt sich wieder nichts. Er klopft ein drittes Mal und fügt ein halblautes „Herr Kapitän" hinzu.

„Ja, was giebt's?" erschallt nun von drinnen eine schlaftrunkene Stimme, die einen leichten Anflug des Aergerlichen nicht ganz verleugnen kann. „Es ist zwei Glas! Herr Kapitän! Zeit zum Wecken." „Soll gemacht werden." „Zu Befehl." Der Seekadett hat, trotzdem er sich völlig allein in dem dunklen Raume befindet, vor der geschlossenen Kammerthür stramm gestanden und will nun abgehen. Aber kaum hat er seine Kehrtwendung ausgeführt, da tönt es aus der Kammer ihm nach: „Kadett der Wache!“

„Herr Kapitän?“

„Lassen Sie doch meinem Burschen sagen, er solle mich um 6 Uhr wecken.“

„Zu Befehl, Herr Kapitän.“ Der Seekadett will wiederum die Messe verlassen, da wird er von neuem zurückgerufen.

„Kadett der Wache.“

„Herr Kapitän?“

„Aeh — das Kochboot braucht mir nicht gemeldet zu werden.“

„Zu Befehl!“ erwidert der Seekadett und wartet jetzt noch einen Augenblick, ob vielleicht ein vierter Befehl kommt; es bleibt jedoch alles still, und er geht deshalb mit möglichster Vorsicht nach oben. Der erste Offizier legt sich auf die andere Seite mit dem festen Vorsatz, jetzt, nachdem das erste Attentat auf seinen Morgenschlaf glücklich vorüber ist, bis 6 Uhr durchzuschlafen.

Vom Flaggschiff hört man die zwei Schläge der Schiffsglocke durch die hellhörige Morgenluft herübertönen, welche zwei Glas, zu Landdeutsch 5 Uhr morgens, bedeuten, und das Geschwader erwacht. Die Tambours schlagen an, die Hornisten blasen und die Pfeifen der Bootsmannsmaate zwitschern das Morgenlied, welches den Schläfern im Batterie- und Zwischendeck nicht sehr angenehm in die Ohren tönt.

Die tiefe Baßstimme des Bootsmanns läßt ihr „Ueberall zurrt Hängematten“ ertönen und der Wachtmeister jagt die Säumigen aus dem Zwischendeck.

In die Messe dringen diese Geräusche von draußen nur gedämpft, und das ist gut, sonst hätten die Herren da unten ihren so notwendigen Schlaf nicht ungetrübt. Nur einer ist ausgenommen, der erste Offizier; er wird in den Morgenskandal gewaltsam mit hineingezogen.

Ist ein jüngerer Offizier am Oberdeck auf Wache, so ist der erste Offizier, soweit es sich um seine Morgenruhe handelt, rettungslos aufgeschmissen, denn der junge Herr läßt wegen aller möglichen Kleinigkeiten bei ihm anfragen und Befehle holen, da er nicht selbst die Verantwortung übernehmen mag; in sehr vielen Fällen ist ja allerdings das Befragen des ersten Offiziers direkt vorgeschrieben; aber es giebt doch auch mancherlei Dinge, die ein älterer Wachoffizier selbst entscheiden würde. Das Unglück des Herrn Korvetten-Kapitän v. Hammerstein will es nun, daß heut gerade einer der jüngsten Leutnants die Morgenwache hat. Um 5 Uhr 25 Minuten erscheint wiederum der

Seekadett in der Messe und klopft an die bereits erwähnte Thür. „Herr Kapitän!“

Es ertönt nicht gleich Antwort. Oder soll das unwillige Stöhnen, welches man durch die dünne Holzfüllung der Kammerthür vernimmt, ein Zeichen dafür sein, daß der erste Offizier das Klopfen gehört hat? Der Seekadett nimmt es nicht dafür, sondern pocht noch einmal etwas stärker an.

„Herr Kapitän!“

„Ja — a — a; was ist denn schon wieder?“

„Der wachhabende Offizier läßt fragen, ob das gestern Abend gewaschene Zeug nach dem Sichwaschen gleich aufgehängt werden soll.“

„Ja. — Und die dritten blauen Hosen sollen an die unterste Jolle gehängt werden.“

„Zu Befehl, Herr Kapitän.“

Der bedauernswerte Seekadett atmet jedes Mal erleichtert auf, wenn er sich seines heiklen Auftrags entledigt hat, denn er fürchtet den strengen Vorgesetzten, trotzdem sich eine Thür zwischen ihm und jenem befindet. Er ist jetzt auch schon etwas munterer geworden, denn auf Deck giebt es mancherlei zu thun und der wachhabende Offizier scheint ein ganzes Arsenal von Aufträgen und Wünschen zur Verfügung zu haben.

Kaum ist der Seekadett verschwunden, so hört man dort schon die Kommandos herniederschallen: „Klar bei Waschjollen,“ „Fier weg,“ „Zeug anbinden,“ „An die Stengetaljen,“ „Heiß auf!“

In der Messe wird es jetzt lebendig; die Stewardsmaate erscheinen, beginnen aufzuräumen und die Messe in Ordnung zu bringen; die Messerputzer beschäftigen sich mit der Reinigung des Silbergeschirrs und die Offiziersburschen kommen und gehen, beladen mit Anzügen, Stiefeln und dergleichen. Dies alles geht natürlich nicht ohne Spektakel ab, bis ein Wachmeistersmaat energisch Ordnung schafft und dabei mehr Lärm vollführt als alle die übrigen Ruhestörer zusammen. Hin und wieder öffnet sich auch eine Kammerthür und der Kopf eines mit der Toilette beschäftigten Offiziers erscheint in dem Rahmen, um sich energisch den Skandal zu verbitten.

Ueber dem Morgenschlaf des ersten Offiziers scheint aber noch ein besonderer Unstern zu schweben, denn heute passieren an Bord die unglaublichsten Dinge, welche der Wachhabende nicht ohne Befragung des Vorgesetzten erledigen zu können glaubt. Wieder erscheint der ruhelose Seekadatt der Wache. Ihm ist schon ganz unheimlich zu Mute, daß er so oft den ersten Offizier stören soll, weiß er doch, daß der gestrenge Herr erst um 6 Uhr geweckt sein will. Hier hilft aber kein Mundspitzen;

es muß gepfiffen werden. Und so faßt er sich denn ein Herz und klopft zaghaft gegen die Thür. „Herr Kapitän!“

„Hm — m — m — m!“ „Herr Kapitän!!“

„Zum Henker ja, was ist denn jetzt schon wieder?“ „Der wachhabende Offizier läßt melden: Die Boccaccio-Hose des Matrosen Ujeitis ist über Bord — —“

„Was für 'ne Hose?“

„Boccaccio-Hose.“

„Kenne ich nicht. Was ist das für 'n Ding?“

„Eine von den neuen Probehosen, das eine Bein von Wolle, das andere von Tuch.“

„So! — Hm! — Was ist damit?“

„Ist über Bord gefallen — von der Waschjolle abgeweht. Der wachhabende Offizier läßt fragen, was gemacht werden soll.“

„Wiedergefischt — selbstverständlich!“

„Es sind keine Boote da: Die Jolle holt Sand und in den Kutter wird das Minensuchgerät hineingemannt.“

„Was macht die Dampfpinnaß?“

„Hat noch keinen Dampf auf.“

„Wie gewöhnlich! — Und die Backbord — Seitenboote?“

„Sind neu gestrichen; die Farbe ist noch ganz frisch.“

„Dann soll die Pinnaß ausgesetzt werden.“

„Mit alle Mann?“

„Ja — meinetwegen!“

„Zu Befehl, Herr Kapitän.“

Der Seekadett verschwindet ein wenig erleichtert, kommt aber gleich wieder.

„Herr Kapitän!“

„Zum Donnerwetter, was giebt's?“

„Herr Kapitän, ob die Herren Offiziere gewarschaut werden sollen?“

„Nein, Himmel . . . . . das übrige verschwimmt für den draußen harrenden Seekadetten zu unverständlichem Gemurmel. Er stottert ein eiliges „Zu Befehl“ und flieht nach dem Oberdeck.

Man hört das Pfeifen der Bootsmannsmaate und die Kommandos: „Alle Mann auf — klar zum Manöver!“ „Ruderpinnaß aus an Backbord“ u. s. w. Das Boot wird ausgesetzt und bemannt.

„Ruderpinnaß klar,“ meldet der Bootssteurer.“

„Sofort absetzen und die Hose fischen, die dort achteraus treibt,“ befiehlt der Wachhabende.

Allmählich ist es heller geworden und der Seekadett braucht zu seinem Weg nach der Messe keine Laterne mehr.

Aber wenn es auch noch stockdüster wäre, er hat auf seinen Morgengängen sich soviel Terrainkenntnis angeeignet, daß er ihn völlig ohne Licht finden würde. Zu seinem schweren Leidwesen haben die Gänge aber noch keineswegs ihr Ende gefunden; im Gegenteil, sie scheinen eiliger und häufiger werden zu sollen. Jetzt hat der wachhabende Offizier sogar eine wirklich ganz wichtige Meldung machen zu lassen und empfiehlt dem gehetzten Seekadetten allergrößte Eile an. Letzterer stürzt förmlich die Treppen hinunter und klopft atemlos an die Thür des ersten Offiziers.

„Herr Kapitän! Herr Kapitän!"

„Kreuzmohrenelement noch mal was ist denn los, alle Hagel!"

„Signal auf Flaggschiff: Alle Boote ein! Sofort seeklar machen. Der wachhabende Offizier läßt fragen, ob bis Postenverfangen gewartet werden soll."

„Wa — a — a s? Seeklar machen?"

„Zu Befehl, Herr Kapitän."

„Was macht das Flaggschiff?"

„Bis jetzt noch nichts."

„Dann soll noch gewartet werden."

„Zu Befehl."

Der Seekadett will eilig abgehen, wird aber durch einen Zuruf des ersten Offiziers noch zurückgehalten.

„Aeh, mein Bursche soll sofort kommen."

„Zu Befehl."

Der Seekadett stürzt an Deck, kommt aber sogleich noch eiliger wieder nach unten.

„Herr Kapitän! Herr Kapitän! Herr Kapitän!"

„Heiliges — — — !"

„Das Flaggschiff entert auf und holt die Boote längseit."

„Himmelwetter ja!"

„Soll — — — ?"

„Ich komme selbst!"

Ehe noch der Seekadett Zeit hat, sich abzuwenden, wird die Thür aufgerissen, der erste Offizier stürzt halb angezogen heraus, knöpft sich, indem er zur Treppe eilt, den Paletot zu und kommandiert laut:

„Alle Mann auf zum Manöver!"

Und nun geht sozusagen aus heiler Haut die Geschwaderübung los. Herr von Hammerstein hat nicht einmal ordentlich Toilette gemacht. Sein Morgenschlaf war ihm gründlich verkümmert worden, und er nimmt sich fest vor, niemals wieder, solange er erster Offizier ist, den Anspruch zu erheben, bis 6 Uhr ungestört schlafen zu wollen.

Vegetationsbild aus Deutsch-Südwest-Afrika.
Dattelpalme in Otjimbingue.

Mayers Dank.

Von Marinepfarrer a. D. Heims.

„Ach du lieber Augustin, alles ist weg!" klang es aus dem Fenster einer Lokanda, auf deutsch Kneipe, in Montevideo, in nicht ganz einwandfreier Gegend, in einer Straße, die zum Hafen führt, so gegen 10 Uhr abends in der Nähe der Landungsbrücke. Dies deutsche Lied ergriff mich mächtig, nicht so sehr seines inneren Gehaltes oder seiner nicht gerade getragenen Melodie halber, sondern weil ich an der Stimme mit unfehlbarer Sicherheit meinen lieben Freund, den Seekadetten — damals hießen die jetzigen Fähnrichs zur See noch so — Augustin erkannte. Das letzte Routineboot ging um halb 11 Uhr und ich hatte mich, des Umherbummelns müde, so langsam zum Hafen hinuntergeschlängelt. Mit mir ging ein anderer Seekadett desselben Weges. Plötzlich hielt er meinen Arm fest. „Donnerwetter, Sanden, die braune Liese kenn' ich am Geläut'; wie kommt das Untier von Augustin dahin? Das ist wieder eine seiner unverhältnismäßigen Thorheiten."

Ein wüster Lärm unterbrach den Gesang des deutschen Jünglings. Ein tolles Schimpfen, Brüllen und Fluchen folgte.

„Da gilt's!" sagte ich schnell und sprang voraus in die Lokanda hinein. Mein Begleiter hinter mir her. Wir kamen gerade zur rechten Zeit. Augustin stand, einen Stuhl mit nur noch drei Beinen schwingend, und um ihn her, gleichfalls klar zum Gefecht, eine wenig empfehlenswerte kleine Armee von Kauffahrteimatrosen und sonstigem kunterbunten Volk von der See.

Da brachen wir wie ein Sturmwind in das Lokal hinein und hieben uns, eins zwei drei, mit unsern guten deutschen Fäusten bis zu dem lieben Augustin durch, der, wie er uns sah, dröhnend auflachte.

„Famos!" rief er; „Ablösung vor!" Ehe wir's recht wußten, standen wir neben ihm und hatten uns schnell auch ein Stuhlbeinchen gepflückt.

Da hub das Geheul und Gebrülle von neuem an.

„Fest steht und treu die Wacht am Rhein," sang Augustin mit schmetternder Stimme und dann, den Stuhl an dem einen noch übrig gebliebenen Bein überm Kopf wirbelnd, rief er abwechselnd auf deutsch und spanisch, oder was ihm sonst einfiel:

„Silencio! Silence! Maul gehalten! Caballeros! Verdammte Schweinebande! Hold Kjäft, Fanden pine og stege mig!" Das letzte war dänisch. Er stammte oben von der Nordgrenze. Auf deutsch hieß das: „Halt's Maul!" und dann noch ein derber Fluch dahinter.

Da drängte sich mit einem Mal ein stämmiger Kerl mit einer Schiffermütze vor. „Hvad, snakker de Dansk?" d. h.: „Was, sprechen Sie dänisch?" „Alles, was Du willst, alter Kronensohn! aber bitte, keine plumpe Vertraulichkeit, sonst könnte Dein Gallionsbild eklich schamfielt werden!" rief er in derselben Sprache. Da schob sich der Däne breitspurig vor und stellte sich vor uns auf, das starkgerötete Antlitz den Feinden zugekehrt. Er machte eine gebieterische Bewegung mit dem Arm, dessen Hand einen greulich duftenden Kreidestummel hielt. Er mußte in diesem Kreise etwas gelten, denn es wurde wirklich still. Dann hielt er in schlechtem Spanisch eine Rede an das um uns versammelte Kriegsvolk, dessen Inhalt darauf hinausging, daß es eigentlich nur zwei wirklich anständige Nationen gäbe, nämlich die Leute von Uruguay und die Dänen; und da wir eigentlich Dänen wären, wenn wir auch unter deutscher Flagge führen, so verbürge er sich für uns, und sie sollten uns als Caballeros freien Abzug gewähren, wenn wir ein Pfund Sterling für Vino und Aguardiente ausgeben wollten, d. h. für Wein und Schnaps.

Betäubender Jubel folgte dieser Rede. Unsre Aktien, die ziemlich auf Null gestanden hatten, schnellten mit einem Mal in die Höhe.

„Habt Ihr denn Geld?“ flüsterte Augustin mir zu.

„Soviel haben wir wohl noch,“ gab ich zurück. Und der Friede wurde wirklich geschlossen; wir bedangen uns aber freien Abzug aus mit kriegerischen Ehren, d. h. mit Waffen, Gepäck und klingendem Spiel. Als Waffen behielten wir unsere Stuhlbeine in den nervigen See-

mannsfäusten; das Gepäck bestand in dem Matrosen Mayer von unserer Fregatte, den die Kerle mit ihrem Gift in schwerbetrunkenen Zustand versetzt und dann in diese Kneipe geschleppt hatten, und zu dessen Befreiung der darüber zukommende Augustin in dieses Lokal mit Heldenmut eingedrungen war, und den wir nun bei Schultern und beiden Beinen herausbrachten bis auf die Straße, und das klingende

Spiel bestand in Absingung des „tappern Landsoldaten“, jenes dänischen Kriegsliedes, das Augustin anstimmte und in das die anwesenden Dänen brüllend, stampfend und jubelnd einfielen:

„Dengang jeg drog afsted,“ d. h., allerdings sehr frei und nur dem Sinne nach übersetzt: „Muß i denn, muß i denn zum Städt'le hinaus, und du mein Schatz bleibst hier!“

So zogen wir ungefährdet ab in stolzen Kriegerehren. Draußen stellten wir unseren geretteten Mayer mit vieler Mühe auf die Beine und segelten vereint mit ihm ab, so gut es ging. Das Routineboot faßten wir noch gerade, wie der Seekadett „ab!“ kommandieren wollte. Mayer war es am nächsten Tage nicht ganz wohl. Wir hatten uns aber aus leichtfaßlichen Gründen das Wort gegeben, von dem ganzen Abenteuer keinen Klimbimm zu machen, und so wurde es totgeschwiegen.

Mayer aber war ein dankbarer Kerl.

Wenige Tage nachher wurde Augustins und mein gemeinsamer Bursche krank ins Lazarett gebracht, und Mayer meldete sich freiwillig an seine Stelle. Nun hatten wir ein Herrenleben. Wir wurden geradezu von ihm verzogen. Ich glaube, der Kerl hätte für uns gestohlen; jedenfalls hing er uns mit pudelhafter Treue an; er hätte sich satteln lassen, wenn Augustin und ich auf ihm hätten ausreiten wollen.

Bald darauf gingen wir ankerauf nach Norden in der Richtung auf die interessanten Republiken Venezuela und Columbia, wo es wieder einmal, besonders in letzterer, etwas drüber und drunter ging, und wo wir unseren lieben Landsleuten zugute einmal zum Rechten seh'n sollten. Als wir dort ankamen, hatten die „Legalen“ die Oberhand und gaben sich alle Mühe, uns durch Liebenswürdigkeiten aller Art für sich zu gewinnen. Dazu gehörten auch zwanglose Einladungen in die Häuser, an denen wir Kadetten allmählich auch teilnahmen, und da sollte meinem Freund Augustin nun einmal wieder eine seiner verhängnisvollen Verwegenheiten gefährlich werden.

Zunächst ereilte ihn auf dem Bahnhof von Salgár, dem Hafenort der Landeshauptstadt Baranquilla, das Geschick. Wir hatten mit der Dampfpinaß eine Stunde von unserem Ankerplatz auf der öden Reede von Sabanilla bis zu dem öden Endpunkt der Bahn zu fahren, der aus einer Ladebrücke, einer Art von Bahnhof, mehreren Holzhütten, einigen Eseln, verschiedenen Ziegen und sehr viel Sand besteht. Außerdem lag und liegt wohl noch am Bergeshang ein großes weißes Haus, das man von Bord aus sehen konnte, mit luftigen Hallen und Arkaden und zementierten Dächern, geborenen „hängenden Gärten“, allerdings nicht einer gewaltthätigen Semiramis, sondern zweier sehr reizenden Donnas, welche Töchter des zur Zeit regierenden Generals waren. Wir, Augustin und ich, hatten sie einmal unter dem bescheidenen Stationsschuppen entdeckt, der aus einem auf vier Pfählen ruhenden Strohdach bestand. Eigentlich waren es zwei rote Rosen, die uns angezogen hatten, welche sich zwei junge Mädchen in das langwallende, nachtschwarze Haar gesteckt hatten, die, auf Mulos beritten, dort hielten, schöne wachsfarbene Gesichter, denen doch das Inkarnat frisch pulsierenden Lebens nicht fehlte, mit großen dunklen, leuchtenden Augen. So lachten die beiden, Dolores und ihre Schwester Carmen, mit roten Lippen über schimmernden Zähnen übermütig ins Leben hinein.

„Donnerwetter!“ sagte Augustin, „was sagst Du dazu?“ — „Nicht von Pappe!“ gab ich zur Antwort. — „Mensch, läst're nicht! einfach großartig himmlisch, tropisch!“ An die schlängeln wir uns heran!“ Und er that es.

Schon stand er neben Dolores Maultier und legte die Hand artig an die Mütze. „Sennorita, un poco de fuëgo!“ sagte er mit weicher Stimme in schlechtem Spanisch: „Gnädige, ein wenig Feuer?“

„Vous désirez du feu, Monsieur? Je vous en donnerai avec plaisir!“ kam die Antwort in tadellosem Französisch aus dem Munde des Mädchens, indem sie ihm vom Sattel herunter ihre Zigarette reichte. Ihre Blicke trafen sich. Er war auch ein bildhübscher Kerl mit feurigen Augen, ein blonder, blühender Siegfried.

Mich durchfuhr es eigenartig, wie er sie und sie ihn so ansah in dem kurzen Moment, bis er Dolores Zigarette wegwarf. Es wäre eine tödliche Beleidigung gewesen, sie zurückzureichen. Ich hatte aber so das Gefühl: „Alle Wetter, das saß!“ Ich trat an Carmen heran. Eine kurze Vorstellung, und wir waren bekannt, als wären wir einander nie fremd gewesen. Es war eine reizende Stunde. Und es folgten ihrer noch viele, denn wir lagen lange auf der Reede. Bald waren wir tägliche und immer lieber gesehene Gäste im Hause des Generals. Und es war ein Haus, in dem zwei Seekadetten sich wohl fühlen konnten. Nur zu wohl! Ich nahm mich noch einigermaßen in acht, denn etwas Vernunft war mir noch geblieben in der Nähe der reizenden Carmen; aber Augustin war verloren in toller Liebe. Die Mädchen waren sich selbst überlassen; die Mutter tot, der Vater meistens im Felde; dazu zwei leichtentzündliche Herzchen, und Augustin, mit der ganzen Sturmgewalt der Leidenschaft auf Dolores eindringend. Eines Abends gingen wir wieder einmal dem rauschenden Meerhafen zu. Hinter uns von der Azotea wehten zwei weiße Tücher. Ich blieb stehen. „Hören Sie mal, Augustin, die Sache fängt an brenzlich zu riechen! Ich wollte, wir gingen Anker auf.“

Er wandte sich jäh. „Mensch, schweigen Sie,“ fuhr er mich an; „ich kann nicht daran denken, ohne halb verrückt zu werden! Ich könnte, weiß Gott, desertieren, um bei dem süßen Mädel zu bleiben.“

„So weit sind Sie mit ihr?" fragte ich entsetzt. „Ja, Sie alter kaltblütiger Salamander, Sie!" rief er — „aber vorwärts! Da ruft der Kutter!" Hin stürmte er. — Ich zog mich allmählich zurück. Mir ahnte nichts Gutes. Carmen sah mich traurig an. Aber sie preßte nur die Lippen zusammen und sagte nichts, als ich eines Abends ihre Hand in meine nahm und ihr leise sagte: „Mademoiselle, jai une conscience, et pour ça je vous dis adieu!", das heißt: „Ich habe ein Gewissen und deshalb sage ich Ihnen Lebewohl."

Sie sah mich mit ihren großen leuchtenden Augen an und ließ ihre Hand in meiner. „Mais votre camarade n'en a donc pas?" „Ihr Kamerad hat keines?" „C'est sa chose à lui!" „das ist seine Sache!" antwortete ich und zog ihre kleine, weiße, feine Hand an meine Lippen, lange, innig, wie ein Deutscher einem lieben Mädel die Hand küßt. — Dann ging ich.

Eine weiße, schlanke Gestalt stand auf dem Balkon. — Aber wo waren Augustin und Dolores? Ich hatte sie nirgends gesehen. Ich saß in tiefen Gedanken unten am Strande und wartete auf das Boot. Da kam es um die Landspitze gefahren, früher, als ich es erwartet hatte.

„Da sind Sie ja!" rief mir Leutnant Behrens zu, aus dem Kutter springend; „denken Sie, wir haben schleunige Segelordre nach Carthagena bekommen und sollen mit Tagesanbruch Anker auf gehen. Da unten geht's toll her mit dem Aufstand. Da ist Ihr Bursche auch, der Sie holen sollte; Sie sind heute die einzigen Urlauber außer Matschefski, den ich beim Konsul holen soll. Vorwärts, Mayer, Volldampf! Kutter setzt in einer Stunde ab!"

Mayer trabte schwerfällig los. Er kannte schon den Weg.

„Was wird das werden da oben?" dachte ich. Und nun spürte ich erst, wie lieb mir Carmen geworden, die ich nicht wiedersehen sollte. Erst wollte ich noch einmal umkehren, aber ich besann mich und sagte leise vor mich hin: „Gut, daß es ein Ende hat!" Ich saß noch auf meinem Stein am Strande, als die Stunde um war. Da kamen die beiden Leutnants gegangen. Aber Augustin und Mayer kamen nicht! Der Bootsteurer wurde unruhig. „Soll ich absetzen?" fragte er. „Rufen Sie noch einmal!" befahl der Offizier.

Dröhnend schallte der Name des Schiffes über den Strand. Keine Antwort. „Ab!" — Der Kutter setzte ab: „Laß fallen! Ruder an überall!"

Mir lief es kalt über den Rücken: Augustin! Dolores!

Finster nahm der Kommandant die Meldung entgegen.

„Ich möchte Meldung haben, wenn der Seekadett Augustin und der Matrose Mayer an Bord kommen!" Damit ging er in die Kajüte.

Den Abend wurde nichts gemeldet. Es war dicht bei vier Glas Hundewache, da rief der Posten auf der Back ein Boot an Steuerbord an.

„Nein, nein!" klang die Antwort, zum Zeichen, daß kein Offizier darin sei. Das Boot legte an Backbord an. Ihm entstiegen der Seekadett Augustin und der Matrose Mayer. — Und — merkwürdig! wie sie übers Fallreep gekommen waren, da sah der Bootsmannsmaat, der die Laterne am Fallreep hielt, daß der Seekadett dem Matrosen die Hand reichte! Aber der rührte sich nicht und machte Kehrt und ging, um sich an Bord zu melden. „Na, Jüngelchen, Ihnen wird's gut gehen," meinte der Bootsmannsmaat teilnehmend. „Sehen Sie sich Morgen die Sonne man noch einmal ordentlich an!" Dem Kommandanten wurde Meldung gemacht, und Augustin verschwand in der Kajüte.

Es war beinahe sechs Glas Hundewache – drei Uhr — als er wieder heraus kam. Das gelbe Licht der Decklaterne fiel auf ein bleiches, verstörtes Gesicht. — Um $1/2$6 ging das Schiff Anker auf. Augustin war nicht dabei, als die Maschine anschlug und die Schraube anging. Er hatte sich zu achttägigem Arrest gemeldet. Mayer kam zum grenzenlosen Erstaunen des Bootsmannes mit zwei Stunden Strafarbeit davon!

Aber kein Mensch erfuhr etwas. Augustin schwieg, Mayer schwieg, der Kommandant schwieg und der erste Offizier auch.

Von ihm habe ich aber nach Jahren auf Augustins Hochzeit mit einem lieben deutschen blonden Mädel den Schluß der Geschichte gehört, wie Augustin sie dem Kommandanten erzählt hatte in jener Nacht als ehrliche Beichte eines Soldaten. „Sie hatte mich rasend lieb und ich sie. Als Sanden gegangen war, da umstrickte sie mich mit ihren Armen: „Bleibe bei mir, verlaß mich nicht! Ich sterbe hier ohne Dich!"

Da verließ mich die Besinnung. Ich vergaß alles. Es war eine böse Zauberstunde wie im Märchen vom Venusberg — schaurig-süß, — und Lippe brannte auf Lippe im glühenden Liebesrausch.

Da fuhr sie plötzlich mit einem Schrei aus meinem Arm. In der Thür zum Garten unter breitblätterigem Pisang und purpurblütigem Hybiskus stand eine vierschrötige Gestalt in weißem Matrosenzeug und rief dienstlich mit ungefüger Stimme: „Der Kutter geht in einer halben Stunde, wir haben Segelordre bekommen! Urlaub gekürzt!"

„Scheer Dich zum Henker!" rief ich außer mir. Mayer verschwand gehorsam. Dolores zog mich tiefer in das blühende Dickicht und wieder umstrickten mich ihre Arme: „Geh doch nicht von mir!" flehte und schluchzte sie; „bleibe bei mir, immer! Ich bin reich, mein Vater ist mächtig, er wird Sieger sein; komm zu uns, und das Leben mit Glanz und Ehren steht dir offen — und bin ich selbst denn nichts wert? kannst du denn von mir fort? sieh, ich bitte Dich um Liebe und wie viele haben stürmend um mich geworben —"

Ich war machtlos dieser Glut gegenüber und es floß wie Feuer durch meine Adern; dumpf tönte nur die Stimme meines Gewissens in mir, den Zauberbann zu lösen, da stand Mayer plötzlich wieder da: „Der Kutter setzt ab!" rief er mit dröhnender Stimme.

Ich sprang besinnungslos auf ihn zu: „Scheer Dich zum Teufel, Esel!" fuhr ich ihn an. Er stand ruhig da: „Ohne Ihnen gehe ich nicht an Bord!" sagte er und machte Kehrt auf dem Absatz. —

Und die süße Sirene hielt mich wieder umstrickt und gefangen. Stunde um Stunde verging und flog im Sturm dahin. Mein Leben war vor mir und hinter mir versunken, ich hatte nur einen Gedanken: Dolores! Mein Gewissen war betäubt, berauscht. Leuchtkäfer schwirrten durch die Palmen; taufeucht hingen ihre Wedel über uns, wie eine kleine Sonne strahlte der Mond über unseren Häuptern und warf dunkle Schatten, und nächtlich dunkle Schatten lagen über meiner Seele, wie Dolores mir zuflüsterte:

„Und Du wirst mein und ich Dein auf ewig und Du sollst Dein kaltes Land vergessen und wir werden selig wie im Himmel sein —"

Da stand plötzlich Mayer wieder vor uns und sagte: „Herr Seekadett, nun Spaß bei Seite, jetzt nehme ich Ihnen aber mit, sonst sind wir alle beide Deserteure und det wäre schade um uns! wollen Sie nun im Guten oder soll ick Gewalt anwenden —?"

„Kerl!“ brauste ich auf, meiner kaum mehr mächtig —.

„Lassen Sie man, Herr Seekadett!“ sagte er gemütlich, „so grob wie ick et vertragen kann, können Sie doch garnicht werden. Aber Sie haben mir herausgehauen und getragen mang de Kerls von Montevideo. Damals wußte ick auch nich, was ick that, denn ick hatte einen schlimmen Affen; und Sie wissen det jetzt auch nicht recht, denn Sie sind — na, Sie haben och 'n kleenen Affen, wenn och 'n niedlichen. Aber zum Dank hau und trage ick Ihnen hier heraus, so wahr ick Mayer heiße!“

Es brauste mir vor den Ohren, und mit einmal rief er mit seiner groben Stimme: „Na, kommen Sie nun balde? nu hab ick det aber satt! wollen Sie? sonst sind wir verrungeniert für unser Leben lang und beide schlechte Kerls, und det is kein Frauenzimmer auf Erden wert!“

Und plötzlich fühlte ich mich riesenstark umfaßt und wie ein Kind aufgehoben, einen eisernen Matrosenarm um meinen Oberleib und einen um meine Beine. Ich war machtlos. Da hörte ich ein ausgelassenes helles, süßes Lachen. „O mon Dieu, comme c'est drôle!“: „Nein, wie istdas drollig!“ und eine andere Mädchenstimme sprach plötzlich, mit tiefem Ton dazu: „C'est un brave garçon; soyez donc raisonnable

Dolores!“: „Das ist ein braver Kerl, sei doch vernünftig!“ Es war Carmen, die mit ihrem weißen Gesicht neben die Schwester getreten war, die Hände wie flehend erhoben.

Ein Rieseln durchlief mich: „Schlechter Kerl?“ — und was hatte mein lieber Vater in seiner derben Soldatenart doch vor seinem Tode in seinem letzten Brief geschrieben: „Hänge Dich an keinen Mensch, denn sonst bist Du ein Esel, und ich bleibe dein getreuer Vater — —“ „O, comme c'est drôle!“ lachte es wieder ausgelassen dicht neben mir. Himmel Herrgott, war ich denn zum Weiberspott geworden? Zukunft, Ehre — alles, alles dahin?

Ich rang mich gewaltsam los aus den Riesenarmen des Matrosen und stieß ihn zurück. Der Rausch war verflogen. Dolores lachte noch wie toll. Mit einem Mal wurde sie ernst, wie ich dicht vor sie hintrat und ihr in die Augen schaute, in denen sich das Mondlicht feucht spiegelte.

„Adios, Sennorita! No me olvides!“ d. h.: „Gott befohlen, Herrin, vergiß mich nicht!“ Sie sah leichenblaß aus und wandte sich, die kleinen Hände geballt, mit stolz zurückgeworfenem Haupt, ohne ein Wort. — — Da gingen die beiden weißen Gestalten hin im Mondlicht. — Von unten herauf rauschte dumpf die Brandung.

Ich hatte beide Fäuste an die Schläfen gedrückt.

Ich stand allein in der nächtlichen Einsamkeit. Nein, Mayer stand neben mir. Ein plumpes gewöhnliches Menschenkind — „Nu kommen Se endlich; et ist de höchste Zeit! allens hat 'n Ende, blos de Wurst hat zwee —“

Er faßte mich unter den Armen und führte mich sorgsam durch den Garten. Ich wankte. Mit einem Mal blieb er stehen: „Ach so, wo ist denn Ihr Dolch? Na, ick kann mir schon denken! Warten Se man 'n Augenblick. Aber nich ausritschen!“

Ich stand wie bewußtlos. Da kam er wieder. Er hielt die Waffe in der Hand: „Hier, nu schnallen Se um! und nu: los Vorschoten!“

So führte er mich hinab zum Strande. Da lag ein Fischerboot. Der Kerl war eben vom Fang gekommen. „Man 'rin!“

Ich saß und stützte das Gesicht in beide Hände. Der Mond lag glänzend auf dem Wasser, das leise gegen den Strand brandete.

Plätschernd tauchte der Mann die Riemen ein. Mayer nahm das zweite Paar. Von den Riemen träufelte es wie funkelnde Brillanten.

„Lügen thut'n Offizier nich“, bemerkte er nach einer Weile, „sonst würde ick sagen, Sie könnten ja erzählen, ick hätte mir an Land eenen angedudelt und Sie hätten mir so gefunden und mühsam an Bord geschleift. Nun muß aber det Unglück seinen Lauf haben. Da praien sie uns schon an mit: „Boot Ahoy!“ — „Nein, nein!“ rief er mit aller Lungenkraft — —

So kam Augustin an Bord zurück. Das war Mayers Dank! — Er kapitulierte; Augustin hat ihm noch manchmal als Bootsmannsmaaten und nachher auf der Werft die Hand gedrückt. Mayer hat nie ein Wort über die Nacht in Salgàr geredet. Nur seiner Frau hat er in schwacher Stunde einmal davon erzählt: „Aber propper war sie!“ schloß er seine Erzählung. „Du bist ja auch nicht von Pappe; indessen, weißt Du, die Spanischen, die haben so was an sich, weißt Du!

Sagst Du aber einen einzigen Ton, dann schlipp ich den Anker und laß mich von Dir scheiden, so wahr ich ein ehrlicher Seemann bin und nie 'nen Unterrock angehabt habe. Das in Montevideo, das vergeß ich ihm nicht. Und eine Hand wäscht die andere!“

Hochseefischer in Not.

Der Fischever „Drei Schwestern“ gehörte in Altona zu Hause. Sein Eigentümmer und Kapitän hieß Heinrich Voß, der Steuermann war ein Blankeneser und führte, wie die Mehrzahl der eingeborenen Blankeneser, den Namen Breckwolt. Die Mannschaft bestand aus zwei Matrosen und einem Jungen. Die ganze Besatzung war also fünf Mann stark.

Das Leben an Bord eines solchen Fischerfahrzeuges ist sehr einförmig; stellt sich aber einmal eine Abwechslung ein, so bringt sie den Fischerleuten selten etwas anderes als Arbeit, Unruhe und Not.

Es ist ein langwieriges Ding, mit dem Schleppnetz über Bord dahinzutreiben, und bitter ist die Enttäuschung, wenn man beim Einholen wahrnehmen muß, daß das Netz vielleicht an einem auf dem Grunde liegenden Stück Wrack zerrissen ist und daß sich kein einziger Fisch gefangen hat.

Oder es macht sich ein Sturm auf, der eine Woche anhält und so das Fahrzeug verhindert, seinen Fischgrund aufzusuchen. In der stürmischen Nordsee in einem Fischerever beigedreht liegen zu müssen, vielleicht mehrere Tage lang, ist ein Tanz, den nur der würdigen und verstehen kann, der ihn mitgemacht hat.

Wer von einem unserer Ozeandampfer nur solch ein winziges Schifflein zu beobachten Gelegenheit hatte, wie es unter dem Sturmklüver und dem dichtgerefften Großsegel in der schwarzgrünen, wogenden und schäumenden Arena sich vor den Sturzseen wehren muß, die mit dem tosenden Donner eines Eisenbahnzuges gegen dasselbe heranwüten, während es bald aufrecht auf dem Achterteil zu sitzen, bald kopfüber in die Tiefe hinabzutauchen scheint, der mag sich wohl gefragt haben, wie es möglich ist, daß die schwerbestiefelten Fischer sich überhaupt noch an Deck zu halten vermögen, wie es möglich ist, unter solchen Umständen das Essen zu kochen, in die Koje zu klettern und daselbst still zu liegen, und dergleichen

Hamburger Fischfrau.

mehr. Der Fischer aber hat kaum noch eine Empfindung für solches Ungemach, denn die Gewohnheit wird auch ihm zur zweiten Natur.

Es war an einem Freitag, vor Tagesanbruch. Der Ever befand sich bereits seit fünf Wochen auf dem Fang. Das große Netz schleppte achteraus. Die Brise war frisch, die See stand nicht zu hoch, und das Fahrzeug trieb, sich mit den Wogen langsam hebend und senkend, stetig nach Lee ab. In weiter Entfernung zu Luvart war eine andere Fischersmack in Sicht, die anscheinend demselben Fischgrunde zusteuerte, auf dem unser Ever bereits bei der Arbeit war. Sonst war der weite Seeraum ganz leer.

Die grünlich schimmernde Morgendämmerung brachte ein schwaches, bleiches Licht in das Himmelsgewölbe, das Wasser jedoch blieb ganz dunkel, sodaß der Horizont sich schwarz und scharf von der helleren Luft abhob.

Das Schleppnetz des Evers war die ganze Nacht außenbords gewesen; ein weiteres kurzes Treiben aber konnte nicht schaden und brachte vielleicht noch einige Pfund Fische mehr. In der Zwischenzeit konnte man sich ans Frühstück machen. Das Feuer in dem kleinen eisernen Kochofen wurde frisch angeschürt, man bereitete den Kaffee, und die beiden Leute, welche die Wacht zur Koje gehabt hatten, erhoben sich, kletterten aus ihren dumpfigen Wandkästen heraus und machten sich zum Mahle bereit.

Die Fischer sind im allgemeinen gut genährte Gestalten, die bei ihren Mahlzeiten einen Appetitt entwickeln, wie man ihn nicht allzu oft wahrnimmt. Fast immer steht ihnen eine Auswahl der herrlichsten Fische zu Gebote, und wenn das Gelüste sich regt, dann ist ein kerniger Schellfisch gar bald gekocht, eine zarte Seezunge oder Scholle mit Leichtigkeit gebraten.

Nach beendetem Frühstück befahl der Schiffer, das Schleppnetz einzuholen, und alle Mann begaben sich an Deck, um sich an diese Arbeit zu machen, die übrigens eine der schwersten ist, die einer Everbesatzung obliegen.

Der Wind wehte frisch, das Fahrzeug lag zwar mit der Klüverschoot zu Luvard beigedreht, holte aber dennoch unter dem Druck des gerefften Großsegels häufig schwer nach der Seite über. Der Wogengang war schnell, aber regelmäßig; mit jeder Hebung der See wurde auch der Druck des Segels energischer, sodaß die Leereeling nicht selten unter Wasser geriet; allein der Ever richtete sich, wie alle Fahrzeuge dieser Klasse, jedesmal mit großer Vehemenz und gleichsam im Sprunge wieder auf, wodurch aber wiederum das von der Nässe schlüpfrige Deck selbst für seegewohnte Beine ein höchst gefährlicher Boden wurde.

Eines Fischers Gang an Deck seines Fahrzeuges ist, nach dem Sprüchwort: „Zwei Schritte und dann über Bord.“ Der kleine Ever, der wie eine Seekrabbe in den Höhlungen der stürzenden Wogen herumsprang und an dessen Deck die vierschrötigen, schwerfälligen Männer in ihren plumpen Stiefeln herumhantierten, gewährte eine treffende Illustration hierzu.

Das Hereinholen des großen Netzes nahm die gesamte Kraft der kleinen Mannschaft in Anspruch. Die Leute lagen über die Reeling geneigt und zogen mit aller Anstrengung. Bei einem unerwartet heftigen Rollen des Evers verlor der Eine das Gleichgewicht und fiel über Bord; ein Teil des Netzes rauschte ins Wasser zurück, und im nächsten Moment schossen die andern drei, deren Hände in dem Maschenwerk verstrickt

Fischerboot auf hoher See.

waren, ebenfalls über die Reeling hinab in die Tiefe, sodaß nur noch der Junge an Deck blieb.

Das alles war in einem Augenblick geschehen. Soeben noch

befanden alle vier Männer sich sicher an Bord, das Netz fest in dem eisernen Griff ihrer Finger und auf des Schiffers Ruf wartend, der das Zeichen „to=glik!“ geben sollte, und unmittelbar darauf lagen sie im Wasser, erstickt, geblendet, verzweiflungsvoll nach dem Netz greifend und — ertrinkend.

Ein Teil des Netzes lag noch an Deck, und diesen packte jetzt der Junge, der während der Katastrophe eine wahrhaft heldenmütige Geistesgegenwart bewahrte, damit die im Wasser Ringenden es nicht vollends über Bord rissen und so den letzten Halt verlören. Die Aermsten griffen Hand über Hand nach dem nachgebenden, trügerischen Maschengewirr, das unter ihnen versank, das die freie Bewegung ihrer Gliedmaßen hemmte, das wie Seetang an ihnen hing, sie umstrickte und tiefer und tiefer hinabzog.

Das Netz trieb zu luwart vom Ever, und sonach wurde es von jeder See aufgebläht und zugleich immer weiter von dem Fahrzeug abgedrängt; wenn die Bewegung des Fahrzeugs es auch nicht zum Sinken kommen ließ, so wurde sein Gewicht doch außerordentlich vermehrt durch die vier Männer, die mit verzweifelter Anstrengung um ihr Leben rangen und dabei immer fester in die tödliche Umstrickung gerieten.

Ab und an brach eine See unter dem Fahrzeug und begrub die armen Menschen in einer brausenden Lawine wirbelnden schneeweißen Schaumes; und wieder, wenn der Ever in das Wogenthal hinunterfuhr und überholte, dann riß der Zug, den er dabei auf das Netz ausübte, dasselbe ganz an die Oberfläche und zugleich mit ihm die vier Fischer, die dann mit triefenden, angstverzerrten Gesichtern und hervorquellenden Augen Luft zu schöpfen versuchten.

Der Junge war über seine Jahre robust und muskelkräftig, einem solchen Kampfe aber konnte er auf die Dauer nicht gewachsen sein. Wohl hielt er das Netz mit einem so männlichen und zum äußersten entschlossenen Herzen, wie es nur jemals in dem Busen eines mit dem Tode um seine Beute ringenden Seemannes geschlagen, allein das Gewicht des von den Wogen fortgezerrten Gewebes und der daran festgeklammerten Männer, verzehnfacht durch das Schlingern und Stampfen des herumgeworfenen Fahrzeuges, hätte auch die Kraft von zwölf solcher Burschen, wie er war, erschöpft. Fuß um Fuß riß sich das Netz aus seinen Händen, aber immer und immer wieder griff er nach und hielt er fest mit Aufbietung aller Gewalt, mit zusammengebissenen Zähnen und zum Bersten geschwollenen Stirnadern.

Plötzlich erspähte sein über die Wasserwüste irrender Blick die Fischersmack, die bei Tagesanbruch in Sicht gekommen war. Dieselbe war kaum noch eine halbe Seemeile entfernt. Sie kam geraden Weges auf den Ever zu.

Mit lautem Ruf verkündete der Junge den armen Ertrinkenden, daß Hilfe nahe, und zugleich ermunterte er sie, nur noch eine kleine Weile auszuhalten.

Es ist jedoch anzunehmen, daß die Stimme des treuen Burschen ihr Ohr nicht mehr erreicht hat, da dicht auf der Oberfläche des Wassers das Tosen der kochenden Brandung betäubend gewesen sein muß; ihre Blicke waren schon glasig geworden — hatte der Tod ihnen doch bereits die Hand an die Kehle gelegt!

Die Reihe der fahlen Gesichter kam und verschwand in den gurgelnden Wirbeln, die sich über dem hin- und hergerissenen Netze bildeten; zuweilen wurden ihre Leiber bis zum Gürtel über das Wasser emporgeworfen, dann boten sie mit den gen Himmel gestreckten Armen einen schrecklichen Anblick dar, bis sie wieder in den Fluten verschwanden, um gleich darauf von neuem an der Oberfläche zu erscheinen, wenn das rollende Fahrzeug das Netz wieder an sich zog.

Die Kräfte des Jungen waren endlich erschöpft; seine Finger lösten sich aus den Maschen und nun rauschte auch der Rest des Netzes über Bord.

Eine volle Stunde war vergangen, seit die Männer in die See gestürzt waren, und während dieser ganzen fürchterlichen Zeit hatte der heldenmütige Junge mit Aufbietung aller seiner körperlichen und seelischen Kraft den Tod von seinen Gefährten ferngehalten. In dem Augenblicke aber, wo er das Netz fahren ließ, schwang sich dasselbe zu seiner vollen Länge aus, und gleich darauf sank einer der Männer in die Tiefe, um nicht wieder emporzukommen.

Die fremde Smack war jetzt in Rufweite. Der Junge überwand noch einmal seine Erschöpfung; er schrie den herankommenden Fischern die Schreckenskunde zu und deutete dabei mit lebhaften Gebärden nach der Stelle, wo die Ertrinkenden nur noch schwach um ihr Leben kämpften.

Die Smack war ein holsteinisches Fahrzeug Namens „Thetis.“ Sie warf ihr Boot über die Reeling und zwei Mann ruderten aus Leibeskräften der Unglücksstätte zu.

Der Junge sprang wieder nach Luvart, um seine Genossen durch Zurufe zum Ausharren zu bewegen, aber er gewahrte jetzt nur noch zwei, den Kapitän und den Steuermann, die sich noch an der Netzspiere festhielten, aber auch schon halb entseelt waren.

Das kleine Boot kam schnell heran, noch schneller aber griff der Tod nach seiner Beute. Der Kapitän des Evers ließ die Spiere los und trieb mit abwärts geneigtem Gesicht und hängenden Armen auf einer mächtigen Woge davon.

Einige kräftige Ruderschläge brachten die Retter an seine Seite. Sie fischten ihn auf, hoben ihn ins Boot und kehrten dann zurück, um den Steuermann aufzunehmen, der wie ein Klumpen schwarzen Seetangs an dem Netzgeschirr hing.

Die braven Holsteiner riefen dem Jungen zu, daß sie demnächst auch nach ihm sehen würden, und schafften ihre traurige Bürde sodann an Bord der „Thetis.“ Hier stellte sich heraus, daß Kapitän Voß tot war. Der Steuermann wurde unter Deck gebracht, entkleidet, vor dem wärmesprühenden Ofen trocken gerieben, in Decken gewickelt und in eine Koje gepackt. Allein auch er war dem Geschick verfallen; als der Kapitän der „Thetis“ eine Viertelstunde später nach ihm sah, da fand er nur noch eine Leiche.

Das war das Ende der vier Fischer, die vor kaum zwei Stunden noch voll von kräftigem Leben, von frischem Mut und heiterer Hoffnung gewesen waren.

Lotsenarbeit im Englischen Kanal. Nach einer Originalzeichnung von Willy Stöwer.

Die Winkſignale in der Marine.

Außer dem äußerlich auch dem Laien bekannten Syſtem des Signaliſierens mit bunten Flaggen bedient man ſich auf den Kriegsſchiffen zur Mitteilung von Nachrichten auf kürzere Entfernungen hin eines Winkſyſtems, früher auch Semaphorſyſtem genannt. Man benutzt hierzu im allgemeinen einen Pfahl mit zwei beweglichen Armen an ſeiner Spitze, deren Stellung die einzelnen Buchſtaben des Alphabets und die Zahlen wiedergiebt. In Ermangelung eines ſolchen Geſtells kann man dieſelben Signale machen, wenn man die menſchlichen Arme gebraucht und zur Erhöhung der Sichtbarkeit Winkflaggen in die Hand nimmt. Bei eingeübten Perſonal kann man mit Winkflaggen bedeutend ſchneller ſignaliſieren als mit dem Geſtell, und ſo hat ſich die erſtere Art auch bei Vorhandenſein eines Geſtelles beſonders eingebürgert. Die Illuſtration zeigt die verſchiedenen Stellungen, welche das Wort „Achtung" bedeuten. Bei eingeübten Leuten folgen ſich die einzelnen Zeichen ſo ſchnell, daß der Laie noch nicht die eine Stellung, geſchweige denn ihre Bedeutung erkannt hat, ehe ſchon die nächſte folgt.

Signal

A C H T U N G

Auffangstange. Elektrischer Leuchtturm.

Die erste Marconi-Telegraphenanlage in Deutschland.

(Aufnahmen von W. Mörseburg, Borkum.)

Zwischen dem elektrischen Leuchtturm auf Borkum und dem Feuerschiff „Borkum Riff" ist eine elektrische Telegraphenverbindung ohne Drahtleitung nach Marconischem System hergestellt. Es ist das die erste Verwertung der sogenannten Funkentelegraphie in Deutschland. Das Feuerschiff „Borkum Riff" liegt in der Nordsee, etwa 35 Kilometer weit vom Borkumer Leuchtturm entfernt, verankert. Auf dem Schiffe sowohl wie auf dem Leuchtturm ist je eine Marconi-Telegraphenstation eingerichtet worden, das heißt, es ist an beiden Stellen je ein Aufgabe- und Empfangsapparat zur Aufstellung gekommen. Die hohen auf dem Leuchtturm sowohl wie auf dem Schiffe angebrachten Stangen tragen Leitungen, die auf der Aufgabe- wie der Empfangsstation mit dem Stromkreise der Apparate in Verbindung stehen und unten Erd- und oben Luftschluß haben.

Der Transport von Verwundeten auf Kriegsschiffen.

Gar häufig hört man die Frage: „Was wird an Bord aus den tapferen Kämpfern, welche, von feindlicher Kugel oder einem feindlichen Granatsplitter verwundet, zu Boden gestreckt sind, und wie bringt man sie an die Verbandstätte?“ Da wird nun mancher mit Schiffsverhältnissen nicht vertraute Leser bei sich denken: „Nun, man legt sie auf eine Tragbahre und trägt sie die Treppe hinunter.“ Doch so einfach ist die Sache nicht.

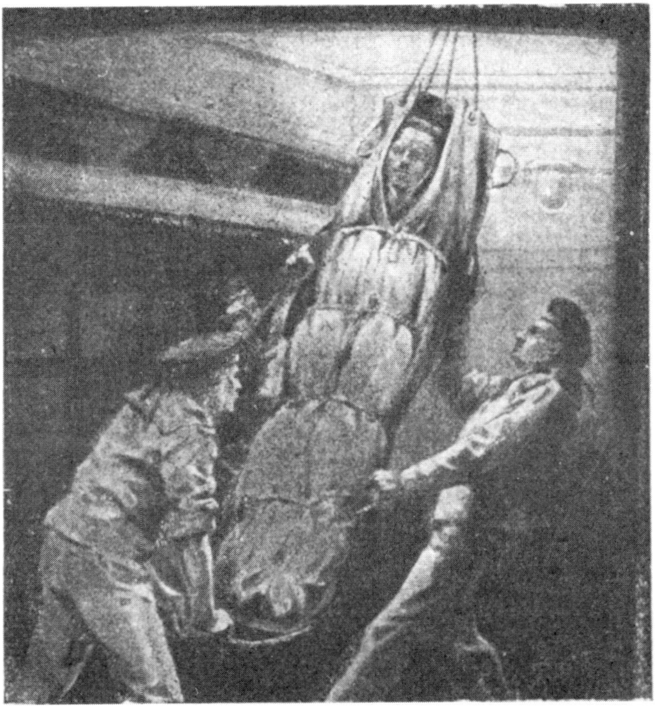

Zunächst muß man sich einmal überlegen, daß auf dem engen Raum eines Schiffes Hunderte von Menschen zusammengedrängt sind, die Zahl der Verwundeten daher unverhältnismäßig hoch wird, sobald mehrere schwere Granaten einschlagen. Es wird also an Arbeit für die an Bord befindlichen Aerzte nicht fehlen. Bei den engen Raumverhältnissen im Schiff ist die Hauptsache, die Verwundeten rasch und sicher auf den Verbandplatz zu schaffen, welcher tief unten liegen muß, damit er vor der Geschoßwirkung geschützt ist. Nun sind aber die modernen Schlachtschiffe für diesen Transport viel unbequemer eingerichtet, als es die alten Holzschiffe mit ihren breiten bequemen Treppen und Luken waren, und so mußte auf ein Mittel gesonnen werden, die Verwundeten durch die schmalen Niedergänge und Thüren hindurch zu schaffen, ohne daß ihre Schmerzen durch Anstoßen vermehrt wurden. In unserer Marine ist jetzt nach vielfachen Versuchen

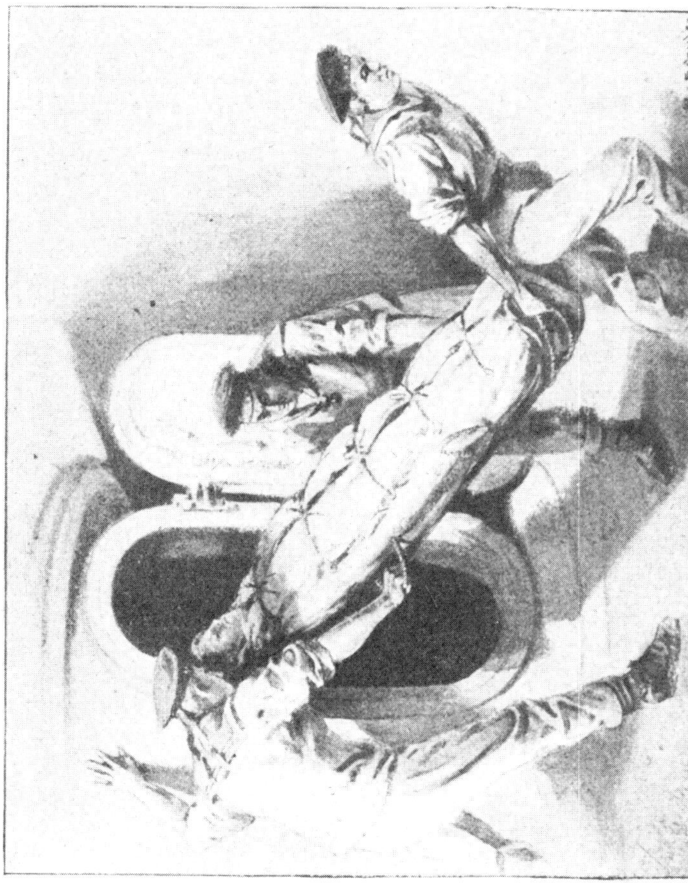

eine Transporthängematte hergestellt worden, welche allen Anforderungen entspricht. Dieselbe hat etwa die doppelte Breite einer gewöhnlichen Schiffshängematte, sodaß der darin Liegende ganz und gar eingeschnürt werden kann. Zwei flache, biegsame

Stangen, welche in auf der Außenseite vom Kopf- bis Fußende aufgenähte Taschen eingeschoben sind, verhindern ein Durchbiegen im Rücken, ohne auf den Patienten einen Druck auszuüben, während ein Kapuze den Kopf festhält. Damit nun der Verwundete beim Heruntergeben durch die Luken, was, wie unsere erste Abbildung zeigt, in fast senkrechter Stellung geschehen muß, nicht nach unten rutschen kann, reitet er auf dem sogenannten Sattel. Es ist dies ein mit zwei breiten Bändern versehenes Polster, welches durch die Bänder am Kopfende Halt findet und, gleichzeitig mit dem über der Brust zusammengeschnürten sogenannten Korsett, den Mann trägt. Acht Handgriffe an der Außenseite ermöglichen ein bequemes Fortschaffen. Es ist damit

Torpedoboote in Fahrt.

ein Transportmittel erfunden worden, welches gestattet, Verwundete selbst durch Thüren von nur 50 cm Breite bequem und sicher zu schaffen und sie auch aus den Gefechtsmarsen und von den Decksaufbauten rasch und schonend hinunter zu befördern. Der Transport nach unten geschieht nämlich auf den größeren Schiffen innerhalb des Mastes, welcher hohl und mit einer Wendeltreppe versehen ist, sodaß die Verwundeten auf dem Wege zum Verbandplatz nach Möglichkeit vor weiteren Verletzungen gesichert sind. Bei der Enge und Steilheit der Treppen wäre ein Heruntertragen Verwundeter ohne die Hängematte beinahe unausführbar. In derselben Weise werden dann später die Verwundeten ins Lazarett gebracht, wo breite Kojen zur Aufnahme bereit sind.

Seemannsschnack.

Mitgeteilt durch A. Kg.

Der alte Kapitän Hauschild hatte sich nach einem harten, erfahrungsreichen Seemannsleben in seinem freundlichen kleinen Häuschen zwischen Hamburg und Blankenese zur Ruhe gesetzt und lebte nun gern in der Erinnerung an seine Seemannszeit.

„Ja Jungens, jetzt kann man nicht mehr so gut Seemannsgeschichten auskramen wie früher, jetzt kennen schon zu viele Menschen die See, haben Seereisen gemacht o. d.; früher konnten die Seeleute bannig was zurechtflunkern, es wurde ihnen alles geglaubt, und ein alter Seemann konnte mit den größten Aufschneidereien durchpassieren, wenn er nicht auch einmal seinen Meister fand. So saß einmal ein alter Seebär in einem Wirtshause an Land, und in der Gesellschaft war auch ein Gast, der heilgern prahlte. Wenn von feinem Wein,

feinen Zigarren und dergl. die Rede war, hatte er alles noch besser und feiner, er hatte alles, was die andern kannten, viel großartiger gesehn und erlebt, kurz, er übertrumpfte immer alle andern Gäste. Na, das ärgerte denn den Seemann und er fing an, von See zu erzählen, wohin der Pralhans ihm doch wohl nicht folgen konnte."

„Einmal meine Herren," fing er an, habe ich doch ein Stück mit erlebt, was ich sonst nicht für möglich gehalten hätte. Wir waren auf der Fahrt nach Ostindien und hatten auch Passagiere an Bord. Als wir nun nicht mehr sehr weit von Land waren, wurde der Wind flau und wir konnten nicht recht weiter. Da war ein Passagier an Bord, ein forscher Kerl, der wurde ungeduldig und fragte eines Morgens, wann wir denn an Land kämen."

„O, morgen oder übermorgen kann es noch werden," sagten wir.

Da warf sich der Mensch vor unsern Augen in die See und rief uns zu: „Auf Wiedersehn am Lande. Wer wohl zuerst kommt?" und fort schwamm er.

Na, wir machten große Augen und glaubten ihn natürlich verloren, thaten aber alles Mögliche, um auch schnell Land zu gewinnen; der Wind wurde auch besser und wir kamen noch vor Abend an Land. Und was meinen Sie, meine Herren, wen sahen wir da zuerst? — Unsern kühnen Schwimmer! War der Kerl den ganzen Tag durch die Haie und all' das Unzeug hindurchgeschwommen und glücklich an Land gekommen. So etwas an Schwimmkunststück und Wagestück hatten wir doch noch nicht erlebt." —

Alle Gäste in der Wirtsstube staunten bei der Erzählung des Seemanns, nur der Prahlhanns hatte ganz verständnisvoll nickend zugehört.

„Haben Sie sich den Schwimmer damals genau angeseh'n?" fragte er nun den Seemann.

„Gewiß," erwiderte der.

„Na, dann gucken Sie mich mal genau an, der Mann, der das gewagt hat, war ich. Ich habe das Stück schon so oft erzählt und keiner hat es mir glauben wollen, jetzt habe ich doch einen Zeugen, der es selbst angeseh'n hat, und freut es mich, daß Sie die Wahrheit meiner Erzählungen mit bekräftigen."

Am Leuchtturm.

Aus dem pommerschen Volksleben. Von Albert Wülff von Kameke.

Es war ein sonniger Herbstnachmittag. Eine frische Brise wehte vom Meer und strich um den Leuchtturm, der gleich einem Vorposten deutschen Landes die Wacht gen Norden hielt.

Vater Jensen, der alte Leuchtturmwärter, stand auf der Gallerie und blickte mit dem Fernglase aufs Meer hinaus. Ein Dampfer zog in der Ferne vorüber. „Anning!" rief er dann durch die schmale niedrige Thür in den Turm hinein, daß es von den runden Wänden wiederdröhnte.

„Was denn, Vadding?" tönte eine helle Mädchenstimme herauf.

„Der „Sirius" passiert eben." —

Ein leichter Schritt huschte die gewundene Treppe herauf; dann erschien ein blonder Mädchenkopf im Rahmen der Thüre. „Der „Sirius?" Detlevs Schiff? Ist er das da?"

„Ja, Döchting," antwortete der alte Seebär und kniff sie in die volle Wange. „Das ist er. Willst du' mal durchsehen? Vielleicht guckt der Detlev auch gerade herüber zu dir." Sie nahm lachend das Fernrohr.

„Der wird sich hüten. Wer weiß, ob er überhaupt noch an mich denkt. Jetzt, wo er Kapitän geworden ist." —

„Da kennst du aber Detlev Kruse schlecht," fiel ihr der Alte eifrig ins Wort, „wem der mal die Treue versprochen hat, dem hält er sie auch. Paß auf, Anning, das dauert garnicht lange, dann fährst du als Frau Kapitän auf dem „Sirius." —

Sie lachte laut auf. „Na, ich danke. Vielleicht nehm' ich ihn überhaupt nicht. Er ist mir lang nicht lustig genug."

Der Alte schüttelte ärgerlich den grauen Kopf. So war das Mädchen! Singen und springen den ganzen Tag, aber niemals einen ernsten Gedanken an die Zukunft. Einen Mann wie den Detlev fand sie sobald nicht wieder. Und er hatte sie doch von jeher geliebt. Schon damals, wie noch beide als Kinder umherspielten.

„Was macht er denn da, Vadding?" tönte plötzlich Annas Stimme.

Vater Jensen blickte zum Dampfer, der an seinem Vordermast mehrere Flaggen gesetzt hatte. „Hollah, der will signalisieren!" sagte er dann. „Hol' mir 'mal das Signalbuch. In der Kommode." —

Anna war schon wie ein Wiesel die Treppe heruntergesprungen. Er selbst öffnete eine Kiste und entnahm ihr den zusammengerollten Antwortwimpel. Da stürmte sie auch schon wieder herauf, ein schweres Buch unter dem Arm. Der Alte fing sie auf. „Hast Du's so eilig, Döchting? Der Detlev läuft Dir nicht weg!" scherzte er.

Sie lachte laut auf. „Nei, — der hat niemals schnell können!" Vater Jensen beobachtete die Signale des Dampfers und blickte in das Buch. „Was hat er denn gesagt?" fragte Anna neugierig, „was für mich?" Der Alte heißte schmunzelnd den Antwortwimpel an der Flaggenstange empor.

„Ja. „Grüßt Anning und meine Mutter! Komme bald selber." Bist Du nun zufrieden mit Deinem Schatz, he?"

„Nei, so was!" rief Anna erfreut. „Das ist aber 'mal nett von ihm! Und hierher kommen will er auch? Da wird sich Mutter Krusen aber freuen!" — „Na und Du nicht?" Der Alte warf ihr einen vielsagenden Blick zu. —

„Natürlich!" war die harmlos-fröhliche Antwort. „Da giebt's 'mal wieder ein bischen Abwechslung. Aber nun will ich doch 'mal gleich zu Mutter Krusen nach Putgarten laufen und ihr erzählen, daß Detlev kommt."

Damit war sie schon die Treppe hinunter und bald eilte sie, ein buntes Tuch um die Schultern geschlagen, durch die kahlen Kartoffelfelder dem nahen Stranddorfe zu. Der alte Jensen sah ihr nach. Seine Frau war lange tot, die Söhne alle draußen, sie war sein Ein und Alles.

Dann wandte er sich um und holte den Antwortwimpel nieder. Auch der „Sirius" hatte seine Signalflaggen eingeholt und zog nun langsam seinen Weg durch das blaudämmernde Meer dahin dem Heimathafen entgegen. —

Zwei Tage später kam Detlev Kruse. Anna hatte soeben einen blankgescheuerten Melkeimer vom Staket genommen, um damit zu der draußen weidenden Kuh zu gehen, als ein hochgewachsener, blondbärtiger Mann, nach Seemannsart gekleidet, durch die Gatterthüre trat. Einen Augenblick stutzte sie, dann eilte sie fröhlich auf ihn zu.

„Guden Dag, Detlev, da bist Du ja!“ lachte sie und streckte ihm die Hand entgegen. Er zog sie ohne Weiteres an seine Brust, während sein ernstes Gesicht sich erhellte.

„Anning,“ sagte er warm und innig und versuchte sie zu küssen.

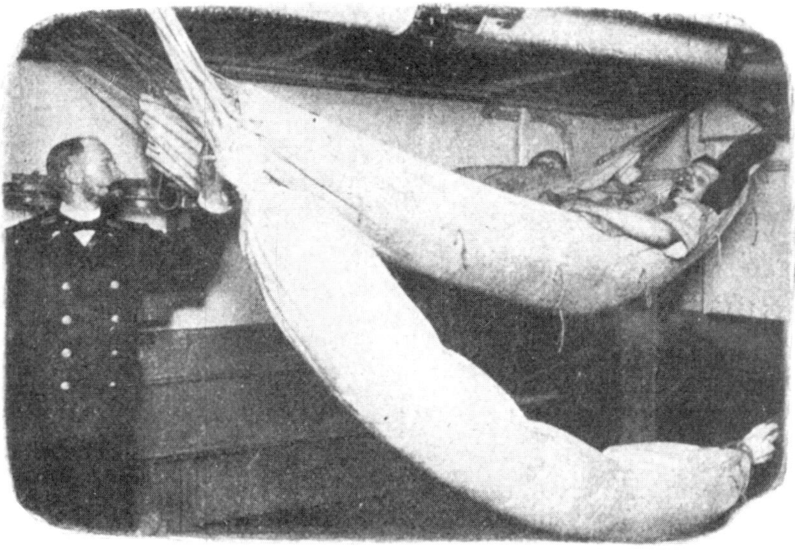

In der Hängematte.

Doch sie entschlüpfte ihm lachend. „Nei, küssen lass' ich mich nicht,“ erklärte sie sehr resolut.

„Lütt Schapskopp! Geht's Dir gut? Und Vater Jensen auch?“ —

„Jawoll, uns geht's immer gut!“ war die vergnügte Antwort.

„Wollen wir 'rauf gehn zu Vadding?“ Er sah auf den Melkeimer in ihrer Hand. „Du wolltest wohl gerade die Kuh melken? Da komm' ich mit, so lange dauert das ja nicht.“

„Ja, Detlev, komm nur!“ rief Anna erfreut, „wir gehen zusammen zur Grete. Auf dem Ringwall weidet sie.“

Langsam gingen sie über das kurze Weidegras dem alten Wendenwalle zu. „Vadding hat sich gewundert, daß Du jetzt überhaupt kommen konntest," begann Anna, „die Schifffahrt ist doch noch nicht geschlossen!" — „Bewahre, Anning, die Frachtdampfer fahren fast den ganzen Winter hindurch. Aber der „Sirius" hat eine Reparatur am Kessel, und da habe ich mir ein paar Tage Urlaub genommen." —

„Er ist wohl schon ziemlich alt?" —

„Ja, aber er macht seine Sache noch immer ganz gut." —

Anna lachte. „Weißt Du noch, Detlev, wie wir klein waren? Da spielten wir immer Haschen, hier um den Ringwall herum. Und Du konntest mich nie kriegen. — Fang' mich, Detlev!" rief sie plötzlich ausgelassen und lief ihm mit Windeseile davon. Im Laufen löste sich ihr blonder Zopf, dann verschwand sie hinter der hohen Böschung des Walles. Doch Detlev war auch nicht mehr der etwas unbeholfene Junge von damals, der getreulich hinter seiner kleinen Spielgefährtin her die Wendenburg umkreiste. Mit langen Schritten eilte er von der anderen Seite um den Wall, sodaß sie ihm gerade in die Arme lief.

„Siehst Du, da hab' ich Dich!" rief er mit starker Stimme, während sie laut aufkreischte, und ehe sie sich dessen versah, hatte er einen derben Kuß auf ihre Lippen gedrückt.

Anna war ein wenig rot geworden. „Diese olle Küsserei!" schmollte sie ärgerlich. „Die kann ich nicht leiden." „Aber Anning, wir sind doch versprochen!" —

„Ach was, versprochen!" erwiederte sie und machte sich aus seiner Umarmung los. „Die Männer taugen alle nichts, die wollen immer nur küssen!" —

Detlev schaute sie erstaunt an. „Aber, Diern, wo hast Du denn das her?" —

„Von meiner Freundin, der Gertrud in Altenkirchen," sagte sie wichtig. „Die hat einen Bruder, der jetzt Soldat ist."

Sie waren die ziemlich steile Böschung hinaufgestiegen und standen nun oben, wo die Kuh weidete. „Sieh mal, das ist unsere Grete," sagte Anna stolz, „die besorge ich ganz alleine." Sie trat hinzu und kraute sie zwischen den kurzen, kräftigen Hörnern.

Detlev hatte sich, die Seemannsmütze im Nacken, auf den Rasen gesetzt und sah zu Anna hinüber, die sich bemühte, ihren Zopf wieder aufzustecken. „Laß ihn doch hängen!" sagte er dann. „So hab' ich Dich immer in Gedanken gesehen, während ich draußen war." —

„Na, meinetwegen!" gewährte sie gnädig, setzte sich auf den Melkschemel und begann die Kuh zu melken. Der blonde

Seemann sah lange aufs Meer hinaus. Dann schien er zu einem Entschluß gekommen.

„Ja, Anning, wie soll denn das nun werden mit uns?" begann er unvermittelt. Sie sah ihn erstaunt mit ihren klaren, hellblauen Augen an. „Na, wie soll denn das weiter werden? Es ist doch sehr schön so." —

Er trat hinzu und legte seinen Arm um ihre Schulter. „Ja, Anning, aber wir müssen doch auch 'mal ans Heiraten denken!" Sie lachte laut auf. „Heiraten! Nei, daran denke ich noch lange nicht. In fünf Jahren frag' 'mal wieder. Erst will ich noch meinen Spaß haben vom Leben."

Geschützturm mit 28 Zentimeter-Kanonen an Bord der Brandenburgklasse.

Detlev ließ sie los. „Aber, Anning, was redest du denn da?" sagte er vorwurfsvoll. „Wir haben nun lange genug gewartet. Ich bin jetzt Kapitän, habe mein sicheres Auskommen, fahre auch nur noch in der Ostsee, also, Anning, — werde mein Weib und komm mit auf den „Sirius!" —

„Ich will aber nicht!" entgegnete sie trotzig und stand auf. „Ich heirate, wenn ich will. Und mit aufs Schiff gehe ich nun schon garnicht, da ist es mir viel zu langweilig." —

Detlev trat einen Schritt zurück, sein gebranntes Gesicht war dunkelrot. „Ist das Dein Ernst?" — „Ja, wenn Du's wissen willst! Ich mag Dich überhaupt nicht!"

„So leb' wohl!" Damit wandte er sich und ging langsam die Böschung hinunter.

Sie blickte ihm nach. Der Trotz schwand allmählich aus ihren Zügen. Eigentlich war's schade. Sie hatte ihn ganz gern, den Detlev. Daß er auch immer gleich vom Heiraten anfing! Ob's nun wohl für immer aus war?

Sie warf den Kopf zurück. Ach, die Männer kommen ja immer wieder! So hatte wenigstens ihre Freundin aus Altenkirchen gesagt, und die mußte es doch wissen. — —

* * *

In der behaglichen Turmstube brannte der Weinachtsbaum, Vater Jensen saß auf dem harten Ledersofa und studierte das Kreisblatt.

Anna saß ihm gegenüber und strickte emsig an einem riesigen Strumpf, einem Weihnachtsgeschenk für Vadding, das nicht ganz zur Zeit fertig geworden war. Auf ihrem Schoß lag schnurrend der große, grau und schwarz gestreifte Hauskater. Das lange Schweigen schien ihr nicht zu behagen.

„Na, so ein Wetter!" begann sie, indem sie den Strumpf prüfend emporhielt. „So schlimm haben wir es ja lange nicht gehabt. Wie der Sturm heult da draußen!"

Bedächtig legte der Alte das Blatt hin.

„Ja, heut' ist's schlimm! Die Schiffe, die draußen sind, haben ein schweres Weihnachten." —

„Und der viele Schnee, der herunter kommt. Das hört ja garnicht auf. Ich werde morgen garnicht nach Altenkirchen können." —

„Willst Du denn schon wieder dahin? Du warst doch erst gestern da!" — „Ich habe es Gertrud versprochen. Ach, Vadding, das ist jetzt immer zu lustig da! Da ist jetzt der Bruder zum Besuch, der Franz, weißt Du, der Unteroffizier, — nei, der ist zu spaßig. Was der für Geschichten erzählt!" —

Der Alte machte ein mißvergnügtes Gesicht. „So so," knurrte er, „kommt der Wind aus dem Loch? Hör' 'mal, Anna, ich will Dir 'was sagen: Laß Dich nicht mit dem windigen Menschen ein. Ich kann den Burschen nun einmal nicht leiden. Und so lange ich noch zu kommandieren habe, kommt er mir nicht herein in den Turm. Verstanden?" „Vadding, er ist aber so nett! Viel netter, als der Detlev war." —

Der Alte schlug mit der Hand auf den Tisch, daß sein Glas klirrend in die Höhe sprang. „Sei mir davon still, Mädchen!" wetterte er. „Detlev und der können garnicht zusammen genannt werden. Ein Jammer ist's, daß Du mit ihm auseinander gekommen bist. Das wäre ein Mann für Dich gewesen! Aber so seid ihr Weiber! Das Gold werft Ihr weg und nehmt Kupfer dafür, wenn's nur ein bischen blanker geputzt ist!"

Anna war aufgesprungen und hatte einen Arm um den Hals des Alten gelegt.

„Vadding, sei doch gut!“ schmeichelte sie und drückte ihre weiche Wange gegen seine rauh behaarte. „Er reist ja auch schon übermorgen wieder ab, der Franz, und ich kann doch morgen“ — —

Vater Jensen horchte auf. Hörtest Du nichts, Anning?“ —

„Was denn?“ fragte diese erstaunt. „Mir war, als ob draußen geschossen würde.“

„Ich hab' nichts gehört. Es wird wohl der Wind gewesen sein. Und dann ist ja auch Hinrich oben, der müßte doch etwas gemerkt haben.“ —

Hinrich war der Gehilfe des Leuchtturmwärters und hatte gerade die Wache oben bei der Laterne. „Kann sein,“ brummte der Alte. „Man täuscht sich ja öfter. Schenk' mir noch 'mal ein, Anning!“ —

Sie füllte sein Glas, während er die Brille zurechtrückte und sich wieder in die Neuigkeiten des Kreisblattes vertiefte. Dann setzte sie sich auf ihren Stuhl und strickte weiter. Hops, — da war auch der graue Kater wieder an seinem Platze, und bald mischte sich sein behagliches Schnurren in das Singen des Grogkessels und das Heulen des Sturmwinds.

Ein dumpfer Knall ließ Vater und Tochter auffahren. „Da ist ein Schiff in Not,“ sagte der Leuchtturmwärter, indem er Pfeife und Zeitung beiseite legte. „Ich werde 'mal auf die Gallerie geh'n und nachsehen.“ Er schlug den Kragen seiner Friesjacke in die Höhe, stülpte den Südwester auf den Kopf und ging die Treppe hinauf. Anna warf rasch ein Tuch über und folgte ihm.

Ein eiskalter Wind, der ihr fast den Atem benahm, schlug ihr von draußen entgegen und trieb ihr nadelscharfe Eiskristalle ins Gesicht. Sie blieb in der Thür stehen. Huh, was war das für eine schaurige Nacht! Und dabei draußen auf See zu sein! Ob denn wirklich ein Schiff in Not war? Gerade am Weihnachtsabend! Sie schauerte zusammen. Vergebens suchte sie die Finsternis zu durchdringen. Sie sah nichts wie immer neue Schneewirbel, die der Sturm in den roten Lichtkreis der Lampen trieb.

Der Vater stand ein paar Schritte weiter an der Brüstung und spähte mit Hinrich in die Nacht hinaus. Nach einer Weile drehte er sich um.

„Es ist jetzt alles still. Und sehen kann man erst recht nichts bei dem Schneesturm. Es würde auch nichts nützen — Menschenhilfe ist heut' doch unmöglich.“ Langsam stiegen die

Beiden wieder in das Zimmer herab. Die Lichter des Weihnachtsbaumes waren niedergebrannt.

Anna blies sich in die erstarrten Hände. „Na, ich bin nur froh, daß wir hier in unserer gemütlichen Stube sitzen und nicht auf dem Meere sind!" „Danke Gott, Anning!" sagte der alte Seebär ernst. „Du weißt noch nicht, wie schwer das Leben ist. Aber nun geh' ins Bett. Es ist schon zehn Uhr. Meine Wache beginnt gleich." —

Anna zog gähnend die Uhr auf und wickelte den Strickstrumpf zusammen. Dann ging sie zu ihrer Kammerthüre.

Bootsmanöver.

„Gude Nacht, Vadding!" —

„Gude Nacht, Anning!"

Es war am Abend des nächsten Tages. Anna war soeben vom Besuch ihrer Freundin zurückgekehrt und machte nun in der blitzblanken Küche das Abendbrot zurecht. Sie sang und trällerte in allen Tonarten.

Es war aber auch zu nett gewesen drüben in Altenkirchen. Und besonders der Franz in seiner schmucken Ulanenuniform, mit dem flott aufgedrehten Schnurrbart. So ein Mann ließ sie sich gefallen! Der paßte besser zu ihr als der ernste langweilige Detlev. Sogar nach Hause gebracht hatte er sie und ihr zum Abschied die Hand gereicht und gesagt, wie ungern er morgen fortreiste. „Und darf ich Ihnen hin und wieder 'mal schreiben, Fräulein Anning?"

Wie schön das klang! Fräulein Anning! „Gewiß, Herr Franz!“ hatte sie ihm geantwortet, so oft Sie wollen.“ —

Ein schwerer Schritt kam die steinerne Treppe herauf. Sie horchte erstaunt. Der Vater war doch schon oben bei seinen Lampen. Sie trat in die Thür.

„Guten Abend, Jungfer Anning!“

Es war der Strandvogt von Putgarten. Er sah merkwürdig ernst aus, „Guden Abend, Herr Strandvogt! Na, was bringen Sie Gutes?“ —

„Gutes? Nein, Gutes bringe ich nicht!“ war die ernste Antwort. „Heute Nachmittag wurde beim Mövenort eine Flaschenpost angetrieben. Da war auch ein Brief für Euch drin.“

Er zog einen zerknitterten Brief aus der Brusttasche und legte ihn auf den Küchentisch.

„Ich hab' noch mit Vater Jensen zu sprechen,“ sagte er dann, als keine Antwort von ihr erfolgte, „er ist doch schon oben?“ —

Anna war allein. Eine geraume Zeit stand sie starr da, das Papier in der zitternden Rechten.

„Anna Jensen, Arkona,“ stand in verwischter Schrift auf dem Umschlag. Es waren Detlevs Schriftzüge.

Dann riß sie den Brief auf. Er enthielt nur wenige Zeilen, mit Bleistift geschrieben: „Der „Sirius“ ist verloren. Die Schraubenwelle gebrochen, die Großluke eingeschlagen. Wir haben wie Männer gearbeitet, — umsonst! Eine Stunde hält unser Schiff sich noch, dann geht es in die Tiefe und stirbt einen braven Seemannstod. Wir mit ihm.

Denke mitunter an den Seemann, der in den Tod ging, während Du Weihnachten feierst. Und lerne das Eine von ihm: Das Leben ist kein Spiel! —

In der Ferne brennt Euer Leuchtturm. Ich grüße hinüber: Gute Nacht, Anning, — ich habe Dich unendlich lieb gehabt!“

* * *

Ueber das kahle Vorgebirge hin fegten die Frühlingsstürme und erweckten zu neuem, kräftigem Leben, was bisher den Todesschlaf des Winters geschlummert.

Auf dem Wendenwall sproßte das erste junge Gras, und Anna hatte heute zum ersten Mal die Kuh aus dem Stalle hinaus auf die Weide getrieben.

Es war Abend. Der Sturm hatte zu einem milden Westwind abgeflaut, der von den weiten Ackerflächen der Halbinsel einen kräftigen, feuchtschweren Erdgeruch mitbrachte. Die Sonnenscheibe leuchtete mattrot durch das Dämmergewölk des Westens.

Anna kam langsam vom Turme her. Sie blickte ernster

drein als sonst, ohne jedoch gerade traurig auszusehen. Dicht vor dem Ringwall traf sie mit dem Vater zusammen, der von einem dienstlichen Gange zurückkehrte. Er schwang seinen derben Stock in der Luft.

„Na, Anning, wo willst Du denn noch hin?“ rief er ihr fröhlich entgegen. — „Die Grete hereintreiben. Sie darf die Nacht noch nicht draußen bleiben.“ — „Ja, das thu' nur! — Ich traf vorhin den Briefträger. Er gab mir das hier für Dich.“

Er reichte ihr einen Brief. Sie las Aufschrift und Poststempel. Ein Schatten überflog ihr Gesicht. Dann zerriß sie den Brief in kleine Stücke. Der Wind trug die Papierschnitzel fort.

„Was machst Du denn da?“ fragte der Alte ganz erstaunt. „Von wem war denn der Brief?“ „Ach, von dem Franz aus Altenkirchen, dem alten Hanswurst! Das ist schon der dritte Brief.“

Der Alte fuhr ihr über das blonde Haar. „Das ist brav, Anning, daß Du Dir den aus dem Kopf geschlagen hast. Da findest Du zehnmal bessere!“ —

Sie blickte zur Seite. „Ach, Vadding!“ sagte sie leise, „ich habe garkeine Lust zum Heiraten!“

„Aber, Anning! Du kannst doch dem Detlev nicht ewig nachtrauern!“ Sie schwieg lange. Dann sah sie ihm ins Gesicht, fest und ernst.

„Nein, das thu' ich auch nicht. Aber wenn ich einen heirate, dann muß es ein Mann sein, wie Detlev es war.“ —

Vater Jensen zog sie an sich. Um seinen bärtigen Mund, der sonst so gerne lachte, zuckte es seltsam. „Recht so, min Döchting, recht so! Er war ein ganzer Mann, dein Detlev!“

Dann ließ er sie los. „Nun muß ich aber machen und die Lampen anstecken, es ist ja schon beinahe dunkel.“

Mit langen Schritten schwankte er davon.

Anna stieg auf den Ringwall, wo friedlich die Grete lag und wiederkäute. Sie trat hinzu und kraute dieselbe zwischen den kurzen, kräftigen Hörnern. Dabei blickte sie sinnend auf das dämmernde Meer hinaus, während der Westwind mit ihren Stirnhaaren spielte.

Wie hatte er doch gesagt in seinem Abschiedsbriefe? „Das Leben ist kein Spiel.“ Jetzt wußte sie es, er hatte Recht. Sein Tod hatte es sie gelehrt. Sie atmete tief auf, und wie neues Leben zog der würzige Frühlingsodem in ihre Brust. Dann wandte sie sich um und zog den Pflock aus der Erde. „Komm, Grete!“ sagte sie leise. —

Drüben aber brannte der Leuchtturm ruhig und sicher wie ein großes Himmelsgestirn und sandte wegweisend seine Strahlen hinaus in die sinkende Nacht. —

Liste der Deutschen Kriegsschiffe.

Vorbemerkungen: In der Spalte **Fertigstellung** bedeutet die zweite der Bruchzahlen, daß in diesem Jahre ein größerer Umbau vollendet wurde.

In der Spalte **Armierung** giebt die hinter dem Punkt stehende Zahl das Kaliber an. Die einfachen Zahlen bedeuten Schnellladekanonen, die eingeklammerten dagegen Nichtschnellladekanonen. Die 3,7c, 0,8c und 0,88c sind Maschinen-Geschütze bezw. Gewehre. R heißt Revolverkanonen von 3,7c, L Torpedolancierrohr.

Der **Aktionsradius** bezieht sich auf eine Marschgeschwindigkeit von 10 Knoten, wenn in der Spalte „Bemerkungen" nichts anderes steht.

Die **Besatzung** versteht sich einschließlich Offiziere und kontraktlich engagierten Personals (Köche und Kellner).

Sämtliche Schiffe haben keine Takelage, wenn in den Bemerkungen nichts anderes gesagt ist. Die Kanonenboote und einige der kleinen Kreuzer können einige Sturm-Schratsegel führen.

Die durch Klammern verbundenen Schiffe sind solche desselben Typs.

Name des Schiffes.	Fertigstellung.	Deplacement.	Armierung.	Schrauben.	Indizierte Pferdekräfte.	Geschwindigkeit.	Aktionsradius.	Besatzung.	Bemerkungen.
			Linienschiffe.						
Kaiser Friedrich III.	98	11150	4.24c; 18.15c; 12.8,8c; 12.3,7c; 8.0,8c; 6 L	3	13000	18,0	5000	657	Sämtlich voll gepanzert.
Kaiser Wilhelm II.	99	11150	do.	3	13000	18,0	5000	657	
Kaiser Wilhelm d. Gr.	00	11150	do.	3	13000	18,0	5000	657	
Kaiser Carl d. Gr.	01	11150	do.	3	13000	18,0	5000	657	
Kaiser Barbarossa	01	11150	do.	3	13000	18,0	5000	657	
Wittelsbach	02	11150		3		19			
Wettin	02	11150		3		19			
Zähringen	02	11150		3		19			
F	03	11150		3		19			
G	03	11150		3		19			
H	04								
J	04								
Brandenburg	93	10060	6.(28)c; 6.10,5c; 8.8,8c; 12.3,7c; 8.0,8c; 6 L	2	10000	16,3	4500	580	
Kurf. Fried. Wilhelm	94	10060	do.	2	9700	17,0	4500	580	
Weißenburg	94	10060	do.	2	10100	16,6	4500	580	
Wörth	93	10060	do.	2	10200	17,0	4500	580	

Sachsen	78/99	7400	6.(26)c; 8.8,8c; 8.3,7c; 6.0,8c; 5 L	2	6000	17,0	3000	436	Sämtlich voll gepanzert.
Bayern	84/97	7400	do.	2	6000	17,0	3000	436	
Württemberg	81/99	7400	do.	2	6000	17,0	3000	436	
Baden	84/97	7400	do.	2	6000	17,0	3000	436	
Oldenburg	85	5200	8.(24)c; 2.8,7c; 6.5c; 6.0,8c; 4 L	2	3900	13,5	1600	401	
Küstenpanzerschiffe.									
Siegfried	90	3500	3.(24)c; 6.8,8c; 6.0.8c; 4 L	2	4800	15,0	2000	276	Sämtlich voll gepanzert.
Fritjof	93	3500	8.8,8c; sonst ebenso	2	4800	15,0	2000	276	
Heimdall	94	3500	do.	2	4800	15,0	2000	276	
Odin	96	3550	10.8,8c; sonst ebenso	2	4800	15,0	2600	276	
Aegir	97	3550	do.	2	4800	15,0	2600	276	
Hagen	94/00	4114	3.(24)c; 10.8,8c; 4.3,7c; 4.0,8c; 4 L	2	4800	15,0	3500	297	
Beowulf	92/01	4114	do.	2	4800	15,0	3500	297	
Hildebrand	93/01	4114	do.	2	4800	15,0	3500	297	
Panzerkanonenboote.									
Wespe	76	1100	1.(30,5)c; 2(8,7)c; 2 R; 2 L	2	700	10,0	700*	88	* Sämtlich bei 7 Knoten Fahrt. Sämtlich haben Gürtelpanzer, gepanzerten Geschützstand und Panzerdeck.
Viper	77	1100	do.	2	700	10,0	700	88	
Biene	77	1100	do.	2	700	10,0	700	88	
Mücke	78	1100	do.	2	700	10,0	700	88	
Scorpion	77	1100	do.	2	700	10,0	700	88	
Basilisk	79	1100	do.	2	700	10,0	700	88	
Camaeleon	78	1100	do.	2	700	10,0	700	88	
Crocodil	80	1100	do.	2	700	10,0	700	88	
Salamander	80	1100	do.	2	700	10,0	700	88	
Natter	81	1100	do.	2	700	10,0	700	88	
Hummel	81	1100	do.	2	700	10,0	700	88	
Brummer	84	870	1.(21)c; 1.(8,7)c; 2 R; 2.0,8c; 1 L	1	1600	14,0	1200	78	Nur Panzerdeck.
Bremse	84	870	do.	1	1600	15,0	1200	78	
Große Kreuzer.									
König Wilhelm	69/96	9750	22.(24)c; 1.(15)c; 18.8,8c; 8.0,88c; 5 L	1	8000	14,7	2000	732	Gürtel u. Kasematte gepanzert.
Kaiser	75/93	7650	8.(26)c; 1.(15)c; 6.10,5c; 9.8,8c; 4 R; 8.0,88c; 5 L	1	8000	14,4	2500	620	
Deutschland	75/97	7650	8.(26)c; 1.(15)c; 7.10,5c; 8.8,8c; 12.3,7c; 8.0,8c; 5 L	1	8000	14,0	2500	620	
Fürst Bismarck	00	10700	4.24c; 12.15c; 10.8,8c; 10.3,7c; 4.0,8c; 6 L	3	13500	19,0	6500	568	Voll gepanzert.

Name des Schiffes	Fertigstellung.	Deplacement.	Armierung.	Schrauben.	Indizierte Pferdestärken.	Geschwindigkeit.	Aktionsradius.	Besatzung.	Bemerkungen.
Große Kreuzer.									
Prinz Heinrich	01	8800	2.24c; 10.15c; 10.8,8c; 10.3,7c; 4.0,8c; 3 L	3	15000	20,5	7500	501	Voll gepanzert.
Prinz Adalbert	03	8800	do.	3	15000	20,5	7500	501	
Ersatz König Wilhelm	04	8800	do.	3	15000	20,5	7500	501	
Kaiserin Auguste	92	6050	10.15c; 8.8,8c; 8.0,8c; 5 L	3	14000	21,5	4000	437	Panzerdeck.
Vineta	99	5800	2.21c; 8.15c; 10.8,8c; 10.3,7c; 4.0,8c; 5 L	3	10000	18,0	5500	466	
Hansa	98	5800	do.	3	10000	18,0	5500	466	
Freya	98	5800	do.	3	10000	18,0	5500	466	
Victoria Luise	98	5800	do.	3	10000	19,1	5500	466	
Hertha	98	5800	do.	3	10000	18,0	5500	466	
Kleine Kreuzer.									
Irene	88	4300	4.(15)c; 8.10,5c; 6.5c; 8.0,8c; 3 L	2	8000	18,0	3000	354	Panzerdeck.
Prinzeß Wilhelm	88	4300	do.	2	9000	18,0	3000	354	
Gefion	94	4000	10.10,5c; 6.5c; 8.0,8c; 2 L	2	9000	19,0	6500	302	
Gazelle	98	2600	10.10,5c; 14.3,7c; 4.0,8c; 3 L	2	6000		5000	251	
Nymphe	00	2600	do.	2	8000		5000	258	
Niobe	00	2600	do.	2	8000	21,0	5000	252	
Thetis	01	2600	do.	2	8000		5000	252	
Ariadne	01	2600	do.	2	8000		5000	252	
Medusa	02	2600	do.	2	8000		5000	252	
Amazone	02	2600	do.	2	8000		5000	252	
G	—	2600	do.	2	8000		5000	252	
H	—								
J	—								
Alexandrine	86	2400	10.(15)c; 4.10,5c; 6 R	1	2400	13,0	3000	268	Hat Takelage. Ungeschützt.
Arcona	86	2400	do.	1	2400	13,0	3000	268	
Falke	91	1600	8.10,5c; 5 R; 2.0,8c; 2 L	2	2900	17,0	3000	160	
Bussard	90	1600	do.	2	2800	16,0	3000	160	
Seeadler	92	1600	do.	2	2900	17,0	3000	160	

Condor	92	1600	do.	2	2900	16,0	3000	160	
Cormoran	93	1600	do.	2	2900	16,0	3000	160	
Geier	95	1600	ebenso, jedoch 6 R	2	2900	16,0	4300	160	
Schwalbe	87	1100	8.10,5c; 5 R; 2.0,8c;	2	1600	14,0	5000*	117	* bei 8 Knoten Fahrt.
Sperber	88	1100	do.	2	1600	14,0	5000*	117	
Hela	96	2000	4.8,8c; 6.5c; 2.0,8c; 3 L	2	5000	20,0	3500	178	Panzerdeck.
Greif	87	2100	8.8,8c; 4.0,8c;	2	5400	19,0	3500	176	
Blitz	83	1400	6.8,8c; 4.0,8c; 3 L	2	2700	15,5	2500	135	Ungeschützt.
Pfeil	83	1400	do.	2	2700	15,5	2500	135	
Wacht	88	1250	4.8,8c; 2.0,8c; 3 L	2	4000	19,0	2800	141	
Jagd	89	1250	do.	2	4000	19,0	2800	141	Panzerdeck.
Meteor	91	960	do.	2	4700	20,0	1040*	115	* bei 12 Knoten
Comet	93	960	do.	2	4700	19,5	1040*	115	Fahrt.
Zieten	76	1000	6.5c; 2 L	2	2350	16,0	2000	115	Ungeschützt.

Kanonenboote.

Jaguar	99	900	4.8,8c; 6.3,7c; 2.0,8c;	2	1300	13,0	3000	127	
Iltis	98	900	do.	2	1300	13,0	3000	127	
Tiger	99	900	2.10,5c; 6.3,7c; 2.0,8c;	2	1300	13,0	3000	127	Sämtlich ungeschützt.
Luchs	00	900	do.	2	1300	13,0	3000	127	* bei 9 Knoten
Panther	01	900	do.	2	1300	13,0	3000	127	Fahrt.
Habicht	80	850	5.(10,5)c; 5 R	1	800	11,5	2000*	130	Hat Takelage.

Torpedofahrzeuge.

Anzahl.	Bezeichnung.							
1	D 1	87	250	3.5c; 3 L	1	2000	20,0	46
1	D 2	87	250	do.	1	2000	20,0	46
1	D 3	88	300	do.	1	2500	21,0	46
1	D 4	88	300	do.	1	2500	21,0	46
1	D 5	88	320	do.	1	3600	22,0	46
1	D 6	89	320	do.	1	3600	22,0	46
1	D 7	90	350	do.	1	4000	26,0	46
1	D 8	91	350	do.	1	4000	26,0	46
1	D 9	91	350	do.	1	4040	24,0	52
1	D 10	98	355	5.5c; 3 L	2	5500	26,5	57

Anzahl.	Bezeichnung.	Fertigstellung.	Deplacement.	Armierung.	Schrauben.	Indizierte Pferdestärken.	Geschwindigkeit.	Aktionsradius.	Besatzung.	Bemerkungen.
	Torpedofahrzeuge.									
1	**Taku**	98	280	6.4,7c; 2 L	2	6000	30,0		30	Früher chinesisch „Hai-Ching"
12	**S 90—96**	98	350	5.5c; 3 L	2	5400	26,0		49	
	Sleipner	bis								
	S 98—101	01								
12	**S 102—107**	02	350	3.5c; 3 L	2	5400	28,0		49	
	G 108—113	02	350		2	5400	28,0		49	
30	**S 2**	83	85	2 R; 3 L	1	1000	20,0		16	
	S 7—25	bis	85	do.	1	1000	20,0		16	
	S 27—32		85	do.	1	1000	20,0		16	
8	**S 33—40**	89	85	2.5c; 3 L	1	1800	22,0		16	
15	**S 42—47**	89	145	do.	1	1800	22,0		16	
	S 49—57		145	do.	1	1800	22,0		16	
8	**S 58—65**	bis	150	do.	1	1800	22,0		16	
8	**S 66—73**		170	do.	1	1800	22,0		21*	* S 66 hat 24.
14	**S 74—87**	97	170	do.	1	1800	22,0		24	
2	**G 88 u. 89**	98	170	do.	1	1800	22,0		24	
	Schulschiffe.									
	Mars	81	3300	Die verschiedensten Geschütze	1	2000	11,0		474	Artillerieschulschiffe.
	Carola	81	2200	do.	1	2100	12,0		245	
	Olga	81	2200	10.(15)c; 2.8,8c; 8 R	1	2100	12,0		271	
	Marie	82	2200	10.(15)c; 2.8,8c; 10 R	1	2100	12,0		298	
	Blücher	78	2800	2.(8)c; 8 L	1	2500	12,0		467	Torpedoschulschiff.
	Charlotte	87	3300	12.(15)c; 2.8,8c; 6 R; 2.0,8c	1	3000	14,0		506	Seekadetten- und Schiffsjungenschulschiffe mit leichter Takelage.
	Stosch	78	2800	10.(15)c; 2.8,8c; 6 R; 2.0,8c	1	2500	12,0		469	
	Stein	80	2800	12.(15)c; 2.8,8c; 6 R; 2.0,8c	1	2500	12,0		469	
	Moltke	78	2800	10.(15)c; 2.8,8c; 6 R; 2.0,8c	1	2500	12,0		469	

Nixe	86	1700	7.(12.5c);	1	700	8,0		368	
Sophie	82	2200	10.(15)c; 2.8,8c; 6 R: 2.0,8c	1	2100	12,0		298	
Grille	58	350	2 R	1	700	12,0		74	
Rhein	67	400		1	240	9,0		81	Minenschulschiff.
Hay	82	200	2.8,8c	1	160	9,0		40	Tender des Mars.
Ulan	76	370	3 R	1	800	12,0		51	Tender des Blücher.

Spezialschiffe.

Hohenzollern	93	4300	12.5c; 1.0,8c	2	9000	21,5	2670*	317	Kaiserl. Yacht. * bei 12 Koten Fahrt.
Kaiseradler	78	1700	2.(8,7)c; 5 R		3000	16,0		150	Aviso. Raddampfer.
Loreley	96*	900	2.5c;	1	600	12,0		60	* in diesem Jahre angekauft. Stationsschiff in Konstantinopel.
Pelikan	91	2400	4.8,8c; 1.0,8c	2	3000	15,3	4600	195	Transportschiff.
Möve	80	850	2.(12,5); 5 R	1	600	11,0		133	Vermessungsschiffe.
Hyäne	78	500		1	340	9,0		106	
Wolf	78	500	1.(8,7)c; 1.5c; 3 R	1	340	9,0		85	
Otter	78	130		2	140			75	Minenversuchsschiff.

Hafenschiffe.

Friedrich der Große	77	6800	4.(26)c; 2.(17)c; 10.8,8c; 2R; 6.0,8c	1	5400	13,0		542	Alle 4 Schiffe sind als veraltet aus der Liste der verwendungsfähigen Schiffe gestrichen. Seitenwände gepanzert.
Preußen	74	6800	do. [5 L	1	5400	13,0		542	
Kronprinz	67	5800	16.(21)c; 6 R; 5 L	1	4800	12,2	4000*	542	* bei 7 Knoten Fahrt.
Friedrich Carl	67	6000	do.	1	3500	13,0	3500*	371	* bei 7 Knoten Fahrt. Torpedoversuchsschiff.

Die ausrangierten Torpedoboote **W 1—6**
" " " **V 1—9**
" " " **G 1**
" " " **T 1**
" " " **Y 1**
" " " **K 1**
" " " **S 1, 3, 5, 6**
4 Wachtboote für die Nordsee.
4 " " " Ostsee.
Transportdampfer **Eider.**
Stations-Yacht **Farewell.**

Dampf-Yacht **Ellerbeck.**
" **Hulda.**
" **Schneewittchen.**
" **Radaune.**
Segel-Yacht **Comet.**
" **Luft.**
" **Liebe.**
" **Wille.**
" **Hertha.**
6 Lotsen-Dampfer und Tonnenleger.
4 Depotdampfer.

Werft-, Schlepp- und Pumpendampfer:

Boreas, **Bussard**, **Caurus**, **Eisvogel**, **Fleiß**, **Föhn**, **Kraft**, **Motlau**, **Norder**, **Notus**, **Rival**, **Weih**, **Zephyr**, **Eider**, **Aeolus**

Moderne Gemeinwesen auf See.

Die Vorlage und Beratung des Gesetzes über die Seemannsordnung im Reichstag hat kürzlich wieder in ganz Deutschland die Aufmerksamkeit auf den nicht unwichtigen Teil unserer Bevölkerung gelenkt, dessen Berufsarbeit sich unter den eigenartigen Lebensverhältnissen an Bord der Schiffe abspielt, der dort auf weiter See, zeitweise vom Verkehr mit aller Welt getrennt, wohlgeordnete reichgegliederte Gemeinwesen in bewährten, aus tausendjähriger Praxis allmählich herausgewachsenen Formen bildet. Unsere rasch sich entwickelnde Schifffahrt, die Vergrößerung der Kriegsmarine und besonders auch die rasch fortschreitende Handelsflotte erfordert immer mehr Mannschaften, und die modernen großen Handelsdampfer brauchen mehr seemännisch geschulte Kräfte, als ihnen die an Bedeutung zurücktretende Segelschifffahrt und die Hochseefischerei, die hohen Schulen der Seemannschaft, stellen können. Die Handelsmarine hat sich schon sachgemäß damit geholfen, daß sie „Lehrwerkstätten auf See" eingerichtet, Segler als Schulschiffe der Handelsmarine in Fahrt gestellt hat und auf ihnen Schiffsjungen und Kadetten von der Wasserkante und dem Binnenland zu tüchtigen Matrosen und Schiffsoffizieren heranbildet.

Wenn allerdings heute wie früher die gesamte Schiffsbesatzung aus berufskundigen Seeleuten bestände, so würden auch die Schulschiffe zu deren Ersatz nicht ausreichen. Denn jeder neue Riesendampfer braucht für sich allein Hunderte von Mannschaften. Aber nur noch ein verhältnismäßig kleiner Teil davon sind Schiffsoffiziere und Matrosen. Technik und Verkehrsbedürfnisse haben gegen früher eine ganz andere Zusammensetzung des „Schiffsvolkes" notwendig gemacht. Für die Fortbewegung sorgen nicht mehr die Matrosen an Mast und Segel, sondern die große Schar der dem Ingenieur, bezw. Ober-Maschinisten unterstellten Maschinenmannschaft, die gleichwertig dem „Deckpersonal" an die Seite tritt. Die Ausdehnung des Personenverkehrs macht zur Ernährung und Bedienung der Reisenden eine weitere ganze Gruppe der Schiffsbesatzung erforderlich. Die große Zahl der Reisenden und der Besatzung läßt auch eine Reihe von arbeitsteiligen, berufsmäßigen Beschäftigungen an Bord als erforderlich und rationell erscheinen, sodaß der moderne Dampfer thatsächlich als eine Stadt für sich mit allen möglichen Berufsklassen sich zeigt.

Sehen wir uns das größte der deutschen Schiffe an, den Hamburger Schnelldampfer „Deutschland," der in seinen Kajüten bis nahezu 800, im Zwischendeck gegen 300 Reisende über den Ozean befördert, außerdem eine umfangreiche Post und kleine Mengen hochwertiger Güter. Er hat eine Besatzung von nicht weniger als 547 Mann. Dem Kapitän stehen zunächst 6 Schiffsoffiziere zur Seite (ein 1., drei 2., ein 3. und ein 4. Offizier), und jeder Kapitän der Hamburg-Amerika-Linie hat bei dieser Linie als 4. Offizier anfangen und die ganze Laufbahn, Stufe um Stufe aufrückend, praktisch durchmachen müssen. Ein Zahlmeister mit einem Assistenten und ein Verwalter entlasten die Schiffsleitung nach der Seite der allgemeinen Verwaltung hin. Eigentliche Seeleute finden wir in verhältnismäßig bescheidener Zahl: 2 Bootsleute, 6 Quartiermeister, 22 Vollmatrosen, 12 Leichtmatrosen, 6 Schiffsjungen; das sind weniger als die gewichtige und wohlgeordnete Zunft der Verpflegungsbeamten, deren Zahl 52 beträgt. Der Bedienung der Reisenden widmen sich unter Leitung von drei Oberstewards, ein Gepäckmeister und 149 Stewards;

Der Leuchtthurm auf dem Roten Sande in der Wesermündung.

7 besondere Telegraphenstewards erfordert der überallhin sich erstreckende komplizierte Ruf- und Signalapparat an Bord, und 12 Musiker bilden die Schiffskapelle. Von Handwerkern sind weiterhin ein Klempner, ein Tischler, zwei Zimmerleute, drei Küper, drei Barbiere und ein Drucker auf dem Schiff thätig; auch hier erfordert die Bemühung um die Reisenden das meiste Personal. Für das Wohlergehen des großen Gemeinwesens wichtig ist der Arzt, der zu den Schiffsoffizieren zählt und dem ein Arztgehilfe beigegeben ist. Im ganzen sind das 295 Menschen.

Ihnen steht als geschlossene Schar von 252 Mann das Maschinenpersonal gegenüber, das die stärksten Schiffsmaschinen der Welt, die mit 35 600 Pferdekräften arbeiten, so zu bewachen und zu bedienen hat, daß sie das mächtige Schiff sicher und ruhig mehr als 23 Seemeilen in der Stunde vorwärtstreiben. Wir verzeichnen 1 Ingenieur, 1 Obermaschinisten, 1 ersten, 3 zweite, 7 dritte, 5 vierte Maschinisten, 4 Elektriker, 12 Assistenten, 12 Oberheizer, 2 Materialverwalter, 18 Schmierer, 84 Heizer, 96 Trimmer, 6 Jungen.

Das Bild der Bemannung ändert sich sofort, wenn wir anstatt eines Schnelldampfers ein Schiff nehmen, bei dem die Ladung die Hauptsache ist, das langsamer fährt und erheblich kleinere Maschinen hat, unter dessen Reisenden die Zwischendecker überwiegen, die bei Verteilung ihres einfachen Essens und bei Ordnung ihres Wohnraumes selbst mit zugreifen. Der Postdampfer „Graf Waldersee“ der Hamburg-Amerika-Linie ist einer der vier großen P-Dampfer der Linie, eines der geräumigsten Frachtschiffe Deutschlands; er nimmt 140 000 Doppelzentner Schwergut, außerdem 400 Reisende in den Kajüten und, wenn nötig, 2000 im Zwischendeck mit. Er hat 218 Mann Besatzung. 12 Maschinisten und Assistenten und 37 Mann genügen hier für Bedienung der Maschine von 5500 Pferdestärken.

Zu den größten deutschen Schiffen gehören auch die großen ostasiatischen Reichspostdampfer, deren neuster, die „Kiautschou“ der Hamburg-Amerika-Linie, 250 Mann Besatzung hat. Ihre Besatzung setzt sich ungefähr ebenso zusammen wie beim Graf „Waldersee,“ nur finden wir mit Rücksicht auf die lange Fahrt in den Tropen, wo deutsche Heizer versagen, als Heizer und Trimmer 57 Chinesen, die unter 3 chinesischen Oberheizern arbeiten und 2 Köche und 2 Jungen für sich haben. Eine Waschanstalt mit 6 chinesischen Waschleuten ist auf der Fahrt eine angenehme Beigabe.

Fügen wir hinzu, daß wir außer dem reichgestaltigen Betrieb der Rhederei auf den deutschen Schnelldampfern noch ein deutsches und ein amerikanisches Postamt in Thätigkeit finden, so sehen wir, daß auch unsere Schiffe ein getreues Abbild der gewerblichen Rührigkeit und Intelligenz in unserem Vaterlande geben. Es ist der größte Stolz der deutschen Rheder, daß die Führung und Bemannung ihrer Schiffe sich in der Arbeit des Tages wie in der Stunde der Gefahr stets tüchtig und zuverlässig, tapfer und treu gezeigt hat, daß deutsche Schiffe — mit der Ausnahme der Verwendung von einzelnen Farbigen in den Tropen, die aus Gründen der Humanität und Gesundheitspflege geradezu notwendig ist — stets mit den deutschen Führern und ganz überwiegend deutschen Mannschaften, denen sich stammverwandte Nordländer u. a. in Sitte und Sprache anpassen, besetzt werden können, daß die deutsche Flagge allezeit in allen Meeren über guten Schiffen, über soliden deutschen Waren und über tüchtigen Männern fliegt.

Zur Rettung Schiffbrüchiger.

Eiskalt die Nacht, am Nordseestrand
Wütet ein Sturm über See und Land.
Die Brandung donnert, die Wogen roll'n,
Wie Himmel und Meer mit einander groll'n.

Die Fischer im Dorf, von Sorgen erfüllt,
Hören es, wie die Windsbraut brüllt,
Die wuchtig über die Dünen fegt,
Wildgrimmig auf Giebel und Dächer schlägt.

Leuchtende Gasboje.

Nun dröhnt bei des Morgens Dämmerschein
Ein Kanonenschuß in das Tosen hinein.
Ein Schiff in Not! Da springen sie auf,
Alte wie Junge zum Strand im Lauf,

Und sehen gescheitert, fest auf dem Riff,
Ein unabbringlich verlorenes Schiff.
Das Rettungsboot klar! hinein u. fort,
Wenn's menschenmöglich, zum Schreckensort!

Doch wo ist Harro? Der Führer fehlt,
Der alle mit seinem Mut beseelt.
Im nächsten Dorf blieb er zur Nacht,
Hat auch wohl, statt zu schlafen, gewacht,
Sie können nicht warten, dort gähnt das Grab
Seeleuten, wie sie, — so stoßen sie ab.
Sie legen sich in die Riemen mit Macht,
Die Dollen ächzen, die Planke kracht,
Die Wellen schwingen und schleudern das Boot,
Sturzseen bringen's in grausige Not,
Daß denen am Strande das Herz erbebt,

Feuerschiff im Schneesturm.

So haben noch keinen Nordwest sie erlebt,
Doch die auf dem Wasser, in Stürmen erprobt,
Trotz bieten sie allem, was wider sie tobt,
Sie steuern dem Schiffe näher und nah,
Und endlich, endlich sind sie nun da,
Von denen als Retter mit Jubel begrüßt,
Denen das Leben schien eingebüßt.
Das Deck überschwemmt schon, versunken das Gut,
Die Masten nur steh'n noch in steigender Flut,

D'ran klammern sich die Verschlag'nen und harr'n,
Bis ihnen die Glieder in Kälte starr'n.
Die Fischer bergen sie Mann für Mann,
Nur **einen** niemand noch retten kann,
Er selber kann sich nicht regen mehr,
Und das Boot ist voll, ist schon zu schwer,
Liegt schon zu tief in den brechenden Well'n,

Abgleiten eines Bootes der Gesellschaft zur Rettung Schiffbrüchiger.

Fort müssen sie ohne den armen Gesell'n.
Er sieht sie scheiden mit thränendem Blick,
Ohne Hoffnung besiegelt sein traurig' Geschick.
Nun rückwärts an Land! es braust und stürmt,
Daß Woge sich über Woge türmt.
Der Himmel ist schwarz, die See ist weiß

Vom wirbelnden Schaum, es perlt der Schweiß
Auf all' den Gesichtern, wetterbraun,
Die um sich Tod u. Verderben schau'n.
Doch keiner verzagt und keiner erschlafft,
Sie kämpfen sich durch mit Riesenkraft,
Und wie das Boot aus der Brandung fliegt,
Da sind sie am Land und haben gesiegt.
Da ist auch Harro! Sein erstes Wort:
„Habt Ihr sie alle?" „Nein, einer blieb dort,
Er hing zu hoch in den obersten Raa'n,
Wir konnten ihm nicht mit Rettung nah'n."
„So holen wir ihn," spricht er in Ruh.
„Unmöglich, Harro! der Sturm nimmt zu,
Wir kommen nicht ab, wir kommen nicht an,
Wir müssen preisgeben den **einen** Mann."
So meinen sie alle, doch Harro spricht:
„An Bord! s'ist unsere heil'ge Pflicht!
Wer hilft?" Sie schweigen. „So fahr' ich allein!"
Da tritt auf ihn zu sein Mütterlein:
„Harro, Dein Vater blieb draußen in See,
Und nimmer verwind' ich das bittere Weh;
Auch Uwe, Dein Bruder, mein Jüngster, fuhr aus
Und kommt nie wieder, nie wieder nach Haus,
Der brave Junge! ich hatt' ihn so lieb,
Gott weiß, wo die Flut auf den Sand ihn trieb!
Nun willst auch Du noch —" „Mutter, ich muß!
Und komm' ich aus Wetter und Wogenguß
Wie Uwe, Dein Liebling, nicht wieder zu Land,
Wir stehen alle in Gottes Hand."
Sie hält ihn, sie bittet, sie weint und fleht,
Daß **er** nicht, ihr letzter Hort, noch geht:
„Denk an mich, Deine Mutter! ich alte Frau —"
„Ja, Mutter, weißt Du denn so genau,
Ob der auf dem Wrack dort, todesmatt,
Nicht auch daheim eine Mutter noch hat?"

Gerettet.

Er springt ins Boot, vier Mann ihm nach,
Für solchen Seegang zu wenig, zu schwach,
Doch fahren sie los und versuchen ihr Glück.
Dreimal wirft sie die Brandung zurück,
Dann sind sie hinüber; bald hoch und steil
Saust auf den Kamm, bald wie ein Pfeil
Schießt tief ins Wellenthal der Bug
Des tapfern Boots auf seinem Zug,
Verfolgt von den Blicken der Bangenden hier,
Atemlos spähen sie, starr und stier.
Die Fünf gelangen zu Wrack und Mast,
Noch hängt im Tauwerk oben der Gast.
Harro nun entert die Wanten empor,
Holt selbst ihn herunter, der fast erfror.
Doch er lebt, und sie rudern mit ihm zurück, —
Das schwerste vom schweren Wagestück.
Sie kommen! im Boote, von Gischt umblinkt,
Erhebt sich Harro am Steuer und winkt,
Und ehe der Kiel berührt den Grund,
Legt er zum Rufe die Hand an den Mund
Und schreit mit markerschütterndem Ton:
Mutter, ich bring' ihn! s'ist Uwe, Dein Sohn!"

Jul. Wolff.

Erklärung der am häufigsten vorkommenden seemännischen Ausdrücke.

Achtern . . . . Hinten.
Achterlastig . . . ist ein Schiff, welches hinten tiefer geht wie vorn.
Admiralitätsanker . der Anker der gewöhnlichen Form.
Ahming . . . . die Zahlenskala, an welcher man den Tiefgang des Schiffes ablesen kann.
Aktionsradius . . die größte mit dem unterzubringenden Heizmaterial abdampfbare Strecke.
Ausflaggen . . . das Ausschmücken des Schiffs mit den Signalflaggen.
Ausstoßrohr . . das Rohr, aus dem ein Torpedo herausgeschossen wird.
Aviso . . . . alte Bezeichnung für einen kleinen Kreuzer, welcher zum innern Dienst bei einer Schiffsdivision und zum Depeschendienst verwendet wird.
Back . . . . . Aufbau auf dem vordersten Teil des Oberdecks. — Tisch für die Mannschaft, wenn nicht gebraucht, unter der Decke aufgehangen. — Eine Tischgesellschaft der Mannschaft. — Einzelne Arten von flachen Gefäßen.
Backbord . . . die, von hinten gesehen, linke Seite des Schiffes.
Bake . . . . . ein größeres auf dem Lande oder Watt stehendes Seezeichen.
Balancerunder . . ein Ruder, dessen Blatt noch vor die Drehungsachse reicht.
Barkaß . . . . größte Gattung von Schiffsbooten, in welcher 16—18 Mann rudern können.
Besteck . . . . der errechnete u. in der Seekarte eingetragene Ort d. Schiffes.
Bilge . . . . (englisch) der unterste Raum im Schiffe, in welchem sich Wasser, Oel und Schmutz sammeln; deutsch wäre Soodraum.
Bö . . . . . plötzlich einfallender stärkerer Wind.
Boje . . . . . Schwimmkörper zur Bezeichnung eines unter Wasser befindlichen Gegenstandes. (Untiefe, Anker, Wrack pp.)

Die Seekrankheit.

Herr Zwickel muß eine Geschäftsreise nach London antreten, hat aber vor der Seekrankheit die größte Angst. Er versieht sich deshalb in der Apotheke seines Heimatortes mit einer Reihe unfehlbarer Mittel gegen dieselbe.

Der Sicherheit halber erkundigt er sich bei seinem Hotelwirt in der Seestadt nach Verhaltungsmaßregeln wider das gefürchtete Uebel. „Ach," entgegnet dieser, nichts einfacher als das. Essen Sie vor Antritt der Reise zwei bis drei tüchtige Beefsteaks!"

Bora
starker, böiger Nordwind im nördlichen Mittelmeer.

Bug
vorderster Teil des Schiffskörpers.

Bumboot
Marketenderboot

Bunker
(engl.) Raum zur Unterbringung der Kohlen.

Davit
Art Krahn.

Deckoffizier
den Marinen eigentümlicher Rang zwischen Feldwebel und Offizier.

Deplacement
Wasserverdrängung gleich dem Totalgewicht des Schiffes ausgedrückt in Tonnen à 1000 kg.

Deviation
des Kompasses: Abweichung der Nadel vom magnetischen Nord, hervorgerufen durch Eisenteile des Schiffs.

Diesig
unsichtig.

Dingi
kleinstes Schiffsboot, worin ein Mann rudert.

Dippen
die Flagge: sie halb niederholen und dann wieder vorhissen, ist ein Gruß.

Dock
durch Schleusen abgeschlossenes Becken, um ungehindert durch Steigen und Fallen des Wassers Schiffe zu beladen ꝛc. Trocken- und Schwimmdocks, siehe diese.

Ducht
Sitzbank im Boot.

Dünung
Seegang, hervorgerufen durch einen nicht am Ort wehenden Wind.

Dwars
quer.

Embargo
Beschlaglegung auf fremde Handelsschiffe, welche sich in einem Hafen des mit Beschlag Belegenden befinden.

Ende
Tau, welches zum Holen (Ziehen) dient.

Entern
allgemein=aufsteigen.

Etmal
Länge der geraden Linie, welche 2 Orte eines Schiffes mit einander verbindet, an denen es sich in 2 aufeinander folgenden Tagen zur Ortsmittagszeit befunden hat.

Fallreep
Eintrittspforte durch die Reling des Schiffes.

Feuerschiff
verankertes Schiff, welches an seinem Maste oder seinen Masten ein Leuchtfeuer zur Bezeichnung des Fahrwassers trägt.

Feuerrohrkessel
Dampfkessel, bei welchem die heißen Verbrennungsgase in vielen Röhren durch das Wasser des Kessels geführt werden.

Fieren
ein Tau, an welchem ein Gewicht oder eine Kraft wirkt, langsam nachlassen.

Flaggoffizier
Offizier, welcher eine Kommandoflagge führt, z. B. Admiral.

Flaggleutnant
Adjutant eines Flaggoffiziers

Flottille
Geschwader kleiner Fahrzeuge.

Gast
bezeichnet in Zusammensetzungen einen Mann, der mit dem durch das vorangesetzte Wort Bezeichneten dienstlich zu thun hat, z. B. Kuttergast, ein Mann der Besatzung des Kutters.

Gieren . . . nicht geradeaus fahren, sondern — unbeabsichtigt — bald nach Steuerbord, bald nach Backbord abweichen.

„Ganz falsch!" mischt sich ein nebensitzender Herr ins Gespräch, „Fasten, tüchtige Bewegung und von Zeit zu Zeit einen guten Cognac; allerdings prima Qualität!

Zufällig kann ich Ihnen eine Flasche ausgezeichneten Cognacs abtreten — Hennessy 3 Stern zu 9 Mark."

Herr Zwickel begiebt sich an Bord — „Ihre erste Seereise, mein Herr?“ fragt der Kapitän. „Da müssen Sie einen steifen Grog von Rum nehmen. Wenn es Ihnen angenehm, leiste ich Ihnen Gesellschaft, wir haben noch zwei Stunden bis Eintritt der Flut.“

Herr Zwickel fühlt sich bald dem starken Getränk nicht gewachsen und wendet sich in seiner Not an den Steward.

Gig
scharfes Boot zur Beförderung von Offizieren, auf jeder der 5—7 Duchten sitzt nur ein Giggast.

Glas, Glasen schlagen:
Der Tag wird an Bord in 6—4 stündige Wachen, von Mittag an gerechnet, eingeteilt. Eine Wache war in früheren Zeiten zu Ende, wenn eine Sanduhr, Stundenglas, — Glas — achtmal abgelaufen war. Jedes Ablaufen eines Stundenglases, also einer halben Stunde, wurde durch Anschlagen an die Schiffsglocke markiert; man schlug so viele Schläge, als Glas abgelaufen waren, also 1 Glas, 3 Glas, 8 Glas. So geschieht es noch heute, wenn man sich auch nach anderen Uhren richtet.

Gösch
Kleine Flagge in den National-Farben, bezw.-Abzeichen, welche Kriegsschiffe an besonderen Tagen im Bug setzen.

Heck
der hinterste Teil des Schiffskörpers.

Hellegat
Aufbewahrungs- u. Ausgaberäume für die verschiedenen Inventarien u. Materialien.

Helling
eine fundamentierte schiefe Ebene zum Bau oder Aufschleppen von Schiffen.

Heuer
der Lohn der Kauffahrteischiffsmannschaft.

Holen
ziehen.

Hulk
Rumpf eines ausrangierten Schiffes.

Hütte . . . . Aufbau auf dem Achterdeck von Kauffahrteischiffen, in welchem der Schiffer wohnt.

Jolle
kleines Schiffsboot, in welchem 4 Mann rudern.

Kabellänge
185 Meter.

Kampanje
Aufbau über dem hinteren Teile des Achterdecks.

Kentern
vollständiges Umschlagen eines Schiffes.

Komodore
Kapitän z. S., welcher ein Geschwader führt, in manchen Marinen entsprechende besondere Charge.

Kofferdamm
mit Korkstücken pp. ausgefüllter Kasten längs d. Wasserlinie des Schiffes, dessen Inhalt, wenn ein Schuß die Schiffseite durchlöchert hat, durch Aufquellen den Schußkanal wieder verstopft.

Krängen
schräg liegen und auch schräg legen eines Schiffes.

Kurs
Schiffsrichtung nach dem Kompaß.

Kutter
das am häufigsten gebrauchte Schiffsboot, wird von 8—12 Mann gerudert.

Last
untere Räume im Schiff zur Aufbewahrung von Vorräten.

Lee
die vom Winde abgewendete Seite.

Log
Mittel zum Messen der Geschwindigkeit eines Schiffes.

Logbuch
Buch, in welchem die zur Berechnung des Schiffsweges nötigen Beobachtungen, Wind, Wetter und Vorfälle, eingetragen werden.

Loth . . . . Mittel zum Messen der Meerestiefe.

Luk . . . . Oeffnung im Deck zur Kommunikation oder zum Einladen von Gegenständen.

„Porter, mein Herr," sagt dieser, „echter guter englischer Porter ist das einzig Wahre!"

Dem Herrn ist wohl nicht wohl", sagt ein stämmiger Matrose. „Sehen Sie, ein tüchtiges Priemchen hinter die Zähne geschoben, wirkt Wunderdinge. Für 50 Pfennig haben Sie die ganze Rolle."

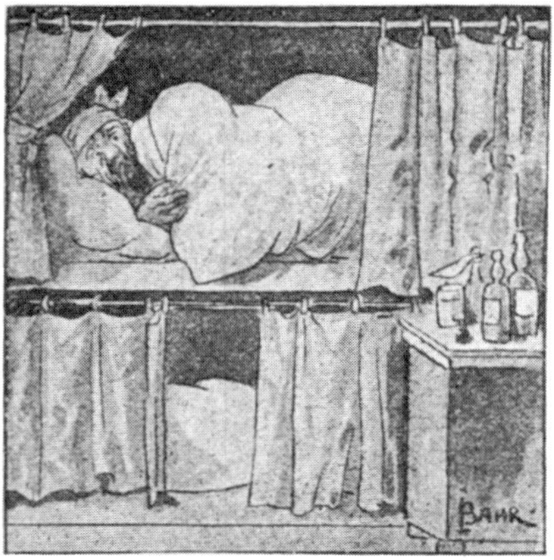

Herr Zwickel prüft gewissenhaft alle Mittel, der kalte Schweiß perlt ihm auf der Stirn: „Ach", stöhnt er, „jetzt habe ich die schönste Seekrankheit, noch ehe das Schiff sich in Bewegung gesetzt hat!"

Luv
die Seite, von welcher der Wind herkommt.

Maat
Gehilfe. Im besondern Bezeichnung des Unteroffiziergrades, z. B. Bootsmannsmaat, Maschinistenmaat.

Masut
Braunkohlentheeröl, ein Kesselheizmittel.

Messe
Tischgemeinschaft. Auch der einer Tischgemeinschaft gehörige gemeinsame Wohnraum.

Navigation
die Wissenschaft, den Weg über See zu finden.

Nippflut
die niedrige Flut zur Zeit der Mondviertel.

Nock
das Ende einer Raa oder Gaffel.

Nullspant . . . das Spant an der breitesten Stelle des Schiffs.

Patentanker . . Anker, deren Arme beweglich sind und welche mit beiden Armen zugleich in den Grund fassen. Die gebräuchlichsten sind der Inglefield- und der Hall-Anker.

Peilen . . . . vermöge des Kompasses bestimmen, in welcher Richtung von einem bekannten Objekt sich das Schiff befindet.

Pinnaß . . . die zweitgrößten Boote eines Kriegsschiffes; sie haben 12—14 Riemen.

Pinne . . . . des Ruders, der wagerecht liegende Hebel, mit welchem das Ruder gedreht wird.

Positionslicht . farbige Lichter, welche bei Nacht die Lage eines Schiffes einem ihm begegnenden anzeigen.

Quarterdeck . . Achterdeck.

Rank . . . . ist ein Schiff, wenn es sich durch Wind oder See leicht nach der Seite überlegen läßt.

Registertonne . ein Raummaß von 100 Kubikfuß englisch gleich 2,83 Kubikmeter.

Reling . . . die das Oberdeck nach der Seite abschließende Brüstung.

Riemen . . . die zur Fortbewegung von Ruderbooten dienenden, binnenlands Ruder genannten Hölzer.

Ruder . . . . das, was binnenlands Steuerruder genannt wird.

Schake . . . ein Kettenglied.

Schäkel . . . ein Kettenglied, welches geöffnet werden kann.

Schlagseite . . hat ein Schiff, wenn es dauernd nach einer Seite schräg liegt.

Schlingern . . ein Schiff schlingert, wenn es sich mehrfach in einer Minute nach beiden Seiten überlegt.

Schlippen . . . loslassen. Man schlippt die Ankerkette, wenn man sie mit Vorsatz bei einem Schäkel teilt und auslaufen läßt.

Schwimmdock . großer eiserner Kasten mit hochragenden Kasten-Seitenwänden. Das Schiff fährt über den versenkten Kasten zwischen die Seitenwand hinein, der Kasten wird ausgepumpt und hebt das Schiff mit, welches schließlich trocken steht.

Schwojen . . . das Drehen des vor Anker liegenden Schiffes.

Seemannschaft . Die Kenntnis, ein Schiff im Kampf mit See und Wetter zu handhaben.

Seemeile . . . 1852 Meter, gleich ¼ geographischer Meile.

Seemine . . . ein mit Explosivstoff gefülltes Gefäß, welches festliegt und welches beim Anstoß eines Schiffes explodiert.

S. M. u. S. M. S. Seine Majestät und Seiner Majestät Schiff.

Spant . . . . Schiffsrippe,

Spill . . . . Vorrichtung zum Einholen von Ankerketten und schweren Tauen.

Springflut . . Hohe Flut zu den Zeiten von Voll- und Neumond.

Stampfen . . starkes Heben und Senken des Schiffsbuges im Seegange.

Stander . . . eine dreieckige Flagge.

Steif . . . . ist ein Schiff, welches durch Wind und See nicht so leicht aus seiner aufrechten Lage gebracht werden kann.

Sternsignal . . aus einer Pistole abgeschossene Leuchtkugeln verschiedener Farben.

Steuerbord . . von hinten gesehen, die rechte Seite des Schiffs.

Steuermann . . ein Deckoffizier, welcher mit der Navigation zu thun hat, auf Handelsschiffen der Gehilfe des Schiffers, welcher Navigation versteht. Den Mann, welcher steuert, nennt man; den Mann am Ruder oder Rudergast.

Streichen . . . die Flagge: sie niederholen; mit den Riemen im Boot: rückwärts rudern.

Tonne . . . 1. siehe Deplacement und Registertonne;
2. schwimmendes Seezeichen.

Top . . . . die Spitze eines Mastes.

Torpeder . . . ein Deckoffizier, welcher mit dem Torpedofach zu thun hat.

Torpedo . . . ein mit Explosivstoff gefüllter, fischähnlicher Körper mit eigener Bewegung, welcher auf 300—600 Meter auf ein Schiff abgeschossen wird und an demselben unter Wasser explodieren soll.

Trockendock . . ein Dock, aus welchem das Wasser herausgepumpt wird, sodaß dann das Schiff in demselben trocken steht.

Ueberholen . . ein Schiff holt über, wenn es sich gelegentlich stark auf die Seite wirft.

Ueberschießen . eine Ladung schießt über, wenn sie bei starkem Ueberholen des Schiffs nach einer Seite rollt, dort liegen bleibt und das Wiederaufrichten des Schiffs verhindert.

Verklarung . . wird eingelegt, wenn die Mannschaft eines Schiffes nach einem Seeunfalle zeugeneidlich darüber im Hafen vernommen wird.

Vorlastig . . . ist ein Schiff, welches vorne tiefer liegt wie hinten.

Wallgang . . ein Gang zwischen der Bordwand und einer inneren Eisenwand, dient als Sicherung gegen Leckgestoßen werden.

Wasserrohrkessel . Dampfkessel, bei welchen das Wasser in Röhren durch das Feuer geführt wird. Sie gehören der neuesten Zeit an. Man nennt oft: Dürr=, Schulz=, Belville=, Niclausse= und Thornycroft=Kessel.

Watt . . . . Land, welches bei Niedrig=Wasser trocken liegt, bei Hochwasser vom Wasser bedeckt ist.

Wiederholer . . wird jetzt der Aviso genannt, weil er die Signale des Flaggschiffs wiederholt.

Wimpel . . . eine schmale Flagge, um ein Mehrfaches länger wie breit. Der Kriegswimpel, das Zeichen eines in Dienst gestellten Kriegsschiffs, ist ein besonders schmaler Wimpel mit den National=Abzeichen oder =Farben.

Ein Orkan im Indischen Ozean.

Von Erich v. Nordeck
(Australien).

Mit dem englischen Dampfer „Mary Park“ hatten wir die Ueberfahrt von Südamerika nach Natal in kaum drei Wochen gemacht, mußten aber, in Durban, dem Hafen von Natal ankommend, zu unserem Schrecken erfahren, daß infolge des Kriegszustandes ein Landen daselbst nicht gestattet war. Ebensowenig war es erlaubt, nach einem der nächstliegenden Häfen wie Delagoa=Bai, Zanzibar oder einen Hafen Madagaskars sich einzuschiffen. Man witterte in jedem ankommenden Passagier einen Spion oder einen heimlich Verbündeten der Buren. Diese Furcht vor Spionen erzeugte köstliche Blüten und verstieg sich selbst ins Lächerliche, wie zum Beispiel jener Anschlag am Regierungsgebäude, in welchem die Militärbehörde die in der Stadt sich aufhaltenden neun (!) feindlichen Spione, welche der Behörde wohl bekannt seien, (?) warnt, Durban vor 12 Uhr des nächsten Tages zu verlassen. Ein Kommentar hierzu ist überflüssig.

Mit vieler Mühe erhielten wir endlich die Erlaubnis zum Aufenthalt in Durban, bis wir eine Fahrtgelegenheit nach Australien fänden, da wir nicht im Mindesten Neigung verspürten, wieder nach Argentinien zurückzukehren. Vor einigen Tagen war die Hamburger Bark „Serita," von Australien mit Ladung kommend, in Port Natal eingelaufen. Wir erfuhren, daß dieselbe wieder nach dort zurückkehren würde, und wandten uns an den Kapitän, welcher in Anbetracht der Umstände gern bereit war, uns die Ueberfahrt nach Bunbury, einem kleinen Ha en Westaustraliens südlich Freemantle, zu gestatten.

Nachdem die Ladung gelöscht und Sandballast eingenommen war, verließen wir Durban Sonnabend, 17. März, mittags. Die Bark hatte ein Ladegewicht von 495 Registertonnen und augenblicklich ca. 150 Tonnen Ballast.

Erst südlich, dann südöstlich steuernd, gingen wir bis zum vierzigsten Grad südlicher Breite hinunter, um den Westmonsun zu erreichen, welcher hier fast zu jeder Jahreszeit herrscht. Hatte bei der vorhergehenden Fahrt von Südafrika nach Australien das Schiff einen äußerst günstigen Wind, so war es diesmal das Gegenteil; anstatt westlicher wehten beinahe beständig östliche Winde. Windstillen traten ein und eine ungünstige Strömung trieb das Schiff zurück.

So hatten wir die Höhe der kleinen Felseninsel St. Paul erreicht; diese selbst in Sicht zu bekommen, mußten wir aufgeben, da wir weiter als üblich nach Süden gegangen waren und bereits den 42. Grad überschritten hatten. Windstille wechselte mit flauer Brise, und wir benutzten die schöne Gelegenheit, Fische und Albatrosse zu fangen. Gab es doch eine willkommene Abwechselung auf dem Tisch der Mannschaft, während Peter, der Schiffskater, Freudenfeste feierte; seine Gestalt nahm mehr und mehr die Form einer Kugel an.

Endlich, es war am Sonntag vor Ostern, trat eine lebhafte Brise ein; bei dem Winde liegend, konnten wir Kurs Ost-Nord-Ost steuern. Die Brise wurde fortwährend stärker; am Dienstag hatten wir Windstärke 7 (harter Wind), welcher bis zum Mittwoch auf Windstärke 9 (Sturm) hinaufging. Die Segel wurden nach und nach festgemacht, und am Donnerstag hatten wir nur noch fünf Segel beigesetzt, die Sturmsegel und das Focksegel. Das letztere wurde gegen Abend ebenfalls eingeholt, eine Glück für uns alle. Bei dem Winde steuernd, fuhren wir mit einer Geschwindigkeit von 10 Meilen in einer Stunde. Wir hatten bereits starken Sturm. Mit ungewöhnlicher Heftigkeit brausten die einzelnen Windstöße daher. Das Schiff lag zeitweise Backbordseite vollständig auf dem Wasser.

Plötzlich gegen 1 Uhr Nachts erhob sich eine orkanartige Bö; das Barometer fiel mit unheimlicher Schnelligkeit, mit furchtbarer Gewalt drückte der Sturm auf die wenigen Segel und die Masten des Schiffes; ein Sausen und Pfeifen des Windes in den Raaen und Wanten, Wasserberge türmten sich zu beiden Seiten auf, eine ungeheure Welle schoß über die Reeling, aus dem Schiffsraum ertönte ein unheimliches Poltern, ein dumpfes Schieben und Rutschen, das Schiff erbebte in seinen Grundvesten, ein Zittern, ein gewaltiger Ruck, und das Schiff legte sich auf die Seite, um sich vielleicht nie wieder zu erheben. Was wir gefürchtet hatten, war eingetreten — „der Ballast ist über!" — Niemand sprach es aus, jeder wußte es, jeder fühlte es, jeder neue Windstoß drückte das Schiff tiefer auf die Seite, jede Welle, die polternd, krachend auf Deck schoß, machte aller Herzen erbeben. Der erste Steuermann, welcher während der ganzen Zeit eine außerordentliche Kaltblütigkeit an den Tag legte, rief: „An die Großbrassen; das Schiff halsen!“ Seine Worte verhallten ungehört im Sturme; dennoch wußte jeder, was er gesagt hatte. Jeder suchte, sich längs der Reelingsteuerbordseite hinziehend, das Achterdeck zu erreichen. Von einem Gehen konnte keine Rede sein, jeden Stützpunkt ergreifend, hingen wir mehr, als wir standen, das Deck des Schiffes stand eher senkrecht, denn wagerecht.

Endlich waren wie alle auf dem Achterdeck versammelt; der Kapitän stand, sich nur mit äußerster Anstregung aufrecht haltend, am Ruder. Die ganze Mannschaft, der Bootsmann an der Spitze, hatte die Steuerbordmarsbrasse erfaßt; ich selbst, als letzter in der Reihe, hielt zugleich mit beiden Armen die Brampardunen umklammert. War doch die Brasse der einzige Halt der Mannschaft. Und Backbordseite fast zu unseren Füßen, stand der erste Steuermann, oder richtiger gesagt, lag er mehr auf dem Wasser. Ich werde dies Bild nie vergessen. Wie er so ruhig und fest dastand, den Südwester auf dem Kopfe mit seinem schönen Vollbart, die ganze Gestalt von Wasserstaub, wie von einem glitzernden, perlenden Schleier umhüllt, die Backbordmarsbrasse in der Hand, wartend, daß der Sturm auch nur eine Minute Pause macht, erschien er mir wie der leibhaftige Meeresgott selbst. Und drunten war es fürchterlich. Wo man hinsah, achter und vorn, rechts und links, überall ein wilder Aufruhr des Meeres, überall Wellenberge, überall sich hochauftürmende Wassermassen, die rast- und ruhelos, rasend, arbeitend vorüberschossen oder, sich auf das Schiff stürzend, dieses mit gigantischer Gewalt zu vernichten drohten. Dazu das Brausen des Sturmes, das Pfeifen und Zischen in den Raaen und Wanten. Und um das Bild zu erhöhen, überflutete der Mond, bald klar vom Himmel herniederschauend, bald von leichtem Wolkenflor bedeckt, mit seinen Silberstrahlen den wilden Aufruhr des Meeres, den fast aussichtslosen Kampf des kleinen Schiffes mit dem wütenden Elemente.

Aengstlich harrten wir in banger Erwartung. — Das Schiff gehorchte nicht mehr dem Steuer; es fiel nicht ab. Nur Minuten währte es, uns dünkten es Stunden zu sein; jede Minute, jede Bö, jede Welle, jeder Ruck des Schiffes konnte unser Verderben sein, die Focknock (äußerste Spitze der Fockraa) war vollständig im Wasser, die rote Backbordlaterne lag auf den Wellen, und seltsam erglänzten die vorüberschießenden dunklen Fluten von weißem Wellenschaum bedeckt, im rosigen Lichte. Der nächste Windstoß mußte das Schiff zum Kentern bringen. Die Kompaßlampen waren verlöscht, der Kapitän konnte nicht erkennen, ob das Schiff dem Steuerdrucke nachgab. Der Bootsmann, ein vielversprechender junger Seemann, wagte es, von der Reeling nach dem Kompaßhaus zu gehen, um nachzusehen. Es war nur eine Entfernung von drei Schritten. Kaum hatte er die Brasse losgelassen, als er auch schon nach der Backbordseite hinunter geschleudert wurde. Er verlor die Geistesgegenwart keinen Augenblick. Glücklich erfaßte er den Ständer des Kompaßhauses; der Kompaß stürzte zu Boden, er selbst war aber gerettet. Es fehlte nur wenig, so hätten wir ihn nicht wiedergesehen.

„Holt Brassen!“ rief der Steuermann, und mit Fieberhaft arbeiteten alle Hände; das Marssegel drehte sich, langsam richtete sich das Schiff empor und drehte sich, jetzt dem Steuer gehorchend, langsam vor den

Wind. Bald waren sämtliche Raaen herum gebracht, und für diesmal waren wir gerettet. Der Sturm wütete mit unveränderter Heftigkeit fort, aber das Schiff lag stetig, etwas nach Steuerbordseite geneigt.

Der Steuermann und einige Matrosen stiegen in den Raum hinunter. Der Ballast wurde zurückgeschaufelt und festgelascht. Glücklicherweise für uns hatten die Ballastschotten gehalten, die festzulaschen und genügend stark zu machen, der Steuermann keine Mühe gescheut hatte. Ihm verdanken wir unser Leben. Sämtliche Segel wurden festgemacht bis auf das Großmarssegel, das eigentliche Sturmsegel. Es schien, als ob die See sich beruhige, doch hatten wir uns in unseren Hoffnungen geirrt. Der Sturm wurde stärker mit Tagesanbruch. Ein Wasserberg

nach dem anderen stürzte einer Lawine gleich auf das Deck, alles hinweg spülend, was nicht niet- und nagelfest war. Das Barometer fiel stetig, und gegen Mittag stand es auf 728 mm.

Es war allen klar, wir trafen das Zentrum des Orkans. Mit Krachen und Poltern stürzten die im Zwischendeck befindlichen Sachen, Fässer, Trossen, Ketten in den Raum hinunter, die schwere, eiserne Kochmaschine mit Backofen in der Küche schoß plötzlich von einer Seite zur anderen. Die Ketten waren gebrochen, und alles, was zwischen die Maschine und die Wand kam, wurde zu Atomen zermalmt. Nur mit Mühe gelang es einigen handfesten Matrosen, der Maschine Herr zu werden und dieselbe festzulaschen. Das Steuer wurde von zwei Mann gehalten. Der Wind machte eine kleine Pause, wie um sich zu erholen, und im nächsten Augenblick flog der eine Matrose, Wilhelm mit Namen, hoch im Bogen mit dem Steuerrad, das er nicht losließ, zur anderen Seite hinüber. Der Bootsmann eilte hinzu, und jetzt wurde auch das Steuer festgelascht. Mit großer Mühe gelang es endlich, das Marssegel festzumachen. Ich selbst hatte das Unglück zu fallen und wurde gegen eine längs Deck liegende Spier geschleudert, ein blutiges Gesicht war die augenblickliche Folge, und nach vier Wochen konnte ich beweisen, daß ich mit einem „blauen Auge“ davon gekommen war. In dem Augenblicke achtete ich der Kleinigkeit nicht; die Szenerie des Meeres um uns her, die gleich einer Hügelkette an uns vorüberschießenden Wellenberge, von Wellenschaum bedeckt, das bald auf-, bald niedergehende Schiff, die dunklen Tiefen und Thäler in den Fluten, das alles bot einen viel zu großartigen Anblick.

Um das Schiff auf See zu halten, wurde eine Presenning (ein großes Stück Segeltuch) gegen die Besanwanten festgemacht.

„Was seemännische Tüchtigkeit thun kann, haben wir gethan,“ sagte der Matrose Kurt, als alles im Mannschaftsraum versammelt war, „das andere liegt in Gottes Hand!“ Das Barometer steht; es steigt!“ Die Botschaft hörten wir wohl, allein es fehlte uns der Glaube. Aengstlich lauschten wir auf jede Bö, jede Welle, die über Deck fegte. Erst gegen zehn Uhr abends schien es, als ob die Zwischenräume der einzelnen Böen größer, die Heftigkeit der Böen selbst geringer werde; aber erst gegen Morgen des nächsten Tages ließ der Sturm wirklich nach. Der starke Seegang hielt noch mehrere Tage an.

Eine flotte Brise brachte uns jetzt ein gutes Stück vorwärts. Etwa 14 Tage später hatten wir circa 500 Meilen von der australischen Küste entfernt einen zweiten, beinahe ebenso heftigen, aber kürzeren Sturm zu bestehen. Auf Rat des Steuermanns wurde mit Sturmsegel vor dem Winde gelenzt, und schon am dritten Tage hatten wir Land in Sicht. Am Freitag, den 27., warfen wir im Hafen von Bunbury Anker. Nach einem Aufenthalt von circa acht Tagen in dem reizenden netten Städtchen sagten wir den Schiffskameraden ein herzlich Lebewohl, u. bald darauf entführte uns der Zug nach dem Inneren Australiens, zunächst nach den Goldfeldern.

Herbst an der See.

Dumpfgrollend rollt und zischt
Die Brandung auf den Strand;
Weißflockig peitscht ihr Gischt
Der Dünen düren Sand.

Gejagt vom Nordwind, schwebt
Ein Wolkenzug landein;
Die graue Distel bebt
Im fahlen Abendschein.

Ein dunkler Vogel schwirrt
Am Haupte dir vorbei,
Der wandernd sich verirrt;
Schrill tönt sein Klageschrei.

Als letzter Sommergast,
Den Sturmesnot verschlug,
Nimmt er, in scheuer Hast,
Den Brüdern nach den Flug.

Und Sehnsucht heiß und schwer,
Der nie Erfüllung winkt,
Folgt ihm durchs wilde Meer,
D'rin bleich der Tag versinkt.

Reinhold Fuchs.

Der Schwedenbrunnen.

Von Karl Frühauf.

Hinten im Dorf, ganz an der letzten Hofrait, lag der Schwedenbrunnen. Es war ein alter Brunnen, aus dem schon lange, lange nicht mehr geschöpft wurde und der auf des Michelbauern Grundstück langsam verfiel. Dicht daneben führte der Weg vorbei und der alte Brunnen war deshalb mit Bohlen und Brettern zugedeckt. Das hatte der Michelbauer zu besorgen, weil der Brunnen zu seinem Grundstück gehörte.

Nun hatte der Michelbauer sich aber gar nicht mehr um den alten Brunnen gekümmert, der lag ihm lang gut und wenn die alten Bretter auch verfaulten und morsch wurden, und schließlich fast alle hinabfielen in den Brunnen, das machte dem Michelbauer nichts aus. 's wird schon nix passieren, dachte er, und es passierte auch nichts. Die Leute im Dorf kannten ja alle den Brunnen und nahmen sich davor in Acht, wenn sie des Weges gingen.

Bis auf einmal, da war's geschehen. Kamen justement des Abends in der Dämmerung zwei fremde Handwerksburschen daher und sangen zu zweit ein Schelmenlied. Auf einmal thut der eine mitten drin einen gellen Schrei, es kracht und plumpst was — dann war's still. „Jesses, der Handwerksbursch ist in den Brunnen gefallen", hieß es. Und so war's auch. Mit Leitern und Seilen holten sie ihn herauf, hätten ihn grad so gut unten lassen können. Drei Tage drauf gruben sie ihm im kleinen Dorfkirchhof ein Grab. Sein Kamerad hat aber nimmermehr gesungen, wie er am anderen End zum Dorf hinausgepilgert ist. Und noch einer hat sobald nimmer gesungen. Das war der Michelbauer. Den haben sich die Herren vom Gericht in der Stadt drin geholt, weil er den Brunnen hat all' die Jahre nicht zudecken lassen, wie sich's gehört. Und 's hat ihm alles nichts geholfen, dem Michelbauern, er hat sein halb Jahr absitzen müssen und sein Advokat der hat ihm noch gesagt, billig wär' er weggekommen, weil er sich noch nie hat was zu schulden kommen lassen.

Diese alte vergessene Geschichte fällt mir immer und immer wieder ein, wenn ich eines jener bedauernswerten Menschenkinder sehe, denen der Tod schon seinen Stempel in's Gesicht gedrückt hat. Einer von jenen Aermsten, die an der Schwindsucht und Lungentuberkulose leiden. Auch ihnen wäre zu helfen gewesen, wenn der Brunnen halt bei Zeiten zugedeckt worden wäre. **Von allen Aerzten auf der ganzen Welt** kann keiner anders sagen, als **daß das beste Mittel** gegen **diese entsetzliche** Krankheit die Vorbeugung ist. Bei Zeiten muß der Kranke dazu thun, dann ist ihm zu helfen, dann kann er gerettet werden. Leute, die zur Tuberkulose neigen, haben oft Husten, Katarrh, Heiserkeit, Atemnot und dergleichen. Dagegen muß mit aller Kraft sogleich eingeschritten werden. Hier ist noch zu helfen, hier ist sogar noch mit Sicherheit zu helfen.

Wenn die Bretter anfingen morsch zu werden, da hätte der Michelbauer neue hinsetzen sollen. Und wenn ein Mann den Husten hat, dann soll er sich richtig auskurieren, damit nicht die Lunge geschwächt und der Organismus angegriffen wird. Es ist ja doch so leicht heutzutage.

Man braucht nicht mehr seine Zuflucht zu nehmen zu allerhand giftigem Zeug, was viele Apotheker zusammenbrauten und -mischten, man hat gottlob heutzutage erkannt, daß die Natur uns in ihrem reichen Schatze Mittel an die Hand giebt, die keine Gifte sind und die der Körper ohne Schaden aufnehmen kann. Es giebt ungiftige, harmlose Kräuter, die einen großen bedeutenden Heilwert haben, wie dies von allen Aerzten gerne anerkannt wird.

Hierher gehört auch vor allen Dingen ein Kraut, der russische Knöterich, den die Professoren Polygonum avic nennen. Herr E. Weidemann in Liebenburg a. H. hat zuerst entdeckt, welchen immensen Wert dieses unscheinbare Kräutlein für die Menschheit hat. Ein Thee von den getrockneten Knöterichpflanzen regelmäßig genommen, wird mit den hartnäckigsten Husten fertig, er beseitigt die heftigste Heiserkeit. Es ist ein Wunder wie dieses Kraut seine Wirkung thut. Dabei enthält es durchaus keinerlei schädliche Giftstoffe, auch keinerlei geheimnisvolle Wunderkraft oder dergleichen. Der verständige Kalenderleser weiß, was er von all' diesen Zauber- und Wundertränken zu halten hat, die ihm als kostbare Helfer angepriesen werden. Nein, es ist weiter gar nichts, als die Pflanze, russischer Knöterich, der die Natur die Gabe verliehen hat, auf den erkrankten Organismus des Menschen so wohlthuend einzuwirken.

So einfach und bequem ist es, den Brunnen bei Zeiten zuzudecken. Die Aufmerksamkeit der Aerzte ist schon seit langer Zeit auf die mächtige Wirkung des russischen Knöterich gelenkt worden und alle, die seine Wirkung erprobt haben, künden dankerfüllt die Wohlthat des Knöterichthees. Herr Weidemann hat eine Broschüre über dieses seltsame Heilmittel verfaßt, die er unentgeltlich versendet. Alle, die es angeht, werden gut daran thun, nach dieser Broschüre zu schreiben und sie sich kommen zu lassen. Gar mancher wird daraus neue Hoffnung schöpfen und frischen Lebensmut.

Es ist selbstverständlich, daß eine solche Sache nicht lange bekannt sein konnte, ohne daß sich Menschen fanden, welche sich durch wertlose Nachahmungen und dergleichen zu bereichern suchen. Es ist deshalb von großer Wichtigkeit, darauf zu achten, daß jedes Paket, das man von Herrn E. Weidemann, Liebenburg a. H. für 1 Mark bezieht, die Schutzmarke mit den Buchstaben E. W., wie solche auch in der im Inseratenanhang dieses Kalenders befindlichen Empfehlungsannonce des Herrn Weidemann abgedruckt ist, trägt. Der Patient muß alles andere, was man ihm etwa als russischen Knöterich verkaufen will, zurückweisen. Nur der Knöterich mit der Schutzmarke ist der echte. Es ist übrigens dafür gesorgt worden, daß den Gaisböcken der Schwanz nicht in den Himmel wächst, wie man zu sagen pflegt, und deshalb ist sowohl die Schutzmarke E. W., wie „Weidemanns russischer Knöterich" patentamtlich geschützt worden.

Ich hoffe, daß durch meine kurzen Zeilen manch' einer dazu gebracht wird, bei Zeiten nach seiner Gesundheit zu sehen, ehe es zu spät ist. Möge jeder an den Schwedenbrunnen denken, den man so leicht hätte zudecken können, ehe der Wanderbursche darin seinen Tod fand. Unsere Gesundheit ist das kostbarste Gut, das wir haben und deshalb soll man nicht leichtfertig damit umgehen.

The Germans to the Front! (Die Deutschen zur Front!)
(Aus: „Meine Kriegs-Erlebnisse in China", von Korvetten-Kapitän Schlieper.

Schiffbrüchige